중국경제를 읽는 지혜

중국경제를 읽는 지혜

중국경제를 읽는 지혜

-중국 전문가들의 진단과 해부-

안 충 영 외 공저
(대외경제정책연구원장)

比峰出版社

중국경제를 읽는 지혜

초판인쇄 2004년 2월 25일
초판발행 2004년 2월 28일

저 자 / 안충영 외
발행자 / 박기봉
발행처 / 比峰出版社

주 소 서울시 마포구 합정동 419-13
전 화 02-3142-6551~5
이메일 beebooks@hitel.net
등록번호 2-301 (1980. 5. 23)
ISBN 89-376-0323-3 93320

정 가 15,000원

□ 발간사

중국을 바라보는 지혜를 한데 모아야

중국이 개혁·개방 이후 지금까지 보여준 경제적 성과는 세계를 놀라게 하고 있습니다. 떵샤오핑(鄧小平)과 장쩌민(江澤民) 시대의 "개혁개방"을 통해 도입된 시장경제는, 사회주의의 동면 속에 오랫동안 머물러 있던 중국 13억 인구의 잠재력을 각성시켰습니다. 시장이 중국을 깨운 것입니다. 나아가 2003년 후진타오(胡錦濤)를 중심으로 짜여진 새로운 지도부는 향후 20년 동안 중국의 GDP를 지금의 네 배로 키우겠다는 야심적인 계획을 내놓았습니다.

지금까지의 성장을 바탕으로 중국은 세계로 눈을 돌리고 있습니다. WTO에 가입함으로써 글로벌화의 추세에 동참하였고, 최근에는 아시아 지역협력에도 매우 적극적입니다. 최근 아세안과의 FTA 논의를 급진전시킨 데 이어, 한국과 일본 등 동북아와의 협력에 적극적인 태도를 보이고, 중앙 아시아 제국(諸國)과도 협력을 강화하고 있는 데서 그 징후를 찾을 수 있습니다.

최근 한국이 추진하고 있는 "동북아 경제중심" 구상 역시 중국의 부상이 우리와 동아시아 전체에 던져주는 기회와 도전에 주체적으로 대응하려는 노력의 소산이기도 합니다. 역사적으로 보면 세계화 시대의 새로운 동아시아 질서에 적응하고 참여하는 것은 과거 개발연대의 산업화와 "수출입국"에 버금가는 새로운 과제요 비전이기도 합니다.

이러한 상황에서 중국을 보는 우리의 눈 역시 단기적 관점에서 "성장하는 이웃"이 주는 기회와 위협의 평가차원을 넘어서 장기적 관점에서 새로운 해석과 대응으로 돌려야 합니다. 새롭게 조성되는 세계화와 지역통합의 대세 속에서 세계 질서의 새롭고도 중요한 축으로 태동하는 동아시아권을 함께 구축해나갈 전략적 파트너로서 중국을 바라볼 필요도 있는 것입니다.

중국은 과거 우리가 경험한 순차적인 경제성장 과정과는 달리, 노동집약적 산업, 자본집약적 산업, 첨단기술 산업이 동시에 급성장하고 있는 "전면적(全面的), 전방위적(全方位的)" 성장을 보여주고 있습니다. 또한 상해, 광동, 북경 등 중국의 각 지역은 각각 "상해국", "광동국" 같이 독립적인 한 나라로 인식해야 할 만큼 다양한 수준의 발전을 체현하고 있습니다. 이처럼 다수의 분야, 산업, 지역에서 다양한 수준의 발전이 동시에 이루어지고 있는 중국의 변화의 전모를 파악하는 일은 실로 어려운 숙제라고 하지 않을 수 없습니다.

이는 결코 개별적 연구의 종합으로만 이루어질 수 없읍니다. 우리가 갖고 있는 중국에 대한 지식과 지혜를 모으고 확산시키고 교류하는 결집된 노력으로만 가능할 것입니다.

이러한 과제에 부응하기 위해 본 연구원에서는 재정경제부와 공동으로 "중국전문가포럼 웹사이트"를 개설하여 운영하여 왔습니다. 이 웹사이트를 통해 중국에 대한 다양한 정보를 모으고, 최신 동향을 널리 알림으로써 기업, 학계, 정부의 보다 심도 있는 "중국전략"의 수립에 기여하고자 하는 것입니다. 비록 1년 남짓의 짧은 기간이었지만, "중국전문가포럼 웹사이트"는 국내에서 가장 종합적이고 권위있는 중국 정보 포탈 사이트로 성장하였다고 감히 자평하고 있습니다.

이번에 지금까지의 성과를 바탕으로 그동안 본 사이트를 통해 제시된 바 있는 각계 중국 전문가들의 혜안을 한데 모아 널리 공유토록 하겠다는 마음에서 본 칼럼집을 준비하였습니다.

이 칼럼집에는 기업, 학계, 정부에서 중국 문제를 다루고 있는 많은 전문가, 권위자들의 중국 경제의 성장을 바라보는 시각에서부터 중국경제 각 분야의 의미있는 변화의 소개, 한국의 대중(對中) 전략의 방향에 대한 모색에 이르기까지, 다양한 영역에서 이루어진 진지한 고민을 담고 있습니다. 또한 중국을 깊이 이해하는 데 도움이 되는 최근의 저서들에 대한 서평을 실음으로써 중국 이해의 길잡이 역할을 하고자 하였습니다.

바쁘신 중에도 좋은 글들을 싣도록 허락해주신 필자 여러분께 재삼 감사의 말씀을 드립니다. 또 웹사이트의 운영에 수고하신 정다송 전문연구원과 본원 중국팀의 노고에도 감사드립니다.

중국의 성장을 계기로 급변하고 있는 세계 및 동북아 정세 속에서 한국이 당당한 중간자의 역할을 수행하느냐, 아니면 변경의 위치에 머물고 마느냐의 문제는, 결국 우리가 한국과 중국을 포함한 동아시아의 미래 구도의 변화에 얼마나 슬기롭게

대처하느냐에 달려 있다고 볼 수 있습니다. 아무쪼록 이 칼럼
집이 우리의 지혜를 모으는 데 작은 보탬이 되기를 희망합니
다.

2004년 1월
대외경제정책연구원
원장 안충영(安忠榮)

차 례

Ⅲ. 서 평

1. 중국식 시장경제 ― 사회주의와 시장경제의 갈등

강 준 영

(한국외대 교수/ 중국 정치경제학)

한·중 수교 11년이 지난 지금 양국은 경제적인 교류에 있어 누구도 부인할 수 없는 괄목할 만한 성장을 하였다. 그러나 지난 10여 년의 경제교류에서도 나타나듯이, 중국은 우리에게 그렇게 만만한 시장이 아니다. 수교 초기에 집중적으로 추진되었던 노동집약 산업의 중국 진출은 이제 한계에 도달했으며, 경쟁력 없는 상품은 더 이상 중국에 뿌리를 내릴 수 없는 현실이 되었다. 이제 우리는 냉철하게 중국 시장을 분석해야 하며, 중국의 변화를 직시하는 전향적 자세를 가지고 철저한 대 중국 경제전략을 수립해야 한다. 이러한 전략 수립의 기초가 중국 경제운영 메커니즘에 대한 철저한 이해에서 시작해야 함은 더 이상 강조할 필요가 없다.

1. 계획경제의 실시

1949년 중화인민공화국의 수립부터 1979년 이전까지 중국에서 실행되었던 경제체제는 61년부터 65년까지의 경제조정 시기의 일부 조치를 제외하고는 바로 '소련모델'(Soviet Model)이라고 불리는 계획경제시스템의 재판이었다. '스탈린모델'로도 불리는 구 소련의 경제계획과 기업관리체제는 전체 국민경제를 마치 한 가정처럼 보면서 가장의 역할을 하는 국가가 수요에 근거하여 조직적인 생산을 실시하는 시스템이다. 모든 기업은 상부의 지시에 따라 생산하며 생산물은 전부 국가에 헌납하는 이 체제는 당연히 모든 원자재도 국가가 제공하게 되고 기업은 어떠한 자주권도 갖지 못하는 경제운영 체제이다. 따라서 이러한 고도로 중앙에 집중된 계획경제는 제도적으로는, 소유제에 있어서는 공유공영(公有公營)을, 경제운영은 중앙의 계획에 의한 명령과 지도로 획일화되었다. 또 자본주의의 최고 생산력을 갖추지 못한 채 사회주의 단계로 진입한 이론적 약점을 극복하기 위해 중공업 우선 발전정책을 실시하는 특징을 갖고 있다. 상당한 자본과 기술을 필요로 하는 중공업 우선 정책을 실시하기 위해 정책적으로 자본조달을 위한 고(高)축적메커니즘을 채택하였다. 고(高)축적의 대가는 고성장(高成長)으로 나타났으나 고축적을 달성하기 위한 저소비 정책과 저임금정책 및 고정가격 체제의 불합리는 결국 계획경제체제의 한계로 작용하게 된다.

이러한 체제는 정책적으로 '소비자 주권'(consumer's sovereignty)은 완전히 배제된 채 단지 '계획자 주권'(planner's sovereignty)만이 강조되는 형태로서, 생산력이 낙후된 국가에서 이를 실현하는 데는 강제성과 방대한 행정체계의 수립이 수반되어야 한다는 근본적인 약점을 가지고 있다.

개혁개방 이전 30년간 중국에서 시행된 계획경제 시스템은 모든 생산활동이 계획에 의해 시행되기 때문에 변동하는 각종 경제상황에 대처하기 어려운 점, 방대한 행정계통이 경제를 관리할 수밖에 없다는 근본적인 약점을 가지고 있었다. 또 중국 지도부나 경제부처가 정확한 경제정책 방침을 수립할 수 없었던 관계로 계속되는 시행착오 속에서 심각한 좌·우 파동을 겪게 되었으며, 이로 인해 상당히 낙후된 경제상태로 함몰되게 되었다. 그럼에도 불구하고 기간산업 및 국방 군수공업은 상당한 발전을 이루었고, 상해와 천진에 과도하게 편중되었던 공업의 지역적 분포를 서북·화북 지방 등으로 분산시켰다. 또한 중국의 대다수 인구에게 비록 최저선의 보장이기는 하지만 평균화를 이루었다는 점은 상당한 성과라고 평가할 수 있을 것이다.

2. 개혁·개방 정책의 추진

1978년 중국 공산당 11기 3중전회(三中全會)를 통해 중국 정치의 지도자로 등장한 등소평(鄧小平)은 과거 모든 사회주의 국가의 현실이 그러하였듯이 국가발전을 위한 생산력 발전과 사회주의 체제의 속박 속에서 형성된 안일한 평균주의 풍조 및 이에 따라 만연된 인민대중의 낙후된 창조력을 제고시킴과 동시에 사회주의를 지향하는 공산당의 영도적 지위를 여하히 확보할 수 있을 것인가 하는 난제에 부딪쳤다. 중국 국가발전의 최대 목표인 '네 가지 현대화'(四個現代化: 농업·공업·과학기술·국방 현대화)의 달성을 위해 등소평은 우선 과거 30여년간 중국을 통제해 왔던 모택동(毛澤東) 사상의 속박을 풀기 위한 정지 작업을 시작한다. 등(鄧)은 '실천만이 진리를 검증하는 유일한 기준'(實踐是檢驗眞理的唯一標準)이라는 실용주의 노선을 제창하면서 중국의 사회주의 건설도 현재의 국가 상황(國情)에 의거해 사회주의를 건설해야 한다는 주장을 펼쳤다. 즉, 사회주의란 고정된 모델이 아니기 때문에 중국도 자국의 현실에 맞는 사회주의를 얼마든지 구현할 수 있다는 것이 그의 견해였다. 소위 '중국 특색을 지닌 사회주의'란 바로 이러한 인식에서 출발한 것이다. 현재 중국의 현대화 발전 노선의 기본적 틀이 되고 있는 '중국특색'(中國特色)론은 개혁·개방 20여년을 거치면서 많은 성과를 거두었다. 그러나 그 이면에는 상당한 위기를 내포하고 있는 것도 사실이다. 그러나 중국의 기본적인 발전전략은 이미 돌아올 수 없는 강을 건넜으며, 쟝쩌민(江澤民)을 거쳐 후진타오(胡錦濤)로 이어지는 중국 지도부의 발전전략도 이 틀을 벗어날 수는 없을 것이다.

3. 사회주의 시장경제론의 형성과 발전

주지하다시피, 1980년대 말 지난 40여년간 국제질서를 주도해 오던 냉전체제가 붕괴되면서 국제적 환경은 이념적인 정치요인보다는 경제적 요인이 더욱 중요한 역할을 하게 되었다. 중국은 양극체제의 붕괴와 소련과 동구의 사회주의권 몰락 및 걸프전에서 세계질서 조정자로서의 위치를 확고히 한 미국이 주도하는 국제정치질서에 더욱 능동적으로 대처하고 그 동안의 개혁·개방 과정에서 나타난 각종 자본주의적 요소들을 합리화하기 위하여 '사회주의 시장경제론'을 제기하기에 이르렀다. 그러나 등소평의 중국식 사회주의론이 그러하듯이, 사회주의 시장경제가 가지는 구체적인 특징과 정의가 무엇인가에 대해서는 그 이전의 이론체계가 모호하고 애매하였듯이 원론적인 주제들만이 강조되고 있다. 중국은 기존의 시장경제체제 중 세계적으로 비교적 성공한 세 가지 모델 중에서 유교적 가치관과 공동체 의식을 강조하는 아시아식 '공동체 시장경제' 체제에 관심이 많다. 이는 개인의 가치관념과 개인주의(功利主義)를 철학적 기초로 하는 영·미식 '개인주의 시장경제' 체제나, 사회조직의 작용을 강조하는 독일식 '사회시장경제' 체제보다 역사적 전통이나 문화적 배경, 그리고 유교문화에 따른 사회적 가치추구 경향 등을 고려해 볼 때 접근하기가 용이하기 때문이다. 개발독재 모델로 분류되는 동아시아 발전 모델은 정부의 강력한 기능과 역할이 강조되는 정부주도형 발전 모델이라는 점에서 현 중국의 정체(政體)체제와도 많은 상관성을 가지고 있다. 물론 기타 시장경제체제에서도 많은 장점을 흡수할 수 있겠지만, 중국은 적어도 그들이 사회주의를 위한 전(前)단계로 주장하는 2050년까지는 전체적으로 강력한 정부주도 하의 개발전략을 선택하고 있다고 할 수 있다. 중국이 추진하고 있는 사회주의 시장경제 시스템을 기존의 계획경제 및 시장경제와 비교해 보면 다음과 같다.

4. 중국 사회주의 시장경제체제의 문제점

중국경제는 1979년 개혁·개방 정책 실시 이후 현재까지 연평균 9.5퍼센트에 육박하는 놀라운 고도성장을 이루었다. 그러나 사회주의 시장경제라는 전대미문(前代未聞)의 새로운 체제를 실험하면서 구조적 난제에 봉착하고 있다.

　하나는 중국의 이념과 현실의 갈등을 그대로 나타내는 제도적 문제이다. 중국은 과거의 계획경제 시기에서든 향후 시장경제체제의 수립에서든, 다음의 다섯 가지 원칙을 반드시 관철시켜야 하는 불변의 가치목표로 규정하고 있다. 이는 모든 자원을 최대한 공유화 하는 공유제(共有制) 원칙, 노동량에 따른 소득분배(所得分配) 원칙, 경쟁의 잔혹성을 배제하고 약자를 돕는 단결(團結) 원칙, 모든 사회구성원으로 하여금 안전감을 갖게 하는 안전(安全) 원칙, 전체(全體)의 이익이 국부(局部)의 이익에 우선하는 원칙 등이다. 이러한 가치기준의 혼재(混在)는 시장기능의 발휘를 저해하는 근본적인 원인이 되고 있다.

다른 하나는 이러한 이중구조 속에서 양성된 해결이 쉽지 않은 현실적 문제들이 존재한다는 점이다. 정체되어 있는 농업발전과 농촌의 저소득문제, 이농현상과 이에 따른 농촌인구의 노령화와 생산력 저하 등 농촌문제는 헤아릴 수 없을 정도로 산적해 있다. 국유기업 개혁 문제도 답보상태에 빠져 있다. 실업사태의 확산과 금융권 부실대출의 주범인 대형 적자 국유기업의 개혁 문제는 시간이 지남에 따라 중국 정부를 압박할 것이다. 또 지방정부 권한의 확대 및 지방세력의 강화 문제, 그리고 경제발전을 도모하는 거의 모든 국가에서 나타나는 지역간 격차의 확대도 중국의 장기적인 발전을 위협하고 있다. 이를 해소하기 위해 중국정부가 서부지역 대(大)개발을 주창하고 있으나 그 효과는 미지수이다. 또한 도시 내부에서의 소득격차 분화가 지역격차의 심화 폭보다 더욱 크게 나타나는 사회 이원화(二元化) 추세도 문제이다. 또 경제가 과열되고 건전한 법률제도가 정착되지 못한 상황에서 대중들이 모두 경제활동을 통한 수익에

특 징	계 획 경 제	사회주의시장경제	시 장 경 제
발전목표	정치구호를 통한 경제 발전 추진으로 사회 주의의 우월성 발휘	사상해방, 생산력 발전을 통한 경제발전으로 사회주 의제도 공고화	경제자유추구, 최고의 경제효과 발휘를 통한 국민복리 달성
자원배치	지령성 계획과 행정명령 으로 자원분배	국가의 거시조절하에 시장이 자원 분배에 대한 기초적 작용 발휘	공개적 시장에서 경제법칙에 따른 자원배치
정부기능	주권통제 정부와 기업이 미분리	정부가 계획, 인도, 협조, 감독 기능, 정부·기업 분리	정부는 법령제정자·보호자· 재판자 기능만 보유
계획성질	지령성계획	지도성계획	경제계획
시 장	자본주의 요소로 치부 하여 존재를 인정치 않음	시장체계 육성에 중점	모든 경제활동이 시장을 통해 진행
경 쟁	평등주의	제한적 적자생존	적자생존
가 격	정부통제	시장가격 위주의 가격체계	시장이 결정
경제기초	전민소유제 기업	공유제를 주체로 각종 경제성분 병존	사영기업 및 일부 국유기업
재산소유제	공유제	공유제 주도, 사유 인정	사유제
취 업	국가가 안배	근로자의 자주적 직업선택	직업선택 자유
기업리스크	정부와 사회 공동부담	기업과 개인	기업과 개인
재부(財富) 분배	평균주의	노동에 따른 분배위주 일부 선부(先富) 인정	효율추구 빈부차이는 복지정책으로 극복
법 률	인치 경향, 권력 > 법	법제화 방향 발전	완전한 경쟁원칙과 법률체제

열을 올리게 됨으로써 각종 경제부패가 창궐해 경제발전을 저해하고 민심을 유리시키는 부작용을 낳고 있다. 만일 이러한 양상이 장기간 지속된다면 경제의 균형적인 발전은 기대하기 어려울 것이다.

5. 결론: 중국식 시장경제의 사회주의성

지금까지 중국경제의 발전과정을 살펴보면, 적어도 개혁·개방 이후의 중국에서는 이론보다는 실질을 앞세우는 형태로

경제가 운영되어 왔음을 알 수 있다. 이에 따라 중국의 경제이
론은 이미 나타난 현상들 — 주로 경제발전에 도움이 되는 자
본주의적 요소들 — 에 대해 항상 이들을 옹호하고 뒷받침하는
이론적 제도와 장치의 역할을 해왔음을 부인할 수 없다. 중국
은 현재 적어도 경제적으로는 사회주의국가가 아니다. 이미 시
장경제 메커니즘이 경제를 운영하고 있고, WTO 가입으로 완
전히 국제경제체제로 편입되었다. 또 시장경제의 근원인 사유
제(私有制)도 내년이면 헌법 조항에 의해 공식적인 보호를 받게
된다. 그러나 우리는 중국의 시장경제가 사회주의시장경제임을
항상 유의하여야 한다. 중국은 개혁·개방 이후 계속 그들의
‘국정론’(國情論)을 강조하면서 시장경제적 개혁·개방과 함께 사
회주의를 강조하는 4개 기본원칙(사회주의 노선의 견지, 인민민주
독재의 견지, 공산당 영도의 견지, 마르크스·레닌·모택동 사상의
견지)을 병립시키고 있다. 시장경제를 중국적 상황에 맞는 이론
으로서 끝없는 탐색과 모색(摸着石頭過河: 징검다리 돌을 더듬으면
서 강을 건넌다는 뜻으로, 점진적 개혁 방법론을 말함)을 통해 실정
에 맞지 않는 부분이 나타나면 중국의 현실에 맞게 개선하면서
재창조하겠다는 의지를 보이고 있는 것이다. 문제는 그 수용과
재창조 과정이 우리의 기대에 부합되지 않는 형태로 운영될 소
지도 다분히 존재할 수 있다는 점이다.

　　앞만 보고 달려온 지난 20여년의 중국의 개혁·개방은 많
은 성과와 함께 부정적 유산을 남겨놓았다. 이미 국제화된 중
국경제가 법제화를 통한 제도정비에 힘을 쓰고 있지만, 그 이
면에 공산당은 표면적으로나마 사회주의제도의 유지에도 그만
큼의 신경을 쓰고 있다는 점을 잊지 말아야 할 것이다.

2. 중국 경제에서 소강(小康)이 가지는 의미

김 동 하

(포스코경영연구소 연구위원)

(dhkim@posri.re.kr)

1. 들어가는 말

2002년 11월 8일 북경에서 개최된 제16차 중국공산당 전국대표대회에 쟝쩌민(江澤民) 주석은 "2020년 이전까지 중국은 전면적인 소강(小康) 사회를 건설할 것"이라고 공언한 바 있다. 그 이후 소강(小康)이라는 단어는 중국 각계각층에 가장 빈번히 쓰이는 단어로 등장했다. 그러나 소강 혹은 샤오캉이라는 말의 뜻은 우리나라와 중국에서의 의미가 다르게 쓰이고 있다. 또한 중국에서도 고대 경전(經典)에서 뜻하는 바와 중국 근대사상가가 주창했던 소강 그리고 최근 정치지도자가 주장하는 소강은 모두 다른 의미를 내포하고 있다.

따라서 본 칼럼에서는 향후 21세기 중국 경제발전 목표 중의 하나인 소강에 대해서 살펴보고자 한다. 또한 왜 중국 지도부가 비경제적인 함수인 소강을 경제발전 목표에 삽입해야만

했는지 고민해 보았다.

2. 소강(小康)의 유래

모든 정보가 그렇지만 특히 5000년 역사를 가진 중국 관련 정보는 원전(原典)에 근거하지 않는 경우에는 왜곡되기 쉽다. 소강 역시 문화 인식이 깊지 않아 보이는 몇몇 저널리스트가 인용한 『예기(禮記)』 출처론이 정설처럼 되어 있지만, 실제로는 『시경(詩經)』에서 처음 보인다. 물론 더 오랜 갑골문에서도 나올는지는 모르는 일이다.

『시경』의 「대아(大雅 · 民勞)」 편에서 이르길, "民亦勞止, 汔可小康"(백성들은 수고하면서 조금이라도 편해지기를 바라네)라 하였는바, 노동하는 과정에서도 조금은 편히 쉴 수 있는 여유가 있는 상태를 소강(小康)이라 할 수 있다고 하였다. 이는 소강이 기원전 8세기 중국 백성들이 꿈꾸던 최소한의 인간다운 생활을 나타낸 것이라 할 것이다.

『예기』에서 보이는 소강(小康)은 다소 복잡한 구조를 가지고 있다. 공자는 『예기』 「예운(禮運)」 편에서, 중국 역대 최고의 태평성대였던 요순(堯舜:기원전 23C) 시대를 사사로움이 없고, 남을 생각하는 대도(大道)가 이루어진 유토피아인 대동(大同)의 사회상태로 묘사했고, 소강은 대동에는 미치지 못하지만 바로 그 아래 단계의 사회로 묘사하고 있다.

일부 언론에서 묘사한 노인이 공경을 받으며, 고아 · 과부 · 장애인의 삶이 어렵지 않고, 밤중에 대문을 걸어 잠그지 않아도 걱정이 없는 사회는 소강이 아니라 대동사회인 것이다. 『예기』에 의하면 오히려 소강에 이르러서는 자기본위적인 사회풍조가 팽배하여 왕위가 세습되고 남녀노소의 역할 구분이 명확해지며 전쟁까지 발생하게 된다.

3. 중국 근대 선각자가 본 소강

중국 근대(18, 19세기)에 이르러서 소강은 새로운 해석을 맞게 된다. 19세기 청조의 선각자인 강유위(康有爲)는 유신운동(維新運動)을 펼치면서 대동과 소강에 대한 새로운 해석을 내린 바 있다. 그는 그의 저서 『대동서(大同書)』에서 태평성대를 이루려면 봉건사회를 타파하고 입헌군주제(立憲君主制)를 도입해야 한다고 주장하고 있다. 즉, 입헌군주제는 소강시대이며, 이보다 발전한 민주공화제는 대동시대인 것이다.

대만과 중국 모두에서 국부(國父)로 칭송되는 손문(孫文) 선생은 대동사회를 설명한 "천하위공"(天下爲公)을 사회가 추구해야 할 이상으로 주장한 바 있다. 손문이 그린 대동사회는 민생주의(民生主義)였고, 그는 민생주의를 통해 정치적으로는 자유, 평등, 박애가 넘치고 경제적으로는 평균 생산주의, 부의 균등 분배가 이루어지는 사회를 주장한 바 있다.

4. 중국 경제발전 목표 속의 소강

원전에서의 의미와 이에 대한 여러 선각자들의 해석으로 소강은 사전에서는 "경제가 비교적 풍요로운 상태"(辭海), "중등 수준 생활을 유지하고 있는 가정경제 상태"(現代漢語辭典) 등으로 해석되고 있다.

이러한 사전적 의미를 가지고 있던 소강은 중국의 개혁개방 설계사인 등소평(鄧小平)에 이르러서 경제발전 목표 중의 하나로 이용되게 된다. 공식적으로 중국의 당정(黨政) 부문에서 소강이 등장한 것은 1982년 9월 1일 중국 공산당 제12차 전국 대표대회에서이다. 여기에서 등소평은 "1981년부터 2000년까지 향후 20년간 경제발전을 이루어 인민의 물질생활이 소강 수준에 이르도록 하자"라는 목표를 제시하였다. 이로써 중국 국민경제 및 사회발전의 목표에 소강이 처음으로 등장하게 된 것이다.

『등소평문선(鄧小平文選)』2권을 보면, 등소평은 이미 개혁개방을 구상하고 있던 1979년부터 소강 개념을 경제발전의 목표에 넣으려는 의도가 있었음을 알 수 있다. 1979년 12월 일본 수상 오히라 마사요시(大平正芳)와 회견하는 자리에서 중국이 이루고자 하는 4개 현대화는 '소강사회'(小康之家)를 달성하는 것이라고 피력한 바 있다.

그 후 등소평의 소강목표는 국무원 등 여러 연구기관을 통해 GDP 혹은 1인당 GDP로 계량화되었는데, 그 중에서 가장 대표적인 것을 보면 1987년 10월에 중국 정부는 2000년 GDP 1조 달러, 1인당 GDP 800달러라는 구체적인 목표를 제시하게 된다. 물론 이 목표는 1999년에 이미 달성되어 1인당 GDP 798달러, GDP 총액 1조 8억 달러를 기록한 바 있다.

천안문 사태 이후 정권을 승계한 쟝쩌민 수석은 1995년 9월에 2000년 1인당 GDP 목표 6,536위엔(元)을 제시하면서 2000년에 인민들의 생활이 소강 목표에 도달할 것이라고 주장하였다. 물론 이 목표는 1999년에 1인당 GDP가 6,547위엔(元)에 도달하면서 1년 일찍 달성된 바 있다.

1998년에 중국 국가통계국은 비교적 완전한 소강 지표 3개를 만들어 발표한다. 이 3개 지표는 전체인민 소강, 도시민 소강, 농촌 소강에 대한 구체적인 지표를 제시하고 있다. 이 중에서 전체인민 지표를 보면 1인당 GDP 등 16개 항목에서 소강 도달 기준을 정해 가중치를 두고 있으며, 모든 항목에서 만점을 맞으면 소강 수준에 100% 도달했다고 판단하는 것이다. 16개 항목은 소득수준, 거주면적, 영양실태, 교통 인프라, 엥겔지수, 문맹률, 예상수명, 영아사망률, TV보급률, 산림 복개율 등을 포함하고 있다.

실제로 중국은 1990년에는 이들 16개 지표에 의한 소강 도달 수준은 46.3%에 불과했으나, 1999년에는 94.6%에 이르게 된다. 그 결과 쟝쩌민 주석은 2000년 10월 15차 5중전회(五中全會)에서 중국은 기본적으로 소강 수준에 도달했다고 선언할 수 있었다.

가장 최근인 2002년 11월에 쟝쩌민 주석은 "전면적인 소강 사회 건설"이라는 정책방향을 정하면서, 경제는 물론 정치, 사회, 문화 모든 방면에서의 소강 목표 달성을 지시하기에 이른다. 이 중에서 경제목표를 보면, 2020년 중국의 GDP는 35.76조 위엔(元)이고, 1인당 GDP는 3,000달러로, 일본의 1973년 수준, 한국의 1987년 수준에 이른다. 중국이 2020년에 이러한 목표를 달성하기 위해서는 매년 7.2% 이상의 고성장을 유지해야만 한다.

5. 중국인이 느끼는 소강

"중국의 신흥 계급, 중산층"에 관심을 가지고 있는 필자는 최근 여러 계층의 중국인과 중산층 혹은 소강을 주제로 많은 의견을 나눌 기회가 있었다. 그러나 일반 인민들은 물론 대부분의 지식층(교수, 대기업 임원진)이 가지고 있는 소강에 대한 개념은 막연히 중등생활 수준을 영위하는 것으로 모호한 편임을 알 수 있었다.

또한 이들이 느끼는 소강의 정의는 "먹고 살만한 수준"에서부터 "자기 아파트와 자동차를 보유하는 수준"까지 그 스팩트럼이 아주 광범위했다.

중국의 유력 포털 사이트인 Sohu.com에서는 소강 전문 채널을 두고 금년 초부터 네티즌을 대상으로 인터넷 서베이를 하고 있다. 이 중 몇 가지 결과를 통해 중국인이 느끼는 소강의 의미를 엿볼 수 있다.

먼저 당신이 소강 수준이냐는 질문에 7,240명 중 6.8%는 그렇다는 답을, 90.2% 아니라는 답을, 나머지 3%는 잘 모르겠다는 답을 했다. 따라서 인터넷 인프라를 보유하고 경제활동을 하고 있는 피설문자들이 보는 소강 수준은 의식주를 해결하는 단순한 수준이 아닌 보다 높은 수준임을 알 수 있다.

또한 중국 네티즌이 정의한 소강 지표를 보면 기본적으로 의식주를 해결한 상태는 4.8%에 불과하고, 집과 자가용을 보유한 것은 43.7%에 달했다. 21.4%는 1인당 GDP 800달러 이상의 소득 수준을 달성하는 것을 소강 지표로 보고 있었으며, 30%는 문화 오락 부문의 지출 비중이 상승하는 것을 소강으로 꼽고 있었다. 이렇듯 중국인이 느끼는 소강의 기준은 갈수록 그 수준이 높아가고 있다.

6. 맺는말

중국 정부는 UN, OECD, 세계은행 등 국제기구에서 정한 여러 가지 경제주체 구분 기준 중에서 가장 대표적인 두 가지 기준, 즉 엥겔지수 50% 이하와 1인당 GDP 800달러 이상을 1987년부터 소강의 큰 기준으로 제시하고 있다.

그러나 1998년 국가통계국이 제시한 세 가지 소강 지표는 2002년에 이르러서 중국 현실을 반영하지 못하고 있다. 따라서 중국통계국은 연내에 새로운 소강 기준 지표를 정할 방침이며, 여기에는 경제적 요인 외에도 정신문명, 정치, 환경, 생태 측면이 반영될 것으로 국가통계국은 밝힌 바 있다.

『예기』에서의 대동사회는 공산당이 꿈꾸는, 하지만 이제는 달성할 수 없는 목표가 되어버린 사회주의 유토피아였으며, 소강 사회는 현재의 중국이 지향하는 사회주의시장경제로 해석될 수 있을 것이다. 이러한 개념을 차용하여 등소평은 소강을 중국 경제발전 목표에 삽입한 것으로 판단된다.

등소평의 선부론(先富論)에 따라 연안, 연해 지역이 먼저 개방되면서 지역간 소득불균형이 갈수록 심화되어, 중국정부의 서부 대(大)개발 정책에도 불구하고 지금의 지역격차는 돌이킬 수 없는 지경에 이르렀다.

따라서 쟝쩌민은 소강이라는 다소 모호한 목표를 각기 다른 사회계층과 각 지역에 적용하는 방법을 쓴 것 같다. 이미 각 성(省), 시(市), 자치구(自治區)에서는 각기 자신의 지역상황을 배려한 자체의 소강 지표를 만들어 사용하고 있으며, 이러한 추세는 더욱더 심화될 것으로 보인다. 이것이 중국정부가 소강을 경제발전 목표에 삽입한 원인이 아닌가 싶다.

3. 중국의 무서운 세계시장 질주

김 박 수(金博洙)
(KIEP선임연구위원)

중국의 세계시장을 향한 질주가 놀랍게 가속화되고 있다. 중국의 신화통신은 지난 10월 29일 2003년도 중국의 교역량이 2002년보다 25% 늘어난 7천800억 달러로 중국은 미국, 독일, 일본에 이어 세계 제4위의 무역대국으로 부상할 것이라고 보도했다. 2003년 3/4분기까지 중국의 수출과 수입이 전년 동기에 비해 각각 32.3%와 40.3% 늘어난 것을 감안하면 이는 다소 보수적으로 전망한 것으로 보인다. 중국의 무역이 이처럼 급증하고 있는 것은 중국경제가 8%를 넘는 고도성장을 지속하여 수입수요가 지속적으로 증가하고 있고, 중국기업 및 외국기업이 중국의 강한 경쟁력을 활용하여 수출을 확대하고 있으며, 또한 WTO가입으로 중국의 시장개방이 확대된 데 따른 것이다.

1990년에만 하더라도 한국은 650억 달러의 수출을 달성하여 세계 제12위의 수출국이었던 반면, 중국은 수출액 629억 달러로 세계 제14위의 수출국에 불과하였다. 중국이 70년대 말 개혁·개방 정책을 채택한 이래 수출이 꾸준히 증가하고는 있었지만, 1992년 사회주의 시장경제체제의 채택이 수출증가의 획기적인 전환점을 이루었다. 1990년에서 2002년까지 한국은 세계 연평균 수출증가율 5.4%보다는 다소 높은 연평균 7.9%의 수출증가율을 보인 데 반해 중국은 세계 증가율의 2.7배에 해당하는 14.7%의 연평균 수출증가율을 기록하였다. 이에 따라 2002년에 한국이 수출액 1천615억 달러로 1990년보다 한 단계 오른 제11위의 수출국에 그친 데 비해 중국은 한국수출의 2배가 넘는 3천257억 달러의 수출액으로 세계 제5위의 수출대국으로 부상하였다.

중국의 비약적인 수출증가는 주요국의 수입시장에서의 위상에서도 뚜렷이 나타나고 있다. 세계 최대의 수입시장인 미국에서 중국은 1990년에 한국 다음으로 제7위의 수출국이었으나, 2002년에는 일본을 제치고 카나다와 멕시코 다음으로 제3위의 수출국으로 올라섰으며, 2003년 9월에는 멕시코마저 따돌리고 미국시장에서 카나다에 이어 제2위의 수출국이 되었다. 특히 중국은 2002년에 일본을 추월하여 처음으로 미국시장에서 제1위의 무역수지 흑자국이 되었으며, 미국의 중국에 대한 무역수지 적자규모는 1천억 달러를 넘었다. 일본수입시장에서도 1990년에 중국은 제4위의 수출국이었으나, 2002년에 미국을 제치고 제1위의 수출국으로 부상하였고, 2003년 들어서는 미국과의 시장점유율 격차를 더욱 확대하고 있다. EU시장에서도 사정은 비슷하다. 중국은 1990년에 역외국 중 EU의 제13위의 수입상대국이었으나 2002년에는 일본마저 제치고 미국 다음 제2위의 수입상대국이 되었다. EU는 2010년까지 중국이 미국까지 추월하고 EU의 최대 무역상대국이 될 것으로 예상하고 있다.

이와 같은 세계시장에 대한 중국 수출의 약진은 이미 주요 시장에 대한 한국의 점유율의 하락으로 나타나고 있다. 1990년에 미국수입시장에서 한국과 중국의 점유율은 각각 3.7%와 3.2%였으나, 2003(1-8월)년에 중국은 점유율을 11.5%로 높인 반면 한국의 점유율은 2.9%로 감소되었다. 일본시장에서도 1990년에 한국과 중국의 수입시장 점유율은 5%와 5.1%로 비슷하였으나 금년 1-8월에는 중국의 점유율이 19%로 높아진 반면 한국의 점유율은 오히려 4.5%로 하락하였다.

개혁·개방의 초기에 중국 수출에서 1차 상품의 비중이 50%를 넘었으나, 최근에는 공산품의 비중이 90%를 넘고 있으며, 컴퓨터, 통신기기, 가전제품, 화공품 등의 수출이 빠른 속도로 늘어나면서 중화학공업제품의 수출비중이 50%를 상회하고 있다. 이는 과거 중국의 수출품목이 한국의 수출품목과 보완관계를 이루었으나, 최근에는 빠르게 경쟁관계로 전환되고 있을 뿐만 아니라 광범위하게 한국의 경쟁력을 추월하고 있음을 의미한다. 미국시장에서 시장점유율 제1위 품목수가 중국은 완구류, 신발류, 조명기기, 영상기기 등 15개나 되는데 비해 일본은 승용차, 항공기 부품 등 4개에 불과하고, 한국은 무선통신기기 단 1개 품목에 그치고 있다는 최근 KOTRA의 보고서는 이러한 예를 단적으로 보여주고 있다.

중국의 세계시장에 대한 비약적인 질주는 수출에만 그치는 것이 아니다. 중국은 수출의 증가에 따른 원유 등 원자재와 전자 및 기계분야의 중간재와 부품을 주로 세계시장에 의존함으로써 수입도 수출에 버금가는 비약적인 성장을 보이고 있다. 1990년에 한국은 699억 달러의 상품을 수입하여 세계 제12위의 수입국이었으나 중국은 수입액이 539억 달러로 세계 제15위의 수입국에 그쳤었다. 그러나 2002년에는 한국이 1천521억 달러의 상품을 수입하여 세계 제13위의 수입국이었는 데 반해 중국은 2천954억 달러의 상품을 수입하여 세계 제6위의 수입국으로 올라섰으며, 2003년에는 일본을 제치고 미국, 독일에 이어 세계 제3위의 수입국으로 부상할 것으로 예상되고 있다.

중국의 비약적인 수입의 증가는 주요국의 수출에서 차지하는 중국의 위상에서 입증되고 있다. 세계 최대시장인 미국의 수출에서 중국이 차지하는 비중은 1990년의 경우 1.2%로서 미국의 제18위의 수출 대상국이었으나, 2003년(1-8월)에는 그 비중이 3.6%로 확대되었으며, 제6위의 수출 대상국으로 올라섰다. 일본의 수출시장에서도 1990년에 한국이 6.1%의 점유율로 미국, 독일 다음으로 일본의 제3위의 수출 대상국이었던 반면 중국은 2.1%의 점유율로 일본의 제13위의 수출 대상국이었다. 그러나 2003년(1-9월) 현재 중국은 12%의 시장점유율로 미국 다음으로 일본의 제2의 수출 대상국이며 시장점유율 7.3%로 일본의 제3위의 수출 대상국인 한국을 크게 앞서고 있다. EU의 역외국에 대한 수출에서도 중국의 비중이 1990년의 1.3%에서 2002년에는 3.4%로 확대되어 중국은 EU의 역

외국 중 제6위의 수출 대상국이 되었다. 한국의 수출에 있어서는 한·중간 국교가 수립된 1992년에 중국은 한국의 제6위의 수출 대상국으로서 그 비중은 3.5%였으나, 2003년(1-9월)에는 수출비중이 17.7%로서 미국을 제치고 한국의 제1의 수출 대상국으로 부상하였다.

이와 같이 중국은 수출에서뿐만 아니라 수입에서도 괄목할 만한 성장을 거듭하고 있으며, 현재와 같은 추세가 지속되는 경우에는 2003년에는 중국의 수입이 일본마저 추월하여 세계 제3위의 무역대국으로 등장할 것으로 예상되고 있다. 중국의 무역규모가 급격하게 팽창되고 있는 원인을 수출과 수입으로 나누어 개략적으로 살펴보면 다음과 같다.

중국의 수출이 최근 들어 급속하게 증가하는 것은 2001년 하반기 이후 진행된 미 달러의 약세화에 따라 달러에 페그된 (pegged) 중국 위안화의 약세로 인한 중국제품의 경쟁력 강화와 최근의 미국, 일본 등의 점진적인 경기회복에 의한 수입수요의 증가에 기인한 것으로 볼 수도 있다. 그러나 중국의 수출이 급증하고 있는 것은 더욱 근본적으로 중국이 13억 명의 거대한 인구를 보유하고 있기 때문에 인건비가 한국의 1/13에 불과할 정도로 저렴하고 농촌인구의 지속적인 도시유입으로 임금인상에 대한 압력도 그다지 높지 않다는 점이다. 저임의 풍부한 노동력이 중국 경쟁력의 가장 중요한 원천이 되고 있는 것이다.

둘째로 이러한 저렴한 인건비로 말미암아 경쟁력의 저하 없이 수출상품이 완구, 신발, 의류 등 경공업제품으로부터 컴퓨터, TV, 냉장고 등 중화학제품으로 지속적으로 확대되고 있다는 점이다. 일반적으로는 수출구조가 고도화되면 저급제품은 경쟁력을 상실하나 중국의 경우에는 저급제품도 지속적으로 경쟁력이 유지되고 있다. 셋째 2002년에 세계 제1위의 외국인투자 유치국이 될 정도로 대규모의 외국인투자 유입이 중국의 수출능력을 확대시키는 요인으로 작용하고 있다. 외국인 투자는 중국 내수시장을 목표로 진출하는 경우도 있지만 많은 경우 중국을 생산기지로 활용하기 때문에 중국의 수출 중 외자기업의 비중이 급속히 확대되고 있다. 그러나 외자기업만이 중국의 수출을 담당하고 있는 것은 아니며 수출에서 중국기업의 역할도 지속적으로 확대되고 있다.

중국의 수입급증의 원인으로는 우선 수출품의 생산을 위한 기계와 원자재 및 부품의 수입을 들 수 있다. 특히 중국에 투자하고 있는 아시아국가의 기업들뿐만 아니라 미국과 유럽의 기업들도 많은 경우 아시아에서 원자재와 부품을 조달하는 경우가 많기 때문에 중국의 수입에서 아시아 국가들이 차지하는 비중이 지속적으로 높아지고 있다.

둘째, 중국의 고도성장과 이에 따른 소득의 증가가 수입수요를 유발하고 있다. 중국의 수입에서 비중이 높아지고 있는 원유 및 석유제품과 전기·전자제품, 자동차 등이 이를 반영하는 대표적인 예라고 할 수 있다.

셋째, 중국의 WTO가입으로 인한 관세와 비관세장벽의 완화 등 시장개방의 확대로 수입이 빠르게 증가하고 있다. 2003년(1-8월)의 경우 중국의 수출증가율이 전년 동기 대비 32.4%였는 데 비해 수입증가율은 40.6%였다는 점이 중국의 WTO가입에 따른 수입의 확대효과를 나타내고 있다.

　　중국의 부상은 우리에게 위협이자 동시에 기회를 제공하는 것으로 평가되고 있다. 그러나 위협이나 기회는 이를 극복하거나 활용하는 능력 여하에 따라 달라질 수 있다. 2003년 들어 중국은 미국을 제치고 한국의 제1의 수출 대상국으로 부상하였다. 이는 우리가 중국의 부상과 수입의 확대라는 기회를 비교적 잘 활용한 때문이기도 하지만, 한국기업의 중국진출이 급증함에 따라 유발된 수출의 증가라는 성격도 강하다. 그러나 중국에 진출한 한국기업이 원자재 및 부품을 수입으로부터 현지조달로 전환하는 경우에는 한국의 중국에 대한 수출이 급속히 감소할 가능성도 없지 않다. 원자재와 부품의 중국에 대한 수출을 지속적으로 확대하기 위해서는 끊임없는 경쟁력의 강화노력이 필요할 것이다

　　그러나 중국의 세계시장에 대한 질주의 위협은 미국, 일본, EU 등 주요 시장에서의 한국제품이 중국제품에 밀려나는 것이다. 현재 한국상품과 중국상품 간에 치열한 경쟁이 벌어지고 있으므로, 문제는 지금부터라고 할 수 있다. 중국의 발전 속도가 우리가 예상한 것보다 빠르기 때문에 휴대폰, 자동차, 조선 등 한국이 경쟁력 우위를 점하고 있는 상품도 안심할 수 없는 상황이다.

　　중국은 2001년부터 시작된 10차 5개년 계획 기간 중 전자정보, 항공우주, 생명공학, 신소재 등 11개 첨단기술 분야의 917개 품목을 전략산업으로 채택하고 외국인투자를 장려하고 있다. 중국의 전략산업과 한국이 육성하고자 하는 차세대 성장

동력 산업은 유사하기 때문에 앞으로 한국과 중국의 산업간 경쟁은 더욱 치열해질 것으로 예상되고 있다.

따라서 우리는 기존 산업을 고도화하고 신기술을 개발하는 데 중국보다 한 발 앞설 수 있도록 피나는 노력을 해야 할 것이다. 현재와 같이 기업의 사업환경이 개선되지 않고, 기업의 투자가 부진하고, 기업들이 줄줄이 한국을 떠난다면, 정말로 우리가 고대해 마지않는 기회는 오지 않고 위협만이 우리를 기다리고 있을지도 모른다.

4. 중국경제의 부상(浮上)을 보는 한 시각

김 시 중(金時中)
(영남대학교 경제금융학부 교수.
차이나 비즈니스 연합전공 주임교수)

중국경제가 지난 20여년간 연평균 9% 이상의 고도성장을 달성하고 중국 상품의 세계시장 점유율이 크게 높아지면서, 중국경제 부상(浮上)의 함의(implications)에 대한 논의가 전 세계적으로 나타나고 있다. 특히 2001년 말 마침내 중국의 WTO 가입이 이루어지면서 이와 관련한 논의가 크게 늘어나고 있는데, 이러한 논의나 주장들을 정리해 보면 다음과 같은 세 가지 유형으로 분류할 수 있다.

첫째는 중국이 풍부한 저임 노동력과 잠재적인 혹은 이미 실현되고 있는 광대한 시장 규모에 기초하여 제조업 제품의 생산기지로 등장하는 것에 주목하는 견해이다. 이 견해에 따르면, 중국이 이른바 '세계의 공장'으로 등장하고 있으며, 특히 가격경쟁력을 바탕으로 주요 선진국 시장에서의 점유율을 급속히 신장시켜 기존의 주요 수출국들을 위협하고 있다는 것이다.

이들은 중국의 주요 수출품들이 종래의 단순 노동집약적 제품을 넘어서 기계·전자제품으로 확산되고 있으며, 중국 산업의 성장속도를 고려할 때, 머지 않아 한국을 포함한 많은 국가들의 주력산업이 국제경쟁력을 유지하기 어렵게 될 것이라는 이른바 '중국위협론'(中國威脅論)을 제기한다. 이런 입장의 극단에는 1990년대 초·중반에 형성되었던 중국의 과잉생산 설비에 기초한 저가 수출의 확대가 세계적인 디플레이션으로 이어질 수도 있다는 견해도 있다.

둘째는 중국이라는 대규모 경제의 고속성장 실현이 세계경제, 특히 주변 동아시아 경제의 새로운 성장의 동력(engine)으로 작용할 것이라는 견해이다. 즉, 중국은 인구 13억의 대국으로 지난 20여년간의 성장을 바탕으로 높은 구매력을 갖춘 인구가 상당수에 달하며, 평균적인 중국인의 실질구매력 수준도 달러로 환산한 공식 1인당 GDP 수준인 1천 달러를 훨씬 상회한다고 본다. 특히 중국의 고속성장에 따라 수요가 급증하는 상품은 급속한 자본형성 및 수출성장에 수반되는 각종 원자재와 제품주기상 성숙기에 도달한 소비재에 해당하기 때문에, 선진국들뿐 아니라 한국이나 대만과 같은 선발 신흥개도국도 이러한 새로운 시장의 부상으로부터 큰 혜택을 볼 수 있다고 해석한다. 따라서 이와 같은 방대한 규모의 새로운 경제적 프런티어(frontier)의 등장이라는 시각에 근거하여 이른바 '중국기회론'(中國機會論)이 성립하게 된다.

셋째로, 중국이 안고 있는 여러 문제의 심각성에 주목하는 이른바 '중국 거품론' 혹은 '중국붕궤론'(中國崩潰論)이 있다. 이들은 시장경제 정착에 따라 다원화되어 가는 이해관계를 조정하기 어려운 공산당 권력독점의 정치체제의 한계, 국유기업의 비효율과 이에 따라 누적되어온 막대한 규모의 금융부실, 지역 간(연해와 내륙, 도시와 농촌 등) 경제격차의 심화, 실질적 실업인구의 지속적 증가 등 쉽게 해결할 수 없는 많은 문제점들을 지적한다. 이러한 문제들로 말미암아 내부적 혹은 외부적 충격이 발생할 경우 심각한 경제 사회적 위기로 이어질 것으로 전망한다.

한편, 중국경제의 붕괴까지는 아니더라도 현재 중국경제의 실력이 과대평가되고 있다고 보는 견해가 있다. 즉, 대다수 중국인들의 실질소득 수준 및 이에 기초한 시장규모가 일부 사람들이 주장하는 수준에 크게 못 미치며, 유통이나 금융 등 시장경제의 제도적 기초가 미비되어 있기 때문에 외국기업이 중국에서 할 수 있는 사업에 한계가 있다고 본다. 또한 중국제품의 세계시장 점유율이 급상승했지만, 대부분이 부가가치가 낮은 가공수출이며, 제품개발 능력과 자가 브랜드를 갖추지 못한 것이기 때문에 지속적 성장 가능성에 회의적인 입장을 제시한다. 이러한 견해에 입각하여 중국시장에 대한 과도한 진출과 의존을 피해야 할 필요성을 제기한다.

본인의 판단으로는 위의 세 가지 견해가 모두 나름대로 근거를 갖고 중국경제의 한 단면을 보여주고 있지만, 이 중의 어느 한 측면에만 집착한다면 중국경제에 대한 정확한 이해에 도달하지 못할 뿐 아니라 중국과의 건설적인 경제관계 구축에도 방해가 될 수 있을 것이다. 그러면 중국경제의 실상을 어떻게 이해해야 할 것인가? 특히 한국경제 혹은 한국 기업의 입장에서는 어떤 시각으로 중국경제를 이해하고 중국시장에 접근해야 할 것인가?

　우선 중국경제의 복잡성 내지 다중성(多重性)을 인식하는 것이 긴요하다. 중국경제를 1인당 GDP 크기와 같은 평균적 개념에 기초하여 이해한다거나 혹은 어느 한 측면을 통해 전체를 이해하려 할 경우 중국경제를 정확히 이해하는 데 실패할 것이다. 우선 체제의 측면에서 중국은 시장경제로의 이행이 크게 진전되었지만 아직 사회주의의 유산도 상당히 보유하고 있다. 즉, 아직도 정치적으로 공산당의 권력독점과 이를 뒷받침하는 정치제도가 유지되고 있을 뿐 아니라 국유기업 내지 국가가 지배지분을 가진 회사가 GDP의 30% 정도를 생산하고 있고, 특히 대기업의 경우 대부분이 이 부류에 속한다는 점이 주요한 사회주의적 요소가 될 것이다. 뿐만 아니라, 집체기업으로 분류되는 많은 지역기업의 존재와 인구의 자유로운 이동을 억제하는 호구제(戶口制)도 사회주의 경제의 유산으로 보아야 할 것이다. 또한 중국의 경제발전 수준에 대해서도 섣부른 결론을 피해야 할 것이다. 즉, 중국은 고속성장하고 있는 개발도상의 대국으로서 급속하게 발전하고 있을 뿐 아니라 지역에 따라 혹은 부문에 따라 상이한 경제발전 수준을 갖고 있다는 특징을 갖고 있다.

　이러한 다중적 특성에 대한 인식을 배경으로 중국경제의 진면모를 파악해 보면, 우선 중국의 경제발전 수준은 2001년의 공식 1인당 GDP 약 950 달러가 시사하는 것보다는 높다고 평가해야 할 것이다. "한 나라에서 1년간 생산된 최종생산물의 시장가치 합계"로 정의되는 GDP 개념이 시장을 통하지 않은 생산, 곧 자가소비(自家消費)된 생산을 포함하지 않는다는 점과 최종생산물 중 서비스 등 비교역재(非交易財)의 생산가치를 시장환율로 환산하면 다른 국가에서의 동일한 상품에 비해 크게 낮게 평가되고 있다는 점을 고려한다면, 중국의 대미(對美) 달러 환산 GDP는 실제 중국경제의 규모를 과소평가하는 것이다. 이 문제는 대부분의 개발도상국에 대해 발생하는 것이지만, 사회주의 경제를 거친 중국의 경우 과소평가의 정도가 더 클 것으로 추정된다. 따라서 공식 1인당 GDP 수준이 중국인의 실제 소득수준을 과소평가하고 있다는 점을 이해할 수 있을 것이다. 다만 여러 연구기관이 구매력 기준 중국의 GDP를 추정하고 있지만, 추정 방법에 따라 추정치의 편차가 커서(작게는 공식 GDP의 2배에서 크게는 6배까지) 그 신뢰도가 떨어지고 있다. 특히 구매력 기준 GDP 추정 과정에서 동일 가격으로 평가하는 생산물의 질의 차이를 통제하기 어렵다는 점이 과소 추정하게 하는 요인으로 작용한다. 본인은 빅맥 지수 등에 비추어 중국인의 실질 구매력이 공식 GDP의 2배 내지 3배에 이르는 것으로 추정한다.

둘째로, 중국을 경제발전 수준과 특성을 달리하는 여러 지역경제의 집합으로서 이해하는 것이 필요하다. 중국은 면적과 인구의 광대성, 자연환경 및 문화의 차이, 교통망의 미발달 등 객관적인 요인만으로도 전국을 하나의 시장(경제)로 보기 어려운 측면이 있다. 나아가 지역간 소득수준의 격차와 지역보호주의 요인까지 추가한다면 중국경제를 여러 지역으로 나누어 볼 필요성은 더욱 커진다. 예를 들어 광주(廣州), 심천(深圳)을 중심으로 한 주강(珠江) 삼각주 지역, 상해를 중심으로 강소성, 절강성 일부 지역을 포함하는 장강(長江) 삼각주 지역, 북경-천진을 중심으로 한 환발해(環渤海) 지역 등이 각각의 특성을 갖고 중국의 선진지역을 대표한다고 할 수 있다. 반면에, 대부분의 내륙지역, 특히 내륙의 농촌지방은 심각하게 낙후되어 있다. 일부 내륙의 대도시와 새로 형성되고 있는 많은 중소형 도시들은 위의 두 극단 사이의 발전단계에 처해 있다고 볼 수 있다.

그러면 이러한 중국경제의 이해에 기초할 때, 급속하게 심화되는 한국과 중국의 경제관계를 어떻게 인식하고 또 어떻게 접근해야 할 것인가? 즉, 경제적 차원에서 한국은 중국과의 관계 설정을 어떻게 하고 또한 어떤 정책방향을 취해야 할까?

한국의 입장에서 중국은 더 말할 나위도 없이 유사(有史) 이래 지리적인 인접성에 기초하여 정치·경제·문화 등 모든 면에서 가장 가까운 이웃나라였다. 그러나 냉전시대 40여년간 한국과 중국(대륙)은 관계를 거의 단절했었다. 다만 중국의 개혁·개방 정책 이후 접촉을 재개하기 시작하여 10년 전 1992년 공식 수교를 한 이후 양국간의 교류는 경제적 측면을 중심으로 급증하여 왔다. 현재 중국은 미국, 일본과 함께 한국에게 매우 중요한 경제협력 대상국이며, 현재의 교류증가 추세를 고려하면 머지않아 양적으로 제1의 파트너로 부상할 것이 전망된다.

현재 한국인들의 중국 경제에 대한 시각은 크게 세 가지로 요약될 수 있을 것이다. 하나는 세계시장 속에서 한국과 경쟁하는 상대로서 중국을 바라보는 것이고, 둘째는 중국을 많은 기회와 도전이 기다리고 있는 거대한 시장으로 보는 것이며, 셋째는 중국을 아직도 가난하고 규범화되지 못한 이웃나라로 보는 관점이 그것이다. 이 세 관점은 이 글의 모두(冒頭)에서 제시했던 중국경제에 대한 세 가지 이해와 그 궤(軌)를 같이 하는 것으로, 많은 한국인들의 사고에는 이러한 세 관점이 혼재되어 있는 것이 현실이다. 보통의 한국인들이 흔히 갖고 있는 세 번째 관점에 대해서는, 이미 앞에서 제기한 바와 같이, 평균적인 중국인은 가난하지만 중국 국가는 강대국이며 상당수의 중국인들은 결코 가난하지 않다는 점을 지적하는 것으로 정리할 수 있을 것이다. 이제 첫 번째와 두 번째 관점에 대해 본인의 견해를 정리해보면 다음과 같다.

본인은 먼저 근본적으로 국가 간의 경제관계를 영합게임(zero-sum game)으로 보는 것을 탈피해야 한다는 점을 지적하고자 한다. 경제학이 가르쳐주는 중요한 원리의 하나는 경제적 거래는 당사자 모두에게 이득을 준다는 점이다(맨큐의 경제학 제1장 경제학의 10가지 원리 중 제5원리 참조). 국가 차원에서도 타국과 거래할 수 있을 때 자급자족할 때에 비해 기회의 확대에 기초하여 더 나은 결과에 도달하는데, 이는 비교우위에 기초한 국가간 분업을 통해 양국 모두 이득을 얻는다는 이론으로 체계화된다. 물론 이 이론에 대해 세세하게 문제를 제기할 여지가 있지만, 기본적으로는 매우 강력한 설명력을 갖는 논리임에 틀림없다.

특히 상대적 소국인 한국경제의 입장에서 중국경제의 변화는 하나의 주어진 여건(given condition)으로 한국이 영향을 미칠 수 있는 대상이 아니다. 따라서 한국과 중국의 경쟁관계와 이에 따른 위협을 강조하는 것은 큰 의미가 없다. 즉, 우리가 중국경제의 성장과 중국산업의 경쟁력 강화에 영향을 미칠 수 없다면, 우리는 이것을 받아들이고 오히려 이용하려는 자세가 필요한 것이다. 또한 앞에서 지적했듯이, 중국은 대국으로서 평균적으로 소득수준이 낮은 개도국이지만, 국가로서는 강대국이며 시장규모가 한국보다 훨씬 클 뿐 아니라 일부 인구는 상당 수준의 구매력을 갖고 있다는 점에 주목해야 한다. 중국 전체 인구의 5% 혹은 도시인구의 15%인 약 6천만의 소비자(약 2천만 가구)는 월 가구소득이 3,000위엔(元)을 초과하는 것으로 조사되었고, 이 소득의 구매력은 단순히 환율을 적용하여 환산한 것의 2-3배에 이를 것으로 볼 수 있다.

따라서 한국이 취해야 할 기본적인 입장은 이웃한 대국 중국경제의 부상(浮上)을 하나의 도전으로 받아들이되, 이 엄청난 잠재력을 가진 새로운 시장의 등장을 최대한 활용하는 것이 되어야 할 것이다. 특히 상호 경제적 이득을 주고받는다는 인식 하에 호혜적 파트너로서의 관계를 확립해 나가는 것이 기본입장이 되어야 한다. 어쩌면 중국은 치열한 세계의 경제전쟁 속에서 한국경제의 발전에 도움이 되는 최상의 전략적 파트너가 될 수도 있을 것이다. 실제 한국경제가 외환위기를 극복하는 과정에서 중국이 인민폐의 평가절하를 취하지 않고 또한 수입시장 개방을 지속함으로써, 1998년 이후 한국이 중국시장 및 세계시장에 대한 수출을 증가시킬 수 있었고 궁극적으로 위기극복에 큰 도움을 받았다는 점을 부인할 수 없다.

다른 한편, 중국의 입장에서도 자국에 위협을 주는 대상이
아니면서 어느 정도 자국의 경제발전에 도움을 받을 수 있는
대상으로, 또한 적절한 규모의 시장으로, 한국을 인식할 수 있
는 근거는 많이 있다. 즉, 중국이 장기적으로 세계 질서의 리
더쉽을 놓고 경합관계에 놓일 미국이나 동아시아 지역의 리더
쉽을 놓고 경쟁하게 될 일본과는 달리 한국에 대해서는 과거
오랜 역사의 경험과 마찬가지로 위협적인 세력으로 보지 않을
것이다. 현 단계에서 중국은 한국과의 경제관계 확대를 통해
자국의 경제성장에 도움을 받을 여지가 일정 정도 존재한다.
특히 산동성이나 천진 혹은 동북 3성 일부 등의 지역의 입장에
서는 한국이 매우 중요한 협력 파트너가 될 것이다.

이와 같이 서로에게 이익이 될 수 있는 전략적 파트너로서
의 가능성을 현실화하기 위해서는 한국의 입장에서 중국에 대
한 유무형의 투자를 더욱 늘려야 할 것이다. 중국어에 능숙하
고 다양한 분야에 걸쳐 중국 사회를 잘 이해하는 인력을 많이
양성해야 한다. 또한 더 많은 한국 기업들이 중국 시장 내에서
성공적으로 자리잡고, 장기적인 시장 참여자로서 중국 내에서
의 영향력을 제고할 수 있어야 할 것이다. 또한 정부는 단기적
인 이득을 취하는 것에 정책의 초점을 두기보다 장기적으로 호
혜적인 경제관계를 형성하는 데에 노력을 기울여야 할 것이다.
이를 위해서는 문화·교육·스포츠 등 경제외적 부문에 있어서
의 상호 교류를 더욱 확대하는 노력이 필요하다고 하겠다.

다만 전략적으로 중국에 대한 과도한 의존을 미리부터 회
피할 필요도 있다. 이는 한편으로는 앞에서 지적한 바 있는 중

국 경제의 불안요인의 악화에 대비하는 것이고, 다른 한편으로
는 과거 역사와 같이 한국이 중국의 영향권 하에 종속될 것을
피하기 위한 차원이기도 하다. 궁극적으로 동북아에서 상대적
소국이지만 강한 민족주의 성향을 갖는 한국이 독립과 번영을
지속하기 위한 정책 방향은 중국에 대한 과도한 의존을 회피하
되 호혜적인 경제관계를 지속시켜 나가는 것에 있을 것이다.

5. 중국 : WTO 신(新)체제로의 변환은 가능한가?

김 익 수(金益洙)
(고려대 경영학과 교수)

1. 외부 기율기제로서의 WTO 가입

2001년 11월 15일 중국의 WTO 가입은 우리의 대외 통상환경에도 큰 변화를 가져왔지만, 중국에게도 획기적인 사건이다. 왜냐하면, 중국 당정(黨政) 지도부는 격론 끝에 WTO에 가입하는 것이 중국의 국익에 장기적으로 도움이 된다는 결론을 내렸고, WTO 가입을 한국의 'IMF 위기'처럼 일종의 '외부 기율기제'(external disciplinary device)로 활용하려 했기 때문이다. 그러나 과연 중국이 내부의 체제적, 행태적, 문화적 제약 요인들을 극복하고 'WTO에 부합되는 新체제'(WTO-compatible system)로 변환할 수 있을지는 의문이다. 중국 당정 내부의 정치적 장애 요인이 적지 않고, 경제무역 관리체제에 대한 관료적이고 전근대적인 개입 관행이 심각해서, 규범에 기초하고 공정하고 투명한 경제무역 시스템을 구축하는 것이 결코 말처럼 쉽지 않기 때문이다.

지금까지의 많은 전문가들은 중국이 시장경제체제로 이행하는 과정을 연구하거나, 프라이빌라(J.S.Prybyla)와 마스텔(G.Mastel)처럼, WTO 가입 협상시 약속했던 내용을 이행할 수 있을지의 여부에 논의의 초점을 맞추고 있다. 중국이 WTO에 가입한 이후에 나온 논의들도 대부분 의정서 양허 내용에 기초하여 중국의 WTO 가입이 중국 금융·통신·유통 등 서비스 시장의 개방, 농업과 국유기업의 구조조정, 철강, 기계, 가전 등 산업구조의 변화에 미치는 영향을 중점적으로 다루고 있다. 그러나 중국이 과연 WTO 체제로의 체제전환(systemic trans-morphosis)에 성공할 수 있을지의 여부, 그리고 성공적인 전환을 하기 위해서는 어떠한 개혁과 정책 조치를 취해야 하는가 하는 문제에 대해서는 많은 토론이 없었다. 필자는 바로 그런 문제를 다루려고 한다.

2. 중앙정부의 확고한 약속이행 의지

이 질문에 답하기 위해서는 중국의 중앙정부와 지방정부, 경제체제와 비(非)경제체제의 문제 등 다양한 주체와 기능을 종합적으로 살펴봐야 한다.

우선, 중앙정부의 약속 이행 의지는 확고한지 어떠한지부터 살펴보자. 결론부터 말하자면, 'Yes'라고 말할 수 있다. 중국 정부는 WTO 가입을 전후하여 수 차례에 걸쳐 관세인하를 단행하였고, 수입쿼터·수출보조금·통관절차 등 비관세 장벽을 완화하였다. 2001년 11월 1일에는 대외무역경제 합작부와 국가경제무역 위원회(현재는 두 기관이 상무부(商務部)로 통합되어 있음) 산하에 각각 공평무역국(公平貿易局)과 반(反)덤핑 조사국을 신설하고, 〈반(反)덤핑 산업피해 조사 및 판정 규정〉, 〈반(反)보조금 산업피해 조사 및 판정 규정〉, 〈세이프가드 산업피해 조사 및 판정 규정〉을 제정·공포하는 등 반덤핑 제소 및 피소에 대한 대응체제도 갖추었다. 또한 낙후된 증권·금융·보험 제도와 유통시스템을 개혁하는 한편, 비효율적인 농업의 구조전환과 국유기업에 대한 구조조정도 계속 추진하고 있다.

이를 감안할 때, 중국 중앙정부가 WTO 가입 시 약속했던 양허(讓許) 내용과 일정을 지키겠다는 의지가 확고한 것은 분명해 보인다. 다만, 약속을 지키겠다는 것과 실제로 약속이 지켜진다는 것은 전혀 별개의 문제이다. 왜냐하면, 중국에는 약속 이행을 가로막는 제약요인이 많기 때문이다. 특히, ① 정치 리더쉽의 안정성과 능력, ② 경제관리 체제 및 발전전략상의 구체제적 관성, ③ 지방정부의 모럴 해저드, ④ 법규 및 사회적 관습 등 비경제적 요인들이 심각한 제약요인이다. 따라서 향후 중국이 명실상부하게 국제경제의 책임 있는 멤버로 활동할 수 있을지와, 희망했던 대로 WTO 가입을 기율기제로서 활용할 수 있을지를 알기 위해서는 이들 장애 요인을 어떻게 극복할 수 있을지 차례대로 검토해봐야 할 필요가 있다.

3. 당정 리더쉽 상의 제약요인

우선, 정치 리더쉽 요인부터 살펴보자. 중국이 WTO에 가입할 당시만 해도 중국은 쟝쩌민(江澤民) — 주룽지(朱鎔基) 체제 하에 있었다. 이때도 체제개혁의 주도적 역할은 주룽지가 수행했는데, 그는 국유기업과 금융기관의 구조조정 등 어려운 개혁을 수행하면서 '100개의 관을 준비하고, 거기에는 내 것도 하나 포함시켜라'라고 말할 정도의 담대한 소신을 갖고 임했었다. 이 같은 주룽지의 확고한 신념과 의지는 미국과 EU로 하여금 중국이 WTO에 가입한 이후 약속을 지킬 수도 있을 것이라는 신뢰를 주었다.

그러나 지금은 후진타오(胡錦濤)-원쟈빠오(溫家寶)가 당정 지도부에 들어서 있다. 2002년 10월의 제16차 당 대회와 제10기 전인대(全人大)를 통해 권력을 장악한 '후-원' 체제가 '장-주' 체제만큼 안정되고 유능한 리더쉽을 발휘할 수 있을지를 판단하는 것은 시기상조이다. 왜냐하면, 후는 여전히 쟝쩌민의 영향력 하에 놓여있고, 원은 농업 이외에의 분야에 관해서는 지식·경험이 부족한 것으로 알려져 있기 때문이다.

그러나 한 가지 긍정적인 신호는 '후-원' 체제가 이번 사스(SARS) 사태를 계기로 얼마든지 어려운 과정을 극복할 수 있다는 믿음을 주었다는 느낌이다. 쟝(江)과 비교해 볼 때, 후(胡)는 젊고 청렴하며 공명정대하다는 인상을 주고 있다. 원(溫)은 주룽지만큼 저돌적인 추진력을 갖고 있지는 않지만, 마스크를 쓰지 않고 사스 환자를 만난 그에 대해 차분하면서도 지속적으로 산적한 문제를 풀 수 있는 잠재력을 갖춘 인물로 평가하고 있다. 더욱이 두 사람은 분권화된 중국의 인재등용 체제 하의 다단계 승진 메커니즘에서 상당 부분 능력을 검증받았다고 할 수 있다.

설령 이들이 내부의 권력투쟁에 의해 흔들린다고 할지라도, 중국의 민주집중제(民主集中制)의 특성상 중앙의 당정 리더쉽이 WTO 약속을 이행하지 못할 정도로 체제관리 능력이 없다고 평가해야 할 비관적 상황은 아니라고 본다. 따라서 리더쉽 상의 제약요인은 그리 우려할 바가 아니라고 할 수 있다.

4.경제관리체제 및 발전전략 패러다임상의 관성

다음으로 우려되는 요인은 중국 경제관리체제 및 경제개발 전략 패러다임상의 관성(inertia)이다. 중국 정부는 지금까지 주요 정책을 내부 방침과 문건을 통해 집행해 왔고, 당연히 외부자에게는 체제의 투명도가 매우 낮았다. 시장지향형 개혁정책의 실행에 있어서도 농목축업, 국유 제조업, 금융기관의 구조조정 등 WTO 체제로의 전환과 관련되는 문제를 정공법으로 돌파한 것은 1997 이후 불과 약 6년 정도의 시간밖에 되지 않았다. 준비기간도 짧지만, 구조조정 과정에서 파생되는 사회적 비용이 엄청나다는 것이 더 우려할 요인이다.

기업의 경쟁력을 강화하려면 자본스톡과 고용을 조정해야 하는데, 1억5천만 명에 달하는 농촌의 유휴 잉여인력, 매년 6-7백만 명씩 늘어난 샤강(下崗) 인원, 4천여만 명에 달하는 도시 실업인구, 매년 1천만 명씩 노동인구로 편입되는 청년 등 엄청난 고용압력이 정공법적 대응을 더욱 어렵게 하고 있다.

특히 국유기업 근로자의 시위, 실업증가에 따른 청소년의 반발 등 사회불안 증가는 요소 생산성의 향상에 기초한 '내포적 (內包的) 경제발전' 방식으로의 전환을 어렵게 하고 있다. 샤강 인력과 신규 취업자를 흡수하기 위해서는 최소한 7%대의 GDP 성장률이 유지되어야 하고, 이를 위해서는 적자재정을 펴서라도 공공투자와 고용을 확대해야 한다.

그러나 이는 요소투입 증가에 의한 '외연적(外延的) 성장 방식'으로의 회귀를 의미하며, 늘어난 재정적자로 인해 실업자의 재취업과 교육·훈련 등 사회보장 제도의 개선 등에 투입될 자금이 부족할 가능성이 높아지고 있다.

5. 시장개방·지적재산권 보호에 소극적인 지방정부

지방정부의 지방보호주의(localism) 또한 WTO 체제로의 순응과 시장개방 폭의 확대를 가로막는 요인이 될 것이다. 각급 지방정부는 지방재정수입-지방고용-외환수입 등 이른바 세 가지의 극대화 목표를 갖고 있는데, 이들에게 WTO 국제규범에의 순응은 부차적인 정책 과제에 불과하다. 이들에게 중요한 것은 현지 경제의 발전이다. 따라서 상표권·특허권 등 지적재산권 침해에 대한 형식적 단속과 처벌, 지방간 유통장벽의 구축 등의 사례에서 알 수 있듯이, 중국의 지방정부는 지방경제의 발전에 대한 부정적 영향을 두려워한 나머지, 분권화된 체제 하에서 중앙정부의 정보 열위(informational inferiority)를 최대한 이용하고 있다.

지방정부는 한편으로는 중앙정부의 단계적 시장개방 일정을 지연시키려 하면서도, 다른 한편으로는 당해 지방의 경제에 도움이 되는 사업이면 이익극대화 차원에서 무엇이든지 하려고 한다. 중앙정부는 재정관리 제도의 개혁과 지방간 경제협력과 시장통합 촉진정책을 통해 지방보호주의를 완화하려고 노력하고 있다. 그러나 지방정부의 도덕적 해이(moral hazard)를 막기에는 아직도 역부족이다. 1994년 채택된 분세제(分稅制)는 여전히 중앙-지방간의 이해갈등을 해결하지 못하고 있고, 각급 지방정부는 투명하고 개방된 체제의 수립을 위해 협력하기보다는 불투명하지만 지방경제의 이해가 걸린 사업에 공정무역 여부를 떠나 지원을 하려고 한다.

물론, 경제체제 내부의 제약요인의 해소 전망이 아주 비관적인 것은 아니다. 후진타오-원쟈빠오 체제가 경제개혁의 가속화를 다짐한 바 있고, 재정관리 제도도 계속 보완하고 있으며, 고용-재취업-사회보장 제도도 계속 개선되고 있기 때문이다. 실제로 경제체제 내부의 요인은 현재로서는 매우 힘들어 보이지만 시간이 갈수록 그 위력은 약화될 것이다.

6. 비경제적 제약요인

그러나 정말로 중국의 WTO 체제 전환을 가로막는 심각한 장애요인은 중국의 법·사회·문화 체제 내에 만연되어 있는 '비경제적' 제약요인이라 할 수 있다. 주지하다시피, 중국은 '법이 지배하는'(rule of law) 사회가 아니다. 형식적인 '법에 의한 지배'(rule by law)가 고착화되어 있어, 법 위에 당이 있고, 당 위에 '관계'(關係)가 존재한다. 그리고 관계망에 얽혀 있는 사람들은 법을 제정하는 사람이든 집행하는 사람이든, 나라 혹은 법에 의해 판결을 내리는 사람이든, 모두 세속화된 부패문화에 노출되어 있다는 점이 걱정이다. 중국의 부패한 '관계'(關係) 중시 문화의 뿌리는 사실 정치·경제·사회·문화 각 방면에 걸쳐 있지만, 부패가 심각한 것은 ① 개혁·개방 이후 당정 간부의 권한 확대, ② 내부 견제·처벌 시스템의 미흡, ③ 간부들의 '지대 추구'(rent-seeking)를 장려·유인하는 법·경제 제도 등과 맞물려, 부패가 확대 재생산되고 있고, 경제·사회 시스템 전반에 만연되어 가고 있다는 사실 때문이다.

물론 중국 내의 부패가 시장 메커니즘의 불완전성을 보완

해주는 역할을 한 적도 있었다. 그러나 1992년 이후 중국 정부가 시장을 자원배분의 주된 기제로 사용하는 '사회주의 시장경제' 체제 건설을 천명한 이후부터 부패는 체제전환에 큰 부담이 되기 시작했다. 더욱이 공정경쟁, 투명성, 규범화, 개방성을 강조하는 WTO 체제에 부패는 완전히 모순되는 현상이 되었다. 부패는 자원배분상의 낭비와 비효율성, 체제의 불투명성을 증대시킬 뿐만 아니라, 정보 전달 메커니즘 자체를 왜곡시켜 중앙정부는 물론 각급 정부의 경제·무역 관리를 어렵게 하고, 기업가의 투자·생산·판매 의사결정을 왜곡시켜 기업의 채산성과 경쟁력을 약화시키는 주범 중의 하나가 되고 있다.

7. 중국의 출로 : 비경제 분야 개혁의 가속화

그러면 이 같은 상황에서 과연 중국에게 출로(出路)는 없는가?

결론부터 말하자면, 중국 정부는 지금까지의 경제체제 개혁 위주의 개혁집행 패러다임에서 벗어나야 한다. 경제체제 개혁은 지금까지 구(舊) 계획경제체제의 실패를 보정하는 데 많은 기여를 한 것이 사실이고, 시장화·분권화·민영화를 통해 경제주체로 하여금 시장 신호에 따라 자율적으로 생산력을 확대하도록 하는 데 기여한 것이 사실이다. 그러나 지금까지의 경제체제 개혁은 비교적 쉬운 '체제보정형'(體制補正型) 개혁이었으나, 이제부터 요구되는 개혁은 지금보다 한 차원 더 높은 '체제전환형'(體制轉換型) 개혁이다.

이러한 체제는 경제체제 개혁만으로는 부족하다. WTO에 가입한 현 상황에서 중국이 필요로 하는 것은 '경제체제 개혁

+α'이다. 우선 무엇보다도 중요한 것은 진정한 의미에서의 '법의 지배'를 이루기 위해 당(黨)과 법(法) 간의 관계를 재구축하고, 법규·정책에 대한 당정의 개입을 최소화하며, 관계 중시 문화의 건전화를 위해 대대적 사회·문화 개혁을 추진하는 것이다. 그리고 중앙-지방 정부가 '경제체제의 투명화·규범화'를 위해 하나의 팀(team)으로 일할 수 있도록 중앙-지방 간의 계획·재정 관리관계가 재정비되어야 함은 물론, 보조금·덤핑 등 불공정 무역의 방지와 지적재산권 침해에 관한 내부 모니터링 시스템의 구축, 실질적 처벌과 단속의 강화 등 고강도의 비경제 분야 개혁이 추진되어야 한다.

물론 WTO 회원국들이 중국 자체의 체제전환 노력을 측면 지원하기 위해, 무역관련 규제조치(TPRM: Trade Policy Review Mechanism), 분쟁해결 절차 등을 통해 중국의 노력을 지원할 수도 있을 것이다. 그러나 이것은 어디까지나 보완적 장치에 불과하다. 주도적 역할은 역시 중국 당정 지도부가 수행해야 한다. 규범화·개방화에 소극적인 경제주체들의 자발적 참여를 유도하고 룰(rule)을 지키지 않는 자를 징벌할 수 있는 체제구축이 최종적 목표이다. 이와 관련해서는 정치·법규·사회·문화 등 비경제 분야의 개혁의 성패 여부가 중요하다. 현재처럼 경제분야 일변도의 개혁을 지속할 경우, 중국은 WTO 체제로의 전환에 부분적 성공만을 거둘 뿐이며, WTO 가입을 자발적 경제체제 개혁 가속화의 계기로 삼으려던 계획은 수포로 돌아갈 수도 있다.

결론적으로, WTO 가입은 중국이 개혁·개방 쪽으로 선회한 이후 맞이한 가장 중요한 전환의 계기라고 할 수 있다. 만일 이 외부적 충격에 안이하게 대처하거나 기회를 잘 살리지 못할 경우, 중국 경제는 WTO 가입 전보다 훨씬 더 심한 경기 변동과 사회불안에 휩싸이게 될지도 모른다.

6. 중국, 부동산 시장의 거품논쟁 가열

김 주 영
(한국수출입은행 연구원)

중국의 부동산 시장에 대한 거품 논쟁이 중국 내에서 뜨겁다. 거품이라는 주장과 부동산 시장의 정상적인 발전 과정이라는 주장이 그것이다. 2001년 12월 중국 CCTV가 '2002, 부동산 시장의 겨울'이라는 프로그램을 방영한 이후 논쟁이 가열되기 시작하였다. 거품론자들은 1998년 이래 중국이 긴축통화정책을 시행하고, 물가수준은 ±1% 안팎에서 움직이고 있는데 유독 부동산 시장만 활황을 보이기 때문에 부동산에 거품이 있다는 주장을 펴고 있다. 특히 공실률(空室率)이 15% 안팎으로 높은 수준임에도 불구하고, 또한 하이얼(海爾), 메이더(美的), TCL, 캉쟈(康佳) 등 주력 가전산업 기업들이 부동산 시장에 뛰어들면서 2000년 이후 부동산 부문 투자 증가율이 계속해서 20%를 상회하고 있는 데 기인한다.

경제전문가들은 거품으로, 부동산 개발자들은 정상적인 발전으로 각각 상이한 인식차이를 보인 반면, 부동산 시장의 정상적인 발전 과정이라고 주장하는 논자들은 거품론자들이 제기하

〈그림 1〉 연도별 부동산 평균 거래가격과 소비자 물가 추이

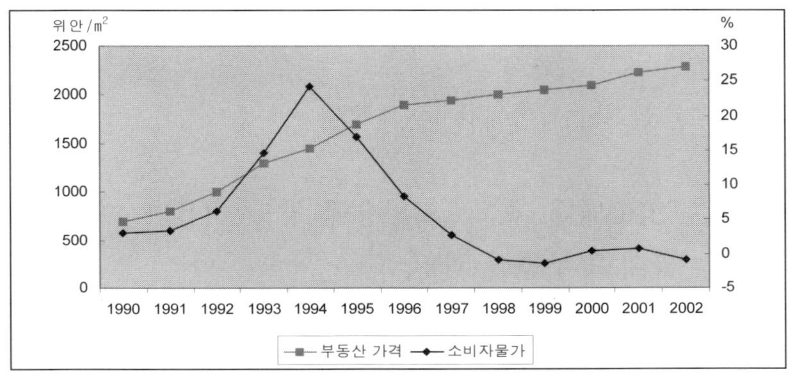

자료: 중국 통계국 자료에 의거 작성

고 있는 거품현상이 경제적 부(富)가 집중되고 있는 베이징(北京), 샹하이(上海), 광저우(廣州), 선전(深圳), 항저우(杭州) 등과 서부 대개발로 향후 서부지역 경제 중심지로 부상하고 있는 충칭(重慶), 청두(成都), 시안(西安) 등의 지방경제 중심지를 중심으로 나타나고 있긴 하지만, 중국 전체로 볼 때 거품으로 인식할 정도는 아니라고 맞서고 있다. 이와 관련한 부동산 개발자들의 인식에 대해 최근 중국 국가통계국이 전국 3,817개 부동산 개발업자를 대상으로 한 설문조사에 의하면, 부동산 투자가 비록 많이 이루어지고 있지만 분양이 대체로 잘 되고 있기 때문에 향후 부동산 부문에 대한 투자를 현재 수준 내지 그 이상으로 하겠다는 기업이 전체의 85.2%를 차지하고 있다. 현재 고가 부동산 상품인 고급 아파트, 별장, 오피스 빌딩 등에 대한 기업들의 인식이 나쁘지 않아 부동산 분야의 투자가 여전히 활발할 것으로 예상

된다.

여기서 재미있는 현상은, 거품론자들은 주로 경제전문가들이고 거품이 아니라는 논자들은 부동산 개발자들인데, 이와 같이 서로 상반된 입장의 근저에는 중국 부동산 시장의 발전 과정에 대한 인식의 차이에서 기인된다.

1. 1990년대 초, 토지사용권 양도 허용과 개방 확대로 부동산 과열

중국의 부동산 시장이 발전하기 시작한 것은 토지가 상품으로 인정되어 공식적으로 유상 양도가 허용된 1988년 헌법 개정 이후이다.[1] 그 이전에도 비록 토지 사용권의 양도가 이루어지기는 하였지만, 사유재산이 인정되지 않은 상태에서 민간부문의 양도 차익 발생을 막기 위해 토지사용권 거래가 국유기업 중심으로 이루어졌다.

개혁개방의 여파로 불어닥친 1980년대 중반의 경기과열을 진정시키기 위한 긴축정책이 1991년 마감되면서 1992년 초 등소평(鄧小平)이 중국 남부 지방의 순시 중에 언급한 대외개방의 중국 전 지역으로의 확대에 힘입어 중국의 부동산 시장은 활황을 보이기 시작하면서 거품현상도 나타났다. 그 당시 부동산 시장의 거품은 전국의 자본이 연해 일부 지역에 집중되면서 고급 아파트, 별장, 리조트 숙박시설 등에 대해 기관, 국유기업 등과 부유층의 구매로 일기 시작하였다. 게다가 시장경제를 채택하기 전인 계획경제 시대에 경제의 주된 주체인 기관, 국

---

1) 헌법 개정 전에 선전(深圳) 경제특구는 1987년에 처음으로 토지 사용권의 유상 양도를 허용하였음.

유기업이 민간부문이 취득하기 어려운 각종 인허가를 통해 취득한 토지 사용권을 전매하는 등으로 이익을 확보하는 다분히 투기적인 성향의 부동산 거래가 활발하게 이루어졌다. 이 당시 하이난(海南), 광시(廣西)의 베이하이(北海) 지역에 대규모 콘도미니엄 등의 위락시설 공사가 진행되다가 자금부족으로 중단된 경우가 많은 것도 이를 반증한다. 이후 부동산 시장은 1994년 1월 취해진 은행부문 대출한도 규제와 1995년 시행된 '도시부

〈표 1〉   부동산 시장 거품 시기의 경제환경 비교

		1차 시기(1992~1993)	2차 시기(2000~
거시경제 환경		·경기과열	·재정확대
국민 경제수준		·溫飽(의식주 해결에 중점) ·1인당 GDP 510 달러('93)	·小康(다소 안락한 생활 추구) ·1인당 GDP 910 달러('01)
소비패턴		·구매력이 낮아 내구 소비재 중심	·주택과 자동차에 관심
산업정책 등		·구체적인 산업정책 부재 ·대외개방 지역 확대	·아시아 금융위기후 부동산 시장을 경제성장의 동력으로 인식 ·본격적인 산업별 정책 시행('01) ·주택 및 자동차 담보대출 실시
경제성장 방식		·투자 위주	·소비 위주로 전환 시도
부동산	주요 상품	·상가, 고급 아파트, 별장, 리조트숙박시설	·서민 및 고급 아파트, 오피스빌딩
	개발 주체	·국유기업(투기성)	·민간기업(리스크 관리)
	자금대출	·기업	·기업, 개인
	수요자	·기관, 국유기업, 부유층으로 투기적 성향이 강함	·개인의 거주 목적
	시장 성격	·자본이 연해 일부지역으로 집중되면서 부동산 투기 붐 조성	·전국적으로 지방 경제중심지를 중심으로 부동산 시장 활기
	투자 증가율	·연117~164%	·연21.5~25.3%

자료: 각종 자료 종합 작성

동산 관리법'2)의 영향으로 1997년까지 위축되었다.

2. 2000년대 초, 정부는 부동산 시장을 경제성장 동력으로 인식

1998년 주룽지(朱鎔基) 총리가 들어서면서 그동안 정부기관, 국유기업 등이 주택을 구입하여 직원에 제공해주던 제도를 개혁 3)하여 직원이 스스로 주택을 마련하도록 제도를 변경하면서 위축됐던 부동산 시장이 회복기를 맞이하였다. 이는 아시아 금융위기의 영향으로 대외수요가 위축됨에 따라 적정 수준(7%)의 경제성장을 위해서는 부동산 시장의 활성화 필요성이 대두됐기 때문에 중국정부가 취한 조치에서 비롯된 것이다. 게다가 2001년 WTO 가입으로 중국의 대외개방이 확고해짐에 따라 외국인의 중국시장을 겨냥한 내수지향형 투자와 글로벌 생산기지로서의 수출지향형 투자가 더욱 가속화되면서 부동산 시장은

---

2) 1995년부터 시행된 '도시 부동산 관리법'(城市房地産管理法)에 의하면, 개발을 목적으로 정부로부터 유상으로 취득한 토지를 제3자에게 전매하려면, 당초 토지사용권 양도계약서에서 명시한 개발 총자금의 최소 25% 이상의 투자가 이루어진 경우에만 양도를 허용함(제38조)으로써 토지 사용권 전매를 차단함.
3) 1998년 국무원은 '주택제도의 개혁을 한층 더 심화함으로써 주택건설을 촉진하는 데 관한 통지'(關於進一步深化住房制度改革加快住房建設的通知)에서 기존의 주택공급을 기관, 국유기업이 구입하여 직원에게 임대하던 방식에서 개인이 직접 구입하는 방식으로 전환하는 한편, 주택을 소득수준에 따라 고급주택(商品房), 서민주택(經濟適用房), 임대주택(廉租房)으로 나누어 각각 고소득자, 중·저소득자, 저소득자에게 공급하기로 함. 참고로 중국에서 건설업체들이 짓는 주택은 거의 대부분 아파트이며, 단독주택의 개념으로 짓는 경우는 고가의 별장이 있고, 우리와 같은 서민용 단독주택 건설은 거의 없음.

〈표 2〉   중국 부동산 시장의 시기별 변화 추이

준비기(1979~91)	·토지 사용권 유상양도 허용
과열기(1992~93)	·개방확대와 외국인투자 증대 기대로 투기 붐
위축기(1994~97)	·경기과열에 따른 은행부문 대출 한도 규제
회복기(1998~01)	·정부기관, 국유기업 등이 주택을 제공하던 제도를 개혁하여 개인이 주택을 구입토록 전환 ·주택자금 대출 ·부동산 관련 세제 인하
발전기(2002~)	·WTO 가입으로 종전 '외국인투자 산업지도 목록'에서 일반주택 건설을 '허용'사업에서 '장려'사업으로 분류* ·외국인의 거주지역 제한 철폐**

* 고급 호텔, 빌라, 오피스빌딩 등은 여전히 '제한'사업으로 분류
** 베이징(北京)이 2002년 9월에 주택의 내·외국인용 구분을 철폐함
  으로써 외국인 거주지역 제한이 해제됨. 상하이(上海)는 2001년 8월
  부터 시작함.
자료: 필자 작성

회복기를 거쳐 발전기를 맞이하고 있다. 따라서 지금의 부동산
시장 활황은 1990년대 초와는 달리 시장경제체제로 전환한 이
후 중국 전역의 각 지방 경제중심지를 중심으로 나타나고 투기
적 경향이 상대적으로 낮은 것으로 비거품론자들은 인식하고 있
다.

3. 주택부문이 부동산시장 활황을 주도

최근 중국 부동산 시장의 발전을 보면, 1998년 주택제도의 개혁으로 부동산 시장이 회복됨에 따라 부동산 부문의 투자가 증가하면서 총 고정자산 투자 중에서 부동산 부문이 차지하는 비중도 1998년의 12.7%에서 2002년의 17.9%로 증가하였다. 부동산 투자를 부문별로 살펴보면, 주로 주택(일반 및 고급 아파트, 별장), 오피스빌딩, 상가 등이 중심을 이루고 있으며, 특히 1996년부터 과거의 상가, 오피스빌딩, 리조트숙박시설 등에서 주택으로 전환되어 전체 부동산 부문 투자에서 주택에 대한 투자 비중이 점차 확대되고 있다. 주택부문의 투자비중이 개인의 주택 구입 증대에 따라 1998년의 58.0%에서 2001년 68.5%로 높아진 반면, 상가부문 투자는 13%에서 12%로, 오피스빌딩은 12%에서 5%로, 기타부문은 17%에서 14.5%로 각각 감소하였고, 2002년 9월에는 주택부문의 투자비중이 71.1%까지 상승하였다.

4. 장강 삼각주 지역, 최근 부동산가격의 상승 견인

도시별 부동산 가격 변동을 살펴보면, 중국 경제중심지로서의 역할이 한층 강화됨에 따라 외국인 투자가 점차 집중되면서 부동산 부문 투자가 증가하고 있는 상하이(上海), 항저우(杭州), 난징(南京), 닝보(寧波)의 장강(長江) 삼각주 지역의 가격 상승률이 높으며, 베이징(北京), 톈진(天津)의 환발해만(環渤海灣) 지역과 광저우(廣州), 선전(深圳)의 주강(珠江) 삼각주 지역의 가격

〈표 3〉 중국의 부동산부문 투자 추이

(단위: 억 위안, %)

	1997	1998	1999	2000	2001	2002
부동산부문 투자	3,178	3,614	4,103	4,984	6,245	7,736
증가율(%)	-1.2	13.7	13.5	21.5	25.3	23.9
총 고정자산 투자 중의 비중(%)	12.7	12.7	13.7	15.1	16.8	17.9

자료: www.drcnet.com.cn '中國房地産整體無泡沫'

상승은 미미하거나 오히려 하락하고 있다. 이들 지역의 부동산 가격이 주춤하고 있는 것은 일반대중이 구입할 수 있는 신규 서민주택의 면적이 그들이 선호하는 면적보다 크기 때문에 판매가 부진한 반면, 주택제도 개혁으로 과거에 개인이 소속된 기관, 국유기업 등으로부터 임차해서 거주하던 주택을 저렴한 가격으로 구입[4]한 후 이를 유통시장에서 매각하는 거래가 활발하게 이루어지면서 부동산 가격이 낮아진 데 따른 것이다.

실례로, 베이징의 서민주택의 가구당 공급면적이 대부분 120 평방미터 이상이고, 항저우의 경우 최고 178 평방미터까지 공급되고 있다. 이러한 대형 면적의 공급과잉과 소형 면적의 공급부족의 모순을 해소하기 위해 항저우 시정부 등 일부 지방정부에서는 서민주택 건설 기준을 마련하여 시행하고 있는

---

4) 기관, 국유기업 직원들은 근무 연수, 직위 등에 의거 차등적으로, 방을 기준으로 1개, 2개, 3개의 주택을 제공받고, 직원들은 매월 급여의 5% 정도의 임차료를 납부함. 주택제도 개혁으로 기관, 국유기업은 직원들에 임대했던 임차주택을 근무 연수, 직위 등에 따라 저렴한 가격으로 매각함.

데, 항저우 시정부는 개별 단지의 전체 가구 수의 85% 이상을 90 평방미터 이하 면적으로, 더 나아가 전체의 50%를 70평방미터 이하의 면적으로 건설하도록 요구하고 있다. 2002년 4/4분기 기준으로 주요 도시별 평방미터당 부동산 평균 거래가격을 보면, 〈그림 3〉과 같이 선전이 6,364위안(元)으로 가장 높고 그 뒤를 이어 항저우, 광저우, 베이징, 상하이 등의 순이다.

5. 최근 부동산 경기지수 위험수위에 근접

주택제도의 개혁 영향과 정부의 부동산 부문의 활성화를 통한 경제성장 정책으로 〈그림 4〉에서와 같이 부동산 경기지수5)는 1997년 12월의 98.6에서 1998년 6월 102.9로 상승한 뒤 2003년 3월에는 107.3까지 올라갔다. 특히 금년 들어

〈그림 2〉 1999 4/4~2002 3/4분기중 주요 도시별
부동산가격 상승률

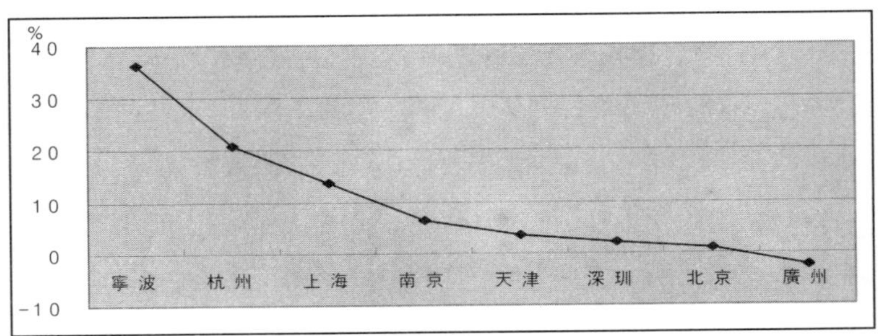

자료: 科學與財富之價値專刊, 2003. 1. 31

---

5) 중국의 부동산 경기지수는 부동산 개발 투자, 토지개발 면적, 판매가격의 세 지수를 종합하여 만든 것으로 100을 기준으로 하며, 그 이상일 경우는 호황, 그 이하일 경우는 불황으로 판단하고, 110 이상을 거품으로 간주

〈그림 3〉 2002년 4/4분기 주요 도시 부동산 평균 거래
가격 현황

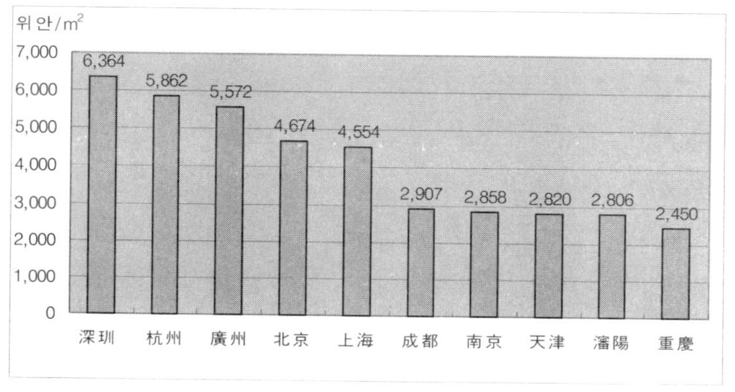

자료: 中國房地産報, 2003. 1. 22

서면서 이라크 전쟁으로 인한 유가 상승과 SARS 영향에 따른
내수부진 등으로 소비와 수출 부진이 겹치면서 중국정부는 부
동산 부문 등의 고정자산 투자로 1/4분기 GDP 성장률을 예상
외로 높은 9.9%까지 끌어올렸다.[6] 따라서 금년 2월의 부동산
경기지수는 최근의 최고치인 109.1을 기록하기도 하였다. 금
년 부동산 경기지수로 볼 때 부동산 시장의 거품이 점차 가시
화되고 있는 것으로 해석해 볼 수 있다. 현재와 같은 부동산
경기지수가 금년 내내 지속된다면 우려할 수준에 이를 수도 있
을 것으로 예상된다.

---

6) 부동산 부문 투자가 베이징, 상하이, 광저우, 항저우 등 일부 지방 고
　정자산 투자의 30% 이상을 차지할 정도로 경제성장이 부동산 부문 투
　자에 의존하고 있음.

6. 중앙은행이 부동산부문에 대한 대출관리 강화 착수

이러한 우려를 반영하여 중앙은행인 인민은행이 금년 6월에 발표한 '부동산 대출 업무관리 강화에 관한 통지'(關於進一步加强房地産信貸業務管理的通知)에 따르면, 중·저소득 계층에 대한 주택담보 대출을 적극 실시하는 한편, 부동산 개발기업에 대한 대출 규제도 더불어 실시하는 방향으로 추진할 것으로 보인다. 중·저소득 계층에 대한 자금부담을 줄이면서 주택담보 대출을 적극 실시하기 위해 신축 중인 건물의 지붕공사가 이루어진 주택에 대해서만 은행이 개인담보 대출을 실시하도록 규제하고 있다. 반면, 고급 아파트, 별장, 1가구 다주택 구입 등에 대해서는 구입자의 초기 구입자금 불입 비율을 총 소요자금의 20% 이상으로 하고, 이자율도 높일 수 있도록 은행에 요구하고 있다. 또한 부동산 개발기업에 대해서는 부동산 개발에 필요한 총 소요자금 중 30% 이상을 자기자금으로 충당하도록 하는 한편, 대출자금 사용용도의 엄격한 제한과 금융기관대출 지

〈그림 4〉 부동산 경기지수

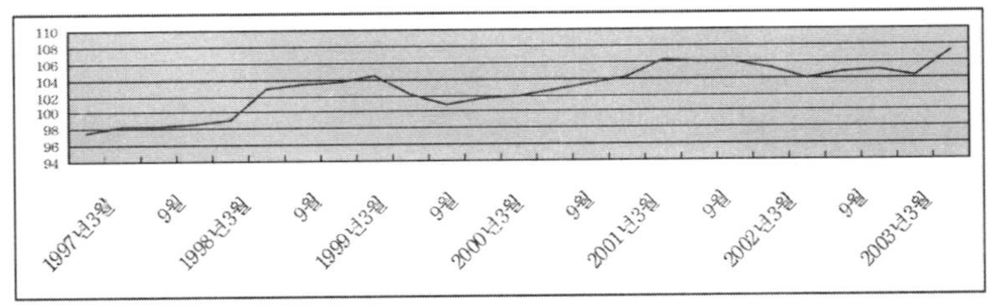

자료: 중국 國家統計局

역 이외 지역에서의 자금 사용을 엄격하게 금지하도록 하고 있다. 전체적으로 볼 때 중국의 부동산 시장은 각 지방 경제중심지를 중심으로 다소 과열되는 양상을 보이고 있다. 그럼에도 불구하고 베이징, 톈진 등의 대도시를 중심으로 부동산 가격 상승률이 높지 않은 것은 최근의 저물가에도 어느 정도 영향이 있지만 주된 원인은 일반 대중의 수요와는 거리가 먼 고급 주택이나 대형 평형 중심으로 주택이 공급됨으로써 이들 주택의 거래가 감소하고 기존 주택의 거래 증가로 가격이 하향 안정세를 보이고 있기 때문이다. 실제로 베이징 서민주택의 주요 공급면적은 120-130 평방미터인 반면, 실수요자인 일반 대중들의 선호 구입면적은 61평방미터로서 공급면적과 실수요자 구입면적 사이에 큰 차이가 있다. 이러한 점 때문에 2002년 1-11월 기간 중 공실률 면적이 전년 동기 대비 12.6% 증가했으며, 이를 지역별로 보면, 동부, 중부, 서부 지역이 각각 전체의 67.6%, 17.5%, 14.9%를 차지하고, 이 가운데 광동(廣東), 베이징, 상하이, 랴오닝(遼寧), 쟝쑤(江蘇)의 5개 지방이 전체의 50.8%를 차지하고 있다.

7. 장기적으로 중국 부동산 시장 전망은 긍정적

이와 같이 비록 중국의 부동산 시장이 현재 부분적으로 과열 양상을 보이고 있지만, 향후 전망은 장기적으로 여전히 긍정적이라고 하겠다. 중국은 2002년 제16기 공산당 전당대회에서 쟝쩌민(姜澤民) 총서기가 중국 전체가 소강(小康) 사회에 도달하기 위해서 2020년의 GDP규모가 2000년(1조 796억 달러)의 4배 수준에 이르러야 한다고 강조하였다. 중국의 「21세

기 인구와 발전(中國21世紀人口與發展)」보고서에 의하면, 2010
년의 인구를 14억 명으로 제한하고 도시화율은 40%로 끌어올
리고, 2020년에는 14억 9,000만 명에 50%로, 2050년에는
16억 명에 70%로 계획하고 있다. 이렇게 될 경우 〈표4〉와 같
이 1인당 주거면적을 현재 수준인 22 평방미터와 보다 큰 면
적인 25평방미터, 30평방미터일 경우를 가정하면, 2010년까
지 도시지역 주거면적의 자연 증가분이 33-45억 평방미터에
달한다. 자연 증가분만으로도 2010년까지 매년 3억 3,000만
-4억 5,000만 평방미터의 신규수요가 발생하는데 이는 2002
년 도시지역 주택 준공면적 7억 평방미터의 47-64%에 해당된
다.

한편, 향후 중국의 부동산 시장은 다소 거품이 진정되면서
지금처럼 일방적인 공급자 위주의 시장에서 점진적으로 브랜드
를 추구하고 품질의 차별화가 진행되면서 소비자 위주의 시장
으로 전환될 것으로 예상된다.

〈표 4〉향후 중국 도시화율 상승에 따른 주거면적 자연증가수요

		2000	2010	2020	2050
인구(억 명)		12.9	14.0	14.9	16.0
도시인구(억 명)		4.1	5.6	7.5	11.2
도시화율		32%	40%	50%	70%
주거면적 증가분(억m²)	22m²/명	-	33	41.8	81.4
	25m²/명	-	37.5	47.5	92.5
	30m²/명	-	45	57	111

자료: 中國房地信息, 2003年 第2期

7. '동북3성 재개발'과 새로운 성장 동력에 대한 기대

남 영 숙
(대외경제정책연구원 연구위원)

2003년 10월에 개최된 중국 공산당 제16기 3중전회(三中全會)에서는 한반도에 인접한 동북 3성의 노후 공업기지의 진흥을 대대적인 국가사업으로 추진하기로 결정하여 이 지역에 대한 국내외적인 관심이 높아져가고 있다. 중국의 동북지역은 우리나라와 지리적 인접성, 문화적 유사성 등으로 인해 우리와의 교역·투자가 활발해 왔던 지역이며 2백만여 명의 조선족동포 중 90% 이상이 살고 있는 곳이기도 하다. 한때 사회주의 중국 경제의 성장 원동력이었으나 개혁·개방 이후 침체해 있던 동북 3성의 재개발 계획은 동부 연안 개방, 상하이 푸동(浦洞)지구 개발, 서부 대개발에 이은 또 하나의 중요한 경제발전 전략으로 기대를 모으고 있다.

1. 동북 3성의 특징과 경제현황

동북 3성은 랴오닝(遼寧), 지린(吉林), 헤이룽장(黑龍江) 등 3개 성을 포함하는데 총 면적은 79만 km²이고 인구는 2001년 기준으로 1억 696만 명에 달한다. 이 지역은 면적과 인구에 있어서 중국 전체의 약 8%를 차지하고, GDP 규모로는 전체의 약 11%를 차지하고 있다. 이 3개 성은 자연조건이 유사하고 풍부한 천연자원을 보유하고 있다는 공통점이 있으며 문화적인 유사성도 가지고 있다. 역사적으로 청(淸)을 세운 만주족의 본향이기도 한 이 지역은 1930년대 일본이 세운 만주국(滿洲國)의 영역이기도 한데, 만주국 당시에 이루어진 중화학공업 중심의 식민지 공업화를 기초로 1949년 이후 자원과 연계한 중화학공업 중심의 산업개발이 이루어진 곳이다. 동북 3성 중 인구, GDP, 교역규모 등의 지표에서 가장 앞서 있는 랴오닝성에는 동북지역에서 가장 중요한 도시인 다롄(大連)과 선양(沈陽)이 있다. '동북의 창구'라는 별명을 갖고 있는 다롄은 육·해·공 교통의 요지이며 최근 중국 최대규모의 식량물류센터가 설립된 곳이기도 하다. 인구 4천 2백만의 성도(省都) 선양은 광물자원이 매우 풍부한 지역에 위치, 이와 연계된 중화학공업의 발달로 중국 내에서는 10대 시장의 하나로 간주되고 있다.

헤이룽장성은 흑룡강과 우수리강을 경계로 3450km에 걸쳐 러시아와 접하고 있는 중국 최북단 지역이며, 성도는 안중근 의사가 이토 히로부미(伊藤博文)를 사살한 장소인 하얼빈역이 있는 하얼빈(哈爾濱)이다. 한편 청조(淸朝)의 발상지인 지린성(吉林省)은 동북 3성 중 가장 경제 규모가 작고 1인당 GDP도 낮은데, 두만강 이북의 연변 조선족자치구는 옛 북간도 지역으로 현재 120만 명의 조선족 동포가 살고 있다.

이렇게 역사적, 문화적, 경제적으로 큰 유사성을 가지고 있는 동북 3성이지만 지리적 여건 등으로 인해서 해외직접투자 유입액에는 큰 차이를 보여주고 있다. 동북 3성 중 가장 서쪽에 위치한 랴오닝성은 동북지역의 관문역할을 하고 있는데, 2002년 해외직접투자 유입액은 성 전체의 고정자산투자액과 대비하여 21.5%에 달했다. 반면에 헤이룽장성과 지린성의 해외투자 유입액은 고정자산투자의 각각 3.2%와 2.9%에 그쳤다.

2. 동북 3성 재개발계획의 배경

동북 3성은 1950년대부터 1970년대 중반까지 계획경제체제 하에서 자본집약형 중공업 우선발전전략에 힘입어 제1의 중공업기지로서 중국경제의 성장을 선도하였던 지역이다. 그러나 정부의 정책적 지원 하에 성장한 비효율적인 국유기업의 비중이 상대적으로 높았던 이 지역은 그 후 개혁·개방의 과정에서 더딘 시장경제의 도입, 불충분한 구조조정에 따른 국유기업의 부실 확대와 설비 노후화로 산업구조 조정에 있어서 다른 지역에 비해 뒤쳐지게 되었다. 그 결과 시장경제체제가 급속도로 도입된 동남 연해지역에 비하여 경제 격차가 현저히 벌어져왔다.

동북 지역 국유기업의 저수익·저효율 경영문제는 지역경제 전체의 활력을 저해하는 요소가 되어왔고, 이 문제가 해결되지 않고는 경제의 부흥이 어렵다는 위기의식이 팽배해 있기는 하지만 그간의 국유기업 구조조정 노력은 많은 난관에 부딪쳐 왔다. 동북 3성 정부는 1996년에 시작된 제9차 5개년 계획 때부터 국유기업의 강력한 구조조정을 시도해 왔으나 그 추진 과정에서 실업자가 급증하여 노동자들의 소요사태가 발생하는 등 사회불안에 대한 우려가 커짐에 따라 당초 세웠던 구조조정계획이 지연되기도 했다. 국유기업에서의 실업자 증대는 여타 민간부문이나 서비스부문의 고용창출이 미진한 상황에서 경제에 큰 부담을 주어왔고, 자원고갈의 문제 등과 함께 이 지역의 경기침체를 가져오는 요인이 되어왔다.

중국정부는 1998년 제10차 5개년 계획 (2001-2005)의 제정에 착수했을 때 이미 동북지역의 노(老) 공업기지 진흥 문제를 검토하기 시작했으나 이 지역의 위상 및 문제해결 방식에 대한 지도부내의 시각 차이 때문에 10·5 계획 내에 그 내용이 비중 있게 반영되지 못하였다고 한다. 당시 동북 노(老) 공업기지 문제에 대해서는 두 가지의 상충된 시각이 있었는데, 첫 번째 시각은 중국경제 발전에 부담이 되고 있는 노(老) 공업기지의 사회 안정을 위해서는 이 지역 주민의 생활보장 문제를 우선적으로 해결해야 한다는 것이었고, 이와 반대의 시각은 노(老) 공업기지가 갖는 국민경제상의 위상과 중요성에 주목하면서 이 지역의 비교우위를 활용하여 전면적인 개편을 통한 실질적인 경제진흥책을 모색해야 한다는 주장이었다고 한다. 이러한 중국 지도부의 견해차는 결국 후자 쪽이 승리하여 2003년 5월에서 8월에 거쳐 원자바오 총리가 동북지역을 시찰하면서 이 지역의 노(老) 공업기지 진흥을 서부 대개발과 함께 현대화 건설의 핵심전략으로 추진할 것을 천명하면서 동북 3성 재개발 계획이 공식화되기 시작하였다. 이러한 정책결정의 배경을 보면 중국 정부가 이번 정책을 통하여 단순히 동북 3성에 대한 재정보조 등을 통해 주민의 생활수준을 향상시키는 차원을 넘어서 실질적인 산업·기업 구조조정을 강도 높게 추진할 것이라는 기대를 갖게 한다.

중국 중앙정부는 2003년 11월에 6백10억 위안 (8조5천4백억 원)에 이르는 1백 개의 동북 3성 재개발 프로젝트를 승인하였다. 이 프로젝트들은 주로 설비제조업, 원료산업, 농산품 가공 등 동북지역의 전통적인 우위산업을 육성하는 데 초점을 두고 있다. 특히 랴오닝성의 성도 선양에서 다롄으로 이어지는 중공업 도시들이 중앙정부의 집중적인 지원을 받게 되면서 동북 3성 재개발의 선두주자로 등장하고 있다. 이 지역의 진흥전략이 성공하면 여타 동북지역으로 발전이 전파·확산되어, 동북 3성이 광동성의 주강(珠江) 경제권, 상하이를 중심으로 한 장강(長江) 경제권, 베이징·톈진(天津) 등을 잇는 경제권에 이어 또 하나의 강력한 경제권으로 등장할 것이라는 것이 중국정부의 기대이다.

3. 적극적인 외국자본 유치전략을 펼치다

낙후된 공업기지를 신흥 공업기지로 개조한다는 중앙정부의 새로운 전략 제시는 동북 3성의 지방정부들을 크게 고무하고 있으며, 성·시 정부들은 이 전략적인 기회를 충분히 활용하여 지역경제의 활성화를 이루기 위해 경쟁적인 외자유치 노력을 하고 있다. 또한 후진타오 국가주석도 최근 호주 방문 시 의회연설을 통해 "중국이 진행하고 있는 서부 대개발과 동북지역 공업지대의 진흥전략은 향후 새로운 비즈니스 기회를 가져올 것"이라며 호주 기업들의 투자를 호소하는 등 중앙정부의 지원사격을 펼쳤다.

동북지역은 한국과 지리적으로 인접해 있고 재중교포를 활용할 수 있다는 이점 때문에 한중 수교 이후 초기에 한국의 대중투자가 집중되었던 지역이다. 특히 랴오닝성은 해운노선이 연결되어 다른 환발해만(環渤海灣) 지역의 산둥(山東), 톈진(天津) 등과 함께 투자가 집중되어 왔다. 그러나 1997년 경제위기 이후에는 장강(長江) 삼각주 지역 등 여타 성으로의 투자확산 현상이 나타나고 있어서 동북 3성에 대한 우리나라 기업의 투자 집중률은 상대적으로 크게 하락하여 왔다.

과연 우리나라 기업들의 동북지역에 대한 투자가 다시 회복될 것인가는 아직 미지수이지만, 동북 3성이 투자 지역으로서 매력적일 수 있는 요소들은 상당히 존재한다.

첫째, 풍부한 자연자원을 보유하고 있고, 거대한 농업기지이며, 임업기지이기도 한 이 지역은 한국경제와 비교적 강한 상호보완성을 가지고 있으며 자원지향형 투자에 유리한 환경을 제공해 준다. 또한 몇 십년간 집중 투자한 결과로 상당한 규모를 갖춘 에너지, 원자재, 장비제조를 위주로 하는 전략산업과 기초산업들이 건설되어 있어서 한국과의 자본·기술 교류협력을 통해서 상호발전을 할 수 있는 지역이다.

둘째, 양질의 노동력의 존재와 상대적으로 낮은 근로자 임금을 들 수 있겠다. 중국의 권역별 통계를 보면 동북지역은 인구 중 고학력자의 비중이 가장 높으며, 광범한 과학기술 연구인력을 보유하여 전국에서 연구인력의 집중도가 가장 높은 곳으로 나타나고 있다. 외국인 투자가 단순저임금 추구형에서 점차 자본 및 기술집약적 산업 방향으로 변해가는 추세라고 할 때, 양질의 노동력 공급은 앞으로 점점 더 유리한 투자환경을 제공해준다고 할 수 있다. 한편 동북 3성의 평균 연봉은 8,300위안으로 전국 평균인 1만870위안보다 낮은 수준이어서 임금 면에서도 경쟁력을 가지고 있다.

셋째, 동북지역은 1인당 GDP면에서는 베이징을 포함하는 북부 연해지역보다는 낮으나, 1인당 소비액 면에서는 오히려 더 높게 나타나고 있다. 이는 동북지역이 공업화의 진전 등으로 중국 권역 중 가장 높은 도시화율을 보여주고 있는 것과 관련된 것으로 보인다. 소비 수준과 도시화의 진전이 높은 동북 3성은 따라서 내수시장 지향의 투자에도 좋은 환경을 가지고 있고 서비스산업의 발전 전망도 양호한 지역이다.

넷째, 여타 내륙지역보다는 편리한 물류환경을 갖추고 있다는 점이다. 동북지역은 바다로는 다롄, 잉커우(營口)에서 한국의 서해안에 직접 도착할 수 있고, 또 국제연락 운송을 통해 러시아 극동의 항구에서 한국 동해안의 항구로 통할 수 있기 때문에 교통운송의 조건이 매우 양호한 편이다. 상대적으로 내륙지역에 위치해 있는 지린성의 경우는 물류환경이 나쁜 편이지만 만일 남북한을 가로지르는 철도가 개설되면 한국과 8-9시간이면 오갈 수 있게 되어 중국 동부 연안지역보다 높은 물류경쟁력을 가질 수 있게 된다. 따라서 앞으로 남북관계가 개선되면 최대의 수혜자가 될 지역이라고 여겨지고 있다.

다섯째, 지방정부의 적극적인 투자유치 정책으로 다양한 혜택을 누릴 수 있다는 점을 들 수 있겠다. 동북 3성은 그동안 정치적으로 북한과의 관계가 밀접해왔고 소수민족인 조선족과의 연계에 대한 우려 등으로 한국자본 유치에 적극적이지 않았다. 그러나 최근 이러한 상황은 완전히 바뀌어서 동북 3성의 각 도시들은 '한국 주간'을 만들어 한국 기업의 투자를 유치하기 위해 열을 올리고 있다. 또한 '중·한 경제개발구' 등을 경쟁적으로 건설하고 투자 및 무역 상담을 위한 서울주재 사무소를 개설하는 등 한국기업을 투자유치의 주요 타깃으로 삼고 공략하고 있다.

4. 과감한 국유기업 개혁과 민영경제의 활성화가 성패를 좌우

동북 3성 재개발의 핵심은 노후화된 중공업 기반의 전면 개조이고 이의 성패는 국유기업의 과감한 구조조정에 달려 있다고 할 수 있다. 동북 3성의 지방정부들은 민간자본과 외국자본의 유치를 통해 이를 추진할 계획이지만, 방대한 투자규모를 요구하는 동북 3성 대형 국유기업에 대한 외국기업의 투자에 대한 전망은 아직 불투명하다. 중국정부가 최근 외국투자자의 자국 국유기업 인수합병을 적극 장려하기 시작했지만, 아직 중국 내의 제도 미비와 정보의 불투명으로 인수합병에 따른 리스크 요인은 여전히 남아 있어 외국기업의 인수합병을 통한 산업 구조조정이 얼마나 빠른 시일 내에 이루어질지는 미지수이기 때문이다.

그러나 동북지역에서 과감한 국유기업 개혁이 상당히 신속히 추진될 수 있으리라는 기대를 갖게 하는 요인들도 있다. 시기적으로 동북 3성 재개발계획의 추진은 중국의 국유기업 개혁이 새로운 단계로 진입하는 시기와 맞물려 있다. 2003년 10월의 중국공산당 제16기 3중전회에서는 〈사회주의시장경제체제 완비에 관한 결정〉을 통과시키면서 종전에 비해 새로운 차원의 진일보한 국유부문 개혁의 방향을 제시하였다. 이에 따라 향후 대형 국유기업을 포함한 국유부문 전반에 민간기업 및 외자기업의 참여가 가속화될 전망이다. 중앙정부는 이번의 동북 재개발 계획에서도 종전과는 달리 개별 프로젝트를 관련 국유기업의 개혁과 연계해서 추진할 계획이라고 밝혔고, 투자자금 조달 시에 우대 혜택을 주기로 하는 등 비국유자본의 참여를 통한 구조조정을 적극 유도하고 있어서 지방정부들이 이러한 기회를 충분히 활용할 것으로 보인다. 비국유자본의 적극적인 참여를 통해 경쟁력을 갖춘 기업이 등장하게 되면 이는 동북 노(老) 공업기지의 새로운 성장동력이 되어줄 것이다.

　민간자본이나 외국자본의 유치와 더불어 국유기업 개혁의 성공을 위해 중요한 또 하나의 요건은 전반적인 민영경제의 활성화와 서비스산업의 발전을 통한 일자리 창출이다. 이는 국유기업의 구조조정에 수반되는 실업문제로 인한 사회·정치적인 부담을 최소한으로 줄여나가고 성장잠재력을 높이기 위해서는 꼭 필요한 조건이다. 이를 위해서는 정부의 각종 규제를 과감하게 풀어서 민간에 의한 자발적인 비즈니스의 발전을 유도하고 물류, 정보통신 등 생산에 관련된 서비스산업을 정부가 육성하는 것이 필요할 것으로 보인다.

　사회주의 경제체제 하에서 성장해왔던 거대 국영기업이 밀집한 동북 3성의 재개발 계획의 추진은 중국이 시장경제체제로의 전환에 있어서 새로운 단계에 들어서고 있음을 보여준다고 할 수 있다. 또한 그간의 중국의 경제성장 과정에서 드러난 가장 큰 문제점 중 하나인 지역간 불균형 성장의 문제를 어느 정도 해소시켜 중국경제의 지속적인 성장 가능성을 높일 수도 있다는 점도, 서부 대개발과 더불어 동북 3성 재개발이 주목을 받고 있는 이유이다. 지리적으로 한반도와 함께 동북아의 중심에 위치한 동북 3성의 경제·정치적 변화는 앞으로 동북아 경제권의 형성에도 많은 시사점을 줄 것으로 보인다. 우리나라와 역사적으로나 문화적으로 많은 동질성을 공유하고 있고 한국경제와 상호보완성이 많은 이 지역 경제개발에 한국 정부와 기업의 적극적인 참여를 통해 지역협력구조를 심화·발전시킬 수 있는 방법을 모색해야 할 필요가 있을 것이다.

8. 한중일 합작: 정책협력의 관점

류 하이보(劉海波)
(중국사회과학원 수량경제 및 기술경제 연구소)
(hbliu0923@hotmail.com)

1. 국제경제 협력에서의 정책협력

국가간 정책협력은 국제경제협력에 있어서 관건적인 요소이다. 왜냐하면, 국가간에 정책협력이 없다면 국가간 경제협력에 필수적인 기초와 틀을 갖추지 못하게 되기 때문이다. 정책협력의 초보적인 목적은 불필요한 충돌과 낭비를 감소시키는 데 있으며, 고차원적인 목적은 각기 다른 정책간의 상호보완과 공생의 효과(complementarities and synergies among different policies)를 창출하는 데 있다. 일부 연구진들은 국제정책협력의 중점을 국제원조에 두고 있다. 실질적으로 국제경제협력의 기타 두 가지 방면인 국제투자와 국제무역 방면에서도 정책협력의 과제가 존재한다.

정책협력행위/활동은 강제성(enforcement) 존재 여부에 따라 정책협력기구와 정책협력의 메커니즘으로 분류될 수 있다.

현재 세계적으로 최대 규모인 경제정책 협력기구는 WTO이다. 선진국들에게는 OECD 역시 일종의 국제경제정책협력기구이며, 아태지역 국가들에게는 APEC이 경제정책협력의 메커니즘이다. 왜냐하면, APEC의 결의에는 강제성이 없기 때문이다. 반면, ASEAN이 정책협력기구인 이유는 내부에 자유무역협정(FTA)이 있기 때문이다. ASEAN 연례회의를 빌어 개최하는 한중일 정상회담(ASEAN+3)은 일종의 정책협력 메커니즘이다.

국제경제정책 협력기구 또는 메커니즘은 다시 자격성과 지역성으로 분류할 수 있다. WTO와 OECD는 자격적인 성향이 짙으며, APEC과 ASEAN+3은 지역적이다. 냉전 종식 이후로 이데올로기의 대립은 경제이익의 경합(경쟁과 협력)에 자리를 양보하였고, 세계화(globalization)의 물결로 점차 많은 국가들이 WTO에 가입, 이를 적극적으로 활용하여 무역분쟁을 해결하려는 움직임으로 나타났다. 동시에 반세계화 운동도 일어나서 사회적으로는 WTO에 대한 항의로 나타났고, 경제적으로는 점차 많은 국가들이 FTA를 체결하기에 이르렀다. 현재 세계에는 이미 170여 개의 FTA가 존재하며 그 수도 점차 증가할 것으로 보인다. 동아시아를 예로 들어보면, 2001년 중국과 ASEAN이 FTA를 체결하기 시작했으며, 2002년에는 한국과 일본이 산학연을 연합한 FTA연구회를 결성하였다. 올 6월 한국 노무현 대통령의 방일 당시, 일본의 고이즈미 수상과 한일간 FTA 체결에 대한 인식을 같이 했다. 한국은 FTA와 운영을 숙지하기 위해 세계적으로 FTA 경험이 풍부한 국가인 칠레와 FTA를 체결하기로 선택했으며, 금년 1월 양국간 FTA를 체결했다. 비록 한국과 칠레간의 FTA가 한국 국회의 비준을 통과하지는 못했으나 적극적으로 이를 전개하고자 하는 한국정부의 노력은 진행되고 있다. 올 7월 노무현 대통령의 중국 방문에서는 쌍무무역과 한중간의 FTA가 다음 단계의 한중 무역의 주제로 부상할 가능성이 크다.

다국적적(多國籍的)이고 무차별적인 WTO와는 달리, FTA는 '대상성'(對象性)이라는 특징을 가지고 있다. 이러한 대상성은 보통 지리적 또는 교통운송상의 편의성을 나타내는데, 정상적인 국가관계 하에서 이러한 지리적인 인접은 바로 교통운송의 편의를 뜻한다. 이러한 고려에서 한국은 동북아 물류중심지(logistics hub)의 추구에 주력하고 있다. 이유인즉, 한국이 지리적으로 부상하고 있는 경제대국 중국과 세계 제2의 경제대국인 일본의 중간에 위치하고 있기 때문이다. 가장 자주 인용되는 FTA의 한 예인 북미자유무역협정(NAFTA)은 지리적으로 인접한 미국과 캐나다, 멕시코 3개국 간의 협정이며, ASEAN은 지리적으로 가까운 동남아 10개국이 그 축을 이루고 있다. 따라서 현 국제경제정책협력의 태세는 WTO의 보호를 통해 일반적 이익을 추구함과 동시에 FTA를 활용한 특유의, 구체화된 이익을 쟁취하려는 것이라고 볼 수 있다. 머지 않은 미래의 무역형식은 WTO+FTA가 될 것이다.

동남아는 세계 지리적으로 정치경제구조가 가장 복잡한 지역 중 하나이다. 따라서 거대한 지역 내부간 장력(stress)이 존재하고 있다. 국내 정치경제적 구조로 볼 때, 선거정치와 시장경제국가/지역(한국, 일본, 대만지역, 홍콩지역)과, 선거정치-과도경제국가(러시아), 1당이 주축이 되며 다수당이 정치를 협상하는 과도경제국가(중국), 1당 독재의 계획경제국가(북한) 등이 있다. 발전 수준으로 볼 때 선진국도 있고 개발도상국도 존재한다. 동북아시아 각국과 미국간의 관계 측면을 보면, 한국과 미국간의 우호적인 관계에는 북한의 핵개발 문제가 도사리고 있으며, 일본과 미국간의 우호적 관계에는 무역마찰 문제가 잠재하고, 중국과 미국간의 우호적 관계를 수립하려는 노력 가운데는 대만 문제가 자리잡고 있다. 또한 러시아와 미국의 우호적 관계구축 노력에는 러시아의 전략적 이익이 끊임없이 훼손당하고 있다는 문제가 있다.

동북아지역 경제협력 면에서 가장 중요한 것은 한·중·일 3국간의 협력이다. 현재 한중일 간에는 비교적 양호한 협력기초를 다진 상황이다. 한국과 일본은 같은 OECD 가입국이며, 경제제도가 비교적 완벽하고 사회적 제도와 구조도 비교적 유사하다. 중국의 개발모델 역시 일본과 한국의 민주화 이전의 개발모델, 즉 권위주의적 개발 모델과 유사하다. 일본과 한국 양국의 과거 발전경험과 교훈은 모두 중국의 참고자료로 활용될 가능성이 있다. 중국과 한국간의 경제협력은 1992년도 수교 이래 순조롭게 진행되어 왔으며, 최근 중국에는 "한류(韓流)" 현상이, 한국에는 "중국 열풍"이 일고 있다. 중국과 일본의 협력은 파란 속에서 진전되고 있으며, 중국의 대(對) 일본 정책에도 변화가 생길 가능성이 있다. 2002년도 제6기의 "전략과 관리"라는 잡지에서는 중국 공산당의 기관지인 「인민일보(人民日報)」의 저명한 평론가 마리청(馬立誠) 선생이 기고한 "대일 관계의 새로운 사고(思考) ─ 중일 민간의 혼란"을 실었는데, 이 문장에서 "일본의 정치대국을 향한 요구에 정확히 대처하자"는 기존의 논조를 버릴 것을 주장했다. 작가의 민감한 신분으로 미루어 볼 때, 본 문장은 중국공산당 16차 전국대표대회 개최 이후의 대일(對日)정책에 대해 새로운 사고(思考)를 표현한 것일 수도 있다.

　　실질적으로 일본이 정치대국으로 부상하려는 목표와, 중국의 경제대국을 향한 목표, 그리고 한국의 아태지역 경제무역 중심을 꿈꾸는 목표는 동북아의 협력 없이는 불가능하다. 즉, 중국과 한국, 그리고 일본의 기초 정치제도상의 차이로 인해 효율적인 정책협력기구를 수립하는 데에는 아직도 머나먼 길이 남아 있다. 현재의 협력은 구체적인 프로젝트에서 시작되어야 하는바, 대상 프로젝트의 정책적 협력에서 비롯되어야 할 것이다.

2. 중국의 정책 개선에 대한 노력

　　중국 정책내용의 비연속성과 정책과정의 불투명함, 정책발전의 예측불가 등은 국제경제협력과 정책협력에서 중요한 장애물로 인식되어 왔다. 그러나 1978년부터 시작된 개혁개방 이후 중국은 정책과정의 투명화(transparency)를 위해 노력해 왔다. 1990년대 후반기부터 이러한 노력은 주로 두 가지 특징으로 드러났는데, 하나는 개방으로 개혁을 이끄는 것이고, 또 다른 하나는 기술로 제도를 개선하는 것이다.

　　중국이 개혁개방 정책을 실시한 이후로 개혁개방은 발전의 기본 원동력이었다. 그러나 중국의 개혁과 개방은 동시에 진행되지 못해 개혁이 개방보다 뒤쳐져 왔다. 1998년 3월, 주룽지(朱鎔基)가 국무원 총리직에 임명되면서 행정개혁, 금융개혁, 국영기업 개혁 등 3대 개혁의 실시를 제기했으며, 동시에 중국의 WTO 가입 일정도 가속화되었다. WTO가입은 자연적으로 중국의 금융개혁과 국영기업개혁을 촉진할 것이며, 동시에 행정개혁을 추진할 것임에 틀림없다. 중국 국내에 효율적이고 강력한 힘을 갖춘 행정감독이 결여되어 있는 현 상황에서 행정개혁은 행정기구의 증감과 행정기능의 조정 수준에 머무를 것이며, 정책과정의 투명화는 진전되지 못할 것이 분명하다. WTO가 비록 무역조직이기는 하나 정부간 협정임과 동시에 담판을 진행하는 하나의 메커니즘이기도 하며, 이에 참여하는 정부의 자격 면에서도 명확하고 엄격한 기준이 있다. 이러한 기준 가운데 하나가 정부 정책과정의 투명화 및 공개, 정책발전의 예측가능성 등인 것이다. 실질적으로 2001년 12월자로 중국이 정식으로 WTO에 가입한 이후 중국의 정책과정은 투명화 방향으로 전진하기 시작했다. WTO 조항에 어긋나는 1,000여 조항의 법률, 법규, 정책 등을 폐지하거나 수정했다.

정책과정의 투명화는 현 세계에서 사회개혁을 추진하는 가장 강력한 도구 중의 하나이며, 기술로 제도를 개선하는 것으로는 정보기술(IT)로 정부정책 과정을 개선하는 방법이 있다. 제도와 기술의 관계는 경제학에서 항상 관심을 갖고 있는 주제 중의 하나이다. 각기 다른 발전단계에 처해 있는 국가들은 기술과 제도의 관계에 대해 제각기 다른 견해를 보이기 나름인데, 개혁단계에 있는 중국 경제학계에서는 제도를 기술보다 중요하게 보는 것이 보편적인 견해이다. 그러나 제도의 건설도

기술을 이용하는 것으로부터 시작할 수 있다. IT의 의미는 하나의 산업분야를 창조하는 데 그치지 않는다. 더욱 중요한 것은 IT가 세계를 보는 방법과 문제해결을 위한 도구를 제공했다는 데 있다.

20세기 80년대 이후로 세계 각국은 정보기술의 거대한 충격을 받아왔다. 정보기술이 제도에 미친 충격은 관리의 제한을 받지 않는 개인컴퓨터(Personal Computer)와 질서정연하게 통제받는 전화망 간의 결합, 즉 인터넷이 기존의 관리제도로 하여금 위기에 직면하게 한 것이다. 만약 과거에 전화망을 관리하듯 인터넷을 관리할 경우, 정보기술의 응용은 극도로 제한을 받게 될 것이며, 정보기술의 응용을 장려하는 기타 국가와 비교할 때 국제경쟁력에서 뒤떨어질 것이다. 따라서 정보기술의 대규모 응용을 허용하려면 제도개혁이 필수적이다.

기술을 이용한 제도개선에 대한 노력은 주로 중국 정부기구의 정보화 구축에서 집중적으로 나타났다. 중국 정부기구의 정보화 구축은 20세기 80년대의 정부 사무자동화(OA)로부터 시작되었다. 21세기에 진입하면서부터 중국의 일부 정부기관은 서방 국가들이 20세기 90년대에 시작한 "전자정무"(電子政務) 운동을 시작하였으며, 전자정무 건설에 대한 탐색을 실시했다. 이미 실전에 투입된 "Golden Gate"(세관 등 수출입 관련 정부기관 및 관련기업을 연결하는 네트워크 구축)와 "Golden Tax"(부가가치세 전용 영수증 전산화 시스템 구축 프로젝트) 등의 프로젝트는 탈세를 막는 데 큰 작용을 발휘하여 정부기관들은 힘을 얻게 되었다. 정부 지도자들의 제창 하에 전자정무 구축은 점차 많은 정부기관들의 지지를 받게 되었다. 2001년 12월 개편을 거친 국가정보화 영도소조(領導小組)의 제1차 회의를 통하여 전자정무 건설 추진을 국가정보화 중점작업 중 하나로 삼기로 결정했다.

그러나 중국 국무원 발전연구센터 우징렌(吳敬璉) 교수는 말했다.

"중국 입장에서 전자정무 건설의 관건은 전자가 아닌 정부이다. 전자는 단지 정보를 처리하는 도구와 수단일 뿐이다. 비록 이러한 도구와 수단들이 과거 사용했던 펜과 종이, 전보·전화, 문서발송, 직접 만나서 토론하는 것들에 비해 많이 선진적이긴 하나, 정무 개선이라는 서비스 목적을 떠나면 그다지 의미가 크지 않으며 심지어 득(得)보다 실(失)이 더 많다. 중국 정부업무의 주요 단점은 필사(筆寫)와 인쇄, 전송도구의 낙후가 아니라 정부의 조직형태와 업무방식의 체제적 결함에 있다. 만약 돌출된 수단으로 목적을 소홀히 할 경우, 단지 손으로 쓰던 문서를 컴퓨터 문건으로 바꾸는 것과 서신과 전보를 통해 진행되어온 전송수단이 인터넷 전송으로 대체하는 것에 그치게 되며, 정부의 업무는 그다지 크게 개선되지 못할 것이다. 심지어 전자정무가 정부개혁의 진행을 저해하는 요소로 작용하게 될 것이다."

3. 정책과정을 통해 정책협력 쟁취

모든 국가에는 각자의 정책결정 메커니즘이 존재한다. 일반적인 추세는 모든 정책의 결정 메커니즘은 정책결정 과정에서 지식을 적절히 이용하고자 하는 데 있다. 왜냐하면, 현대사회에서의 정책결정은 이미 지식을 기초로 하는 지식집약형의 활동으로 변모했기 때문이다. 정부는 유일한 정책제공자로서 해당 정책이 시나리오 묘사형(Scenarios-description Policy)이건 또는 문제 대응형(Problem-solution Policy)이건 간에, 각종 자원을 흡수하여 자체적인 지식공급 능력과 수준을 높여야 할 것이다. 모종의 방식으로 지식을 정책결정 과정으로 흡수함으로써 직접적으로 정책의 품질(Policy Quality)과 원가(Policy Cost)에 영향을 미치느냐가 중요하다.

정책과정은 아래의 모델로 설명할 수 있다:

```
Authority
Idea → Concept → Draft → Policy
      → Practice → Assessment
Knowledge
```

정책과정에 참여하는 지식과 권위는 조직에서 드러난다. 한편, 정책과정에 참여하는 조직은 이들이 참여하는 기초에 따라 권위적인 참여와 지식을 토대로 하는 참여로 분류할 수 있다.

이러한 모델에서 다음과 같은 건의가 제기될 수 있다. 지역경제협력의 정책협상은 아이디어(Idea) 단계에서 진행할 수 있으나 정책의 평가(Assessment) 단계에서도 가능하다. 중국 입장에서 정책과정의 아이디어와 평가는 이미 상당한 정도로

대외에 개방되었으며, 외국의 연구기관을 초청하여 참여하게
하고 있다. 예를 들어 1996년도 당시 중국의 국가과학기술위
원회는 캐나다에 본부를 두고 있는 International Develop-
ment Research Center(IDRC)에 위탁하여 중국의 과학기술
개혁 10년(1986-1996년)에 대한 평가를 의뢰한 바 있다. 중국
은 과학기술과 경제정책 수립에 있어 아이디어 단계에서 외국
전문가들의 건의사항과 의견을 매우 주의깊게 청취하고 흡수하
는 편이다. 그러나 실질적으로 개념 정립(Concept)에서 실시
(Practice)까지는 정부의 권위를 나타내는 부분으로 다수의 국
제협력이 존재할 가능성이 희박하다.

4. 한·중·일 정책협력의 메커니즘

(1) 권위를 기초로 하는 정책협상 메커니즘

한·중·일 3국이 권위를 기초로 하는 정책협상의 최고위
급 메커니즘은 ASEAN+3과 이 틀에 따라 진행되는 재정부 장
관과 경제내각 구성원, 인사부 장관, 농림부 장관, 관광부 장
관, 환경부 장관, 에너지부 장관 등 다수의 장관급 정책협상
메커니즘이다.

기타 ASEAN+3에서 독립된 정책협상 메커니즘으로는 한
중일 3국 환경부 장관급 회의, 한중일 3국 특허국 장관급 회
의, 동북아 해운 장관급 회의, 한중일 우정체신 고위급 회의,
한중일 IT 포럼, 한중일 정보산업부 장관급 회의 등이 있다.

(2) 지식을 기초로 한 정책협상 메커니즘

지식을 기초로 한 한중일간의 정책협상 메커니즘으로는 한중일 경제협력 공동연구(주최 기관: 중국 국무원 발전연구센터, 한국대외경제정책연구원, 일본종합개발연구기구), 한중일 정부연구기구 공동연구(주최 기관: 중국국가발전 계획위원회 거시경제연구원, 한국 재정경제부 국제협력국, 일본 경제산업성 기획국), 한중일 국제금융협력연구회(주최기관: 중국 사회과학원 세계경제 및 정치연구소, 한국대외경제정책연구원, 일본 재정금융연구소) 등이 있다.

5. 전망

현재 한중일간의 정책협력은 아직 메커니즘 단계에 머물러 있을 뿐 기구 단계로는 발전되지 못하고 있다. 이는 3개국간 정책협력의 결과에 아직 강제성이 없다는 것을 의미한다. 또한 협상에 참여하는 구성원들이 3개국에 불과하여 국제경제영역에서 통상적으로 협상 결과 위반에 따르는 징계도 여기에서는 적용되지 못하고 있다. 따라서 현 단계 협상의 의미는 정보교류와 의견교환, 프로젝트 결정 등에 그칠 뿐 제도를 확립하지는 못하는 상황이다.

따라서 한중일의 협력으로 진행되는 제도 구축은 적어도 동아시아 범위 내에서 보다 광범위하게 실시되어야 하며, 더 나아가 아시아 지역 내에서 진행되어야 한다. 현재 세계에는 EU와 AU 등이 존재하는바, 아시아 연맹이 탄생하게 될지는 미지수이다. 아시아 연맹 탄생의 전제는 한중일 3국간 협력의 순조로운 운영에 있다. 한중일 3국간의 순조로운 협력이 제도적인 돌파구를 얻기 위해서는 이들 3개국이 아시아 기타 국가와의 협력을 매끄럽게 진행시킬 수 있어야 한다.

한국의 주중(駐中) 김하중 대사는 2월18일 코리아 헤럴드사에서 한중 협력에 관한 글 "Two countries, two systems, one tomorrow"를 발표했다. 김 대사의 문구를 빌려 한중일 협력의 전망에 대해 표현하자면 "Three coun- tries, two systems, one tomorrow"라 할 수 있을 것이다.

9. 중공 16전 대회 이후 중국 지도
체제의 개편과 공산당의 장래

박 두 복(朴斗福)
(외교안보연구원 교수)

지난 중국공산당 「16전대회(全大會)」이후 전개되고 있는 중국 지도체제의 개편은 중화인민공화국 수립 이후 최대 규모의 권력개편이며, 이러한 대규모의 개편에 따라 확립된 중국의 신지도체제는 적어도 제도상으로는 "제4세대를 주도세력으로, 제5세대를 보완세력으로 하는" 제4·5세대의 결합형을 이루게 되었다. 이러한 의미에서 이번 당대회를 통해 이루어진 지도체제의 개편과정에서 나타난 세대교체는 과거의 경우와는 달리 전면적인 성격을 띠고 있다. 따라서 이번 지도체제의 개편으로 중국 지도체제는 마오쩌뚱(毛澤東)과 같은 세대를 이루면서 마오(毛)체제와 신체제의 접촉점을 형성했던 덩샤오핑(鄧小平) 체제의 연속적 성격에서 완전히 벗어날 수 있게 되었다.

지금까지 쟝쩌민 체제가 덩샤오핑 체제의 연속적 성격을 띰으로써 마오(毛) 체제와의 단절에 상당한 제약성을 갖고 있었으나, 후진타오(胡錦濤) 체제는 이러한 제약성에서 벗어날 수

있게 된 것이다. 이에 따라 후진타오 체제는 마오쩌뚱 유산이
나 굴레로부터 더욱 자유스러워짐으로써 발전과 변혁을 위한
확대된 행동반경을 확보할 수 있게 되었다.

그런데 이번에 확립된 중국의 새로운 지도체제는 권력의
과도한 집중을 방지하기 위한 제도적 장치로 유지되어온 전통
에 따라 후진타오를 중심으로 정치국 상무위원회의 구성원들이
일정한 권력과 역할을 분담하는 상호 분업적 집단지도체제의
성격을 띠고 있다. 즉, 정치국 상무위원회 구성원들이 권력을
분점, 중요 직책을 겸직하는 분업적 체계를 유지함으로써 상호
견제와 균형을 이룩해 갈 수 있게 된 것이다.

이번 당 대회에서 쟝쩌민이 정치일선에서 퇴진, 후진타오
체제가 확립되었지만, 중국 공산당에 있어서 쟝쩌민의 권력 중
심적 위치와 균형자적 역할은 지속되어 갈 가능성이 크다. 그
것은 중국에 있어서 권력중심의 급격한 이동은 정치·사회·경제
적 혼란을 동반할 수 있고, 특히 후진타오의 정치권력 기반이
나 위신의 결여 등 후계집단의 지도력이 불확실한 상태에서는
권력중심의 이동은 심각한 정치혼란을 야기할 수 있기 때문이
다.

특히 쟝쩌민 후계체제가 89년에 확립된 이후에도 쟝(江)
체제의 권력 중심적 균형자로서의 떵샤오핑의 위상이나 역할이
덩(鄧) 사망 때까지 지속되었던 사실에서 볼 때, 쟝쩌민의 권력
중심적 위상은 앞으로 상당기간 지속되어갈 가능성이 크다. 특
히 후진타오의 확고한 권력기반이 구축되지 않은 상황에서의
그의 실질적 균형자 역할 수행이 사실상 어렵게 되어 있고, 무
엇보다 그의 잠재적 경쟁자들과의 권력배분에 있어서도 쟝쩌민

등 제3세대의 완충적 조정자 역할이 절실할 것이다. 따라서 후진타오는 전면적인 권력이양보다 쟝의 균형자적 역할(수렴청정)을 통해 자신의 집권과정에 출현할 수 있는 정치적 모험들을 완화시키거나 해결해 가려고 할 것이다.

특히 이번 당 대회에서 쟝쩌민은 89년 쟝(江)체제 출범 당시 떵샤오핑이 했던 바와 같이 후진타오에게 당 총서기의 직위를 물려주면서 중앙군사위원회(中央軍事委員會) 주석직을 계속 유지하는 소위 "반퇴(半退)"를 선택함으로써 후진타오 체제에 중대한 영향력을 행사할 수 있는 제도적 기반을 마련하게 되었다. 앞으로 이러한 "반퇴"가 이번 당 대회를 통해 중국공산당 권력승계의 하나의 제도로서 확립되어 간다면, 이는 권력승계 과정에 있어서 신·구 두 지도자간의 권력분점과 견제를 위한 메커니즘으로 발전해 갈 수 있을 것이다. 즉, 쟝쩌민은 "반퇴" 방식을 통해 권력승계를 이룩하고, 이에 따라 일상적이고 절차상의 권력은 새로운 지도자에게 넘겨주고 신 지도체제 내의 균형이나 감독 및 주요 정책의 방향 결정 등에 관한 권력을 유보할 수 있게 된 것이다. 특히 "반퇴" 방식에 의한 권력승계는 쟝쩌민 등 퇴진하는 제3세대 지도자들에게 일정한 정치권력을 유보시킴으로써 정책의 연속성이나 정치의 연속성 및 정치안정에 유리하게 작용할 것이며, 신 지도체제가 기존의 노선에서 이탈하거나 전임 지도자를 부정하는 현상을 방지할 수 있을 것이다.

앞으로 16전대(全大) 이후 2-3년 혹은 17전대(全大)까지 중국 신지도체제에 대한 쟝(江)의 균형자 혹은 방향타적(方向舵的) 위치는 지속될 것으로 보인다. 후진타오를 중심으로 한 중국의 신 지도체제는 2007년 17전대(全大)에서의 권력개편에 따라 독자성을 확립하거나 제3세대의 실질적인 퇴진이 이루어질 때까지 쟝쩌민 체제의 연속적 성격에서 탈피하지 못할 것이다. 따라서 신 지도체제의 제3세대에 대한 의존성은 상당 기간 지속될 것이며, 제4세대의 독립성이나 정치적 성향은 17전대(全大)에 가서 더욱 명확해질 것으로 전망된다.

그런데 후진타오 체제가 쟝쩌민 체제의 연속적 성격에서 탈피하지 못하는 한 제3세대와 이념적 가치관에 있어서 대립·갈등 관계를 형성하고 있는 제5세대가 핵심 정책결정 과정이나 핵심 권력에 진입하는 데 상당한 제약을 받게 될 것이다. 따라서 1980년대 개혁·개방 이후 정치적 다원주의와 시장경제체제 하에서 배출된 제5세대의 핵심 권력기관에의 진출은 중공 17전대(全大) 이후 본격화되어 갈 것으로 전망된다. 그러나 중공 17전대(全大)에서 제3세대가 실질적으로 퇴진하게 되는 경우 제4세대가 인재 보충에 중대한 한계를 갖고 있기 때문에 제5세대가 제3세대의 퇴진에 따른 다양한 공백을 메우면서 권력의 핵심에 본격 진입하게 될 것이며, 이에 따라 중국지도체제의 성격에도 많은 질적 변화를 이룩해 갈 것이다.

그리고 이번 16전대(全大)에서는 '3개 대표론'(三個代表論)이 새로운 지도이념으로 확립되었는데, 이는 중국의 개혁을 경제영역으로부터 정치영역으로 확대·연결시키는 데 걸림돌로 작용해온 기존의 관념·인식 체계로부터의 탈피를 가져다준다는 점에서 개혁개방 이후 또 하나의 사상해방으로 평가할 수 있을 것이다. 떵샤오핑은 사회생산력의 발전상 절실했던 자본주의 경제요소의 도입을 위해 과거 계급적으로 배격되었던 자본주의 요소들을 탈계급화(脫階級化)하고 중성화(中性化) · 공성화(共性化)

했으나, 이는 경제영역에 엄격히 한정되었고 당의 성격 변화를 비롯한 정치적 영역으로까지는 연결시키지 못했다.

그러나 '3개 대표론'은 과거 경제영역에 엄격히 한정되었던 이러한 탈계급화가 당의 성격이나 체질변화 등 정치영역으로까지 확대해 가기 위한 이론적 틀로 확립된 것으로 볼 수 있다. 특히 쟝쩌민은 이번 16전대(全大) 정치보고에서 "인류 정치문명의 유익한 성과를 거울로 삼아야 한다"는 점을 강조했는데, 이것은 중국의 신 지도체제가 과거 중국사회에서 계급적으로 배격해 왔던 자본주의 요소나 개념들에 대한 "탈계급화"와 "중성화", "공성화" 조치를 경제영역에 엄격히 한정시켜 왔던 기존의 태도에서 탈피, 정치영역으로까지 확대해 가겠다는 의지로 평가할 수 있는 것이다.

쟝쩌민은 동(同) 정치보고에서 서방정치제도를 그대로 모방하거나 도입해서는 안 된다는 점을 강조하고 있지만, 서방정치제도를 자본주의 사회의 전유물이 아닌 인류정치 문명으로 규정한 것은 중대한 발상의 전환이며, 앞으로 공산당의 성격이나 영도방식은 물론 정치체제 개혁에도 중대한 영향을 미치게 될 것이다. 그러나 중국의 제3·4세대의 서방정치제도에 대한 인식의 본질적 변화에는 한계가 있기 때문에, 중국의 신 지도체제나 '3개 대표' 이론이 지향하고 있는 정치개혁은 다당제의 도입에 의한 공산당 일당체제의 개혁을 의미하는 것은 결코 아니다.

중국의 신 지도체제의 주류 세력인 제4세대나 중국 신 지도체제에 중대한 영향을 미치는 제3세대의 정치적 성향으로 볼 때, 정치적 다원주의의 도입과 공산당 일당체제의 근본적 개혁은 불가능하며, 중국의 새로운 지도이념으로 확립된 '3개대표' 이론도 기본적으로 정치적 다원주의의 도입이 현실적으로 불가능한 현실을 기초로 기존의 공산당 일당체제를 유지해 가면서 중국사회에 출현하고 있는 다양한 계급이나 계층 및 집단을 공산당 내부로 흡수하고 다원화되어 가고 있는 이익개념을 정책결정 과정에 적극 수렴해 가기 위한 이론적 기본 틀로 볼 수 있는 것이다. 따라서 중국의 신 지도체제는 공산당 일당체제를 유지하면서 당의 성격과 영도 방식의 변화를 통해 점차 다원화되고 있는 계층·집단의 이익을 수렴해 가는 조치들을 적극 취해 갈 것으로 보인다.

지금까지 개혁개방의 진전에 따라 공산당 조직이 약화되어 왔고, 특히 공산당 응집력의 기반으로서 마오쩌뚱(毛澤東) 사상이나 마르크스주의 등 공산주의 이데올로기가 원래의 역할을 더 이상 할 수 없게 됨에 따라 공산당은 많은 도전에 직면하게 되었다. 앞으로 가까운 시기에 다당제를 도입할 수 없는 상황에서 사회이익의 다원화에 따라 출현한 신흥계급이나 계층들의 잠재적 정치 영향력은 크게 증대되어 갈 것으로 전망된다. 이러한 중국의 현실은 공산당에게 중국사회에 출현하고 있는 각종 정치, 경제, 사회이익을 당 내부로 효과적으로 수렴해 가야 할 과제를 안겨주고 있는 것이다.

만약 공산당이 이들 다양한 이익들을 대표할 수 없게 된다거나 공산당의 정치과정이나 정책결정과정에서 배제하는 경우, 이들 이익집단이나 계급들은 자체의 세력을 형성, 다양한 형식과 채널을 통해 정치참여를 시도하게 될 것이다. 이러한 사태 발전은 결과적으로 이들 세력을 중국 공산당과 대립적 입장에서게 할 것이다. 따라서 집권당으로서 공산당은 특정계급의 이익으로부터 초연한 입장에서 중국 사회에 존재하거나 출현하는 모든 계급의 이익을 대표하면서 이러한 다양한 계급집단 간에 출현하게 되는 상호 이익충돌들을 조정하고 균형을 유지해 가는 조정자의 역할이 요구되고 있는 것이다. 이에 따라 공산당은 무산계급의 선봉대로서의 혁명적 계급정당으로부터 다양한 집단과 계층의 이익을 대표하는 집권당으로 그 성격을 변화시켜 가야 할 필요가 있는 것이다.

앞으로 중국의 신 지도체제가 '3개 대표론'(三個代表論)에 기초, 공산당 일당체제를 유지해 가면서 당의 성격과 체질을 중국사회 변화에 적응시켜 가는 정책조치들을 취해 가는 경우, 이러한 조치들은 과거 대만의 국민당이 다당제(多黨制)가 확립되기 전인 장징궈(蔣經國) 집권 후기 일당체제를 유지하면서 당의 성격을 대만 사회 변화에 적응하는 방향에서 변화시켜 갔던 과도기적 상황(조치)과 유사성을 갖게 될 것이다. 그런데 대만에서는 이러한 과도기적 현상이 짧은 기간에 종결되고 정치다원주의에 입각한 민주화의 단계로 진행했으나, 중국의 경우 지도체제의 구조적 성격이나 국내 정치·경제·사회적 여건에서 볼 때 이러한 과도기적 현상은 더욱 장기화될 것으로 전망된다. 2007년 중공 「17전대(全大)」를 통해 제3세대가 실질적으로 퇴진하고 이들의 퇴진에 의한 다양한 공백이 제5세대에 의해 메워지는 경우 중국에서의 개혁은 이러한 과도기적 현상에서 더욱 본질적인 영역으로의 질적 변화를 추구해 갈 것으로 전망된다.

앞으로 중국공산당이 '3개 대표론'(三個代表論)에 입각하여 사회 계층변화와 사회의 다원화, 이익의 다원화, 사상의 다원화 추세에 적응해 가는 방향에서 체질변화를 이룩해 가는 경우, 이는 공산당의 계급적 성격을 모호하게 변질시키면서 중국사회에 정치적 다원주의가 발전해 갈 수 있는 토양을 형성해 갈 것이다.

특히 사영(私營)기업인이나 기타 경영인, 기술자들의 공산당 입당이 합법화되어 이들을 공산당 내부로 흡수해 가게 되면, 개혁개방에 따라 점차 쇠퇴되어 온 공산당에 새로운 피를 주입시키는 효과는 있겠지만 당의 성격을 모호하게 하고 이념적 연대성을 약화시키는 결과를 초래하게 될 것이다.

이러한 사태 발전은 중국의 WTO 가입으로 더욱 가속화될 시장화 개혁과 연결되어 정치개혁에 중대한 압력요인으로 나타날 것이다. 앞으로 중국사회에 시장경제체제가 정착되고 시장이 생산성 증대를 위한 단순한 수단적 위치에서 탈피, 중국사회의 중요한 가치로 발전해 가는 경우, 이는 자유와 평등, 경쟁 및 정치참여 의식을 고취시킴으로서 민주화와 정치발전의 중요한 조건을 형성하게 될 것이다.

앞으로 중국이 지금과 같은 수준의 경제성장을 지속해 간다면 2007년 이후 중국사회에 중산층이 강력한 사회세력으로 등장할 것이며, 이러한 중산층의 확대는 정치개혁의 중요한 환경으로 나타날 것이다. 따라서 중공 17전대(金大) 이후 정치적 다원주의와 시장경제체제 하에서 배출된 제5세대가 중국의 정책결정 과정에 중대한 역할을 하게 되는 경우, 이들은 정치개혁을 위한 유리한 객관적 조건을 적극 활용, 더욱 본질적인 정치개혁을 추진해갈 가능성이 크다.

10. 중국의 3대 주요산업단지의
제휴와 경쟁

박 정 동
(KDI 연구위원)

중국 연해부에서 괄목할 만한 성장을 이루고 있는 산업단지인 주강 삼각주, 장강 삼각주, 북경 중관촌은 여러 공업도시가 상호 연관되어 큰 집적효과를 발휘하고 있다는 점에서 세계의 주목을 받고 있다.

특히 이 세 단지는 외자기업 진출이 단지 발전에 큰 영향을 미쳤다는 점, 중국의 풍부한 인적 자원이 외자기업의 중국 진출을 유도하는 데 큰 요인으로 작용했다는 점, 현지 기업의 가장 중요한 기둥역할을 하고 있다는 점 등 공통된 특성을 갖고 있다. 그러나 이 세 단지는 서로 다른 역사적 배경 속에서 발전하여 나름대로 서로 다른 분야의 특성을 살려 크게 성장해 왔다.

생각해 보면 경제발전 단계에서 국가의 산업형태는 노동집약형 생산에서 자본집약형, 지식집약형 생산으로 발전해 가는 것이 통례였다. 그러나 중국은 10년이라는 짧은 기간에 노동집약형에서 지식집약형까지 폭넓은 산업을 한꺼번에 꽃피우고 있다. 이러한 현상의 배경에는 거대한 인구와 특수한 호적제도, 과학기술의 잠재력과 의욕, 우수한 노동자와 경영자 등 여러 요인이 복합적으로 작용한 결과이기도 하다.

그럼 이제부터 이 세 단지의 상호관계와 중국 산업에서 이들 단지가 갖는 의미를 한번 살펴보자.

1. 장강 삼각주와 주강 삼각주의 비교

먼저 동일한 제조업 중심 단지인 주강 삼각주와 장강 삼각주의 관계를 정리해보자.

지금까지 살펴본 바로는, 장강 삼각주의 기업단지는 주강 삼각주와는 상당히 다른 특색을 보였다. 이를테면 장강 삼각주는 국제시장과 우수한 대졸 인재를 노리는 외자기업의 투자가들에 의해 자본집적적(資本集積的)인 대규모의 하이테크 투자를 수없이 받아들여 급성장한 것에 비해, 주강 삼각주는 주로 노동집약적인 가공조립형 수출산업으로 발전해 왔다. 또 주강 삼각주가 외자계열, 현지계열을 불문하고 중소, 중견 부품 기업이 광범위하게 존재하고 있는 부품집적적(部品集積的)인 데 비해, 장강 삼각주의 대기업은 오로지 부품생산을 포함한 풀 세트 형식으로 진출해왔다.

이런 특징을 '장강 삼각주 vs 주강 삼각주'의 형태로 표현하면 '내수지향 vs 수출지향', '합병 중심 vs 위탁가공 중심', '대기업 중심 vs 중소기업 중심', '자본장비형 vs 노동집약형', '고급 인력 vs 값싼 인력', '풀 세트 vs 부품집약형', '다양한 업종 vs 전자전기 집중'으로 구분해 볼 수 있다.

　한편, 2000년도에 들어서자 대만 기업의 '북상(北上)'은 장강 삼각주의 급속한 발전에 큰 몫을 차지하기 시작했다. 특히 이 모습을 바라본 주강 삼각주의 창구 역할을 하고 있는 홍콩은 "이대로 가다가는 장강 삼각주에게 추월당해, 주강 삼각주가 몰락해 가는 것은 아닐까"라고 우려했다. 그러나 앞에서도 설명한 바와 같이, 두 단지는 경쟁관계라기보다는 상호보완 관계 속에서 성장을 거듭할 것이라는 예상이 압도적이다. 하지만 한편에서는 중국 국내시장의 규모 확대가 앞으로의 최대 관건이라는 측면에서 장강 삼각주의 우위성을 점치는 전문가도 있기는 하다.

　가끔 이러한 두 단지의 발전에 대해 외자기업들이 중국 진출에 고민하고 있는 모습을 자주 보는데, 문제는 단지의 특성을 파악하고 기업이 진출하려는 목적과 공장의 성격이 맞는지 고려해야 한다는 것이다. 그렇게 되면 두 단지의 우위성을 떠나 최적의 조건으로 중국 진출에 성공할 수 있을 것이다.

2. 제후(諸侯) 경제에서 전국 시장으로

　중국은 원래 계획경제 아래 각 지방, 성, 시 등 자신의 지역 내에서 모든 생산과 판매 과정을 한 번에 이루어야 한다는 목표가 있었다. 예를 들어 각 성마다 TV와 트럭 공장을 모두 가지고 있다면 서로의 제품은 반입할 수가 없는 체제였다.

　그러나 80, 90년대로 접어들면서 연해부를 중심으로 한 시장경제화 속에 각 성들의 장벽은 차례로 무너지기 시작했다. 특히 철도망, 고속도로망 등 물류시설이 정비되어 각 성별로 세분화되어 있는 시장이 하나둘씩 융합되면서 전국적으로 확대되었다. 그리고 각 성의 경계선에 머물러 있던 기업이 경영전략에 따라 전국적인 기업으로 성장하기에 이른다. 중국 현지 기업의 대부분이 원래는 거주지 시장을 상권으로 한 거주지 지방기업이었지만 지금은 전국 수준의 기업으로 성장했고 더욱이 세계 시장으로 진출을 준비하고 있다. 게다가 전국 통신망과 교통망이 정비되어 한 기업이 전국 각지에 거점을 분산시켜 경영할 수 있게 되었다.

3. 세 단지의 높아지는 상호관계

예전에 이들 세 단지는 물류가 원만치 않았고 지역주의로 인해 모든 분야에서 제각기 따로 전개되었다. 그러나 앞에서 언급한 바와 같이 물류시설과 통신시설의 정비로 세 단지가 모두 서로에게 거점을 두고 각각의 특성을 살리면서 보완효과를 노린 입지전략을 구사하고 있다.

예를 들면 렌샹과 장성, 북대방정의 중관촌 컴퓨터 제조업체는 생산거점을 주강 삼각주에 두고 북쪽에서의 연구성과를 남쪽에서 제품화하고 있다. 화위, 중흥 등 주강 삼각주의 기업이나 춘란 등 장강 삼각주를 제조 거점으로 하는 기업도 연구개발 거점을 북경에 두고 있다. 즉, 북경의 화위연구소에서 개발된 통신기기가 주강 삼각주에 있는 자사의 공장에서 생산되고 있는 식이다.

또한 주강 삼각주에서 생산된 대량의 전자부품, 예를 들면 광픽업과 마이크로 모터는 홍콩을 경유하거나 국내 노선으로 장강 삼각주로 운반된다. 반대로 보산제철과 중국석화의 장강 삼각주 공장에서 생산된 소재는 주강 삼각주에서 가전제품과

IT 제품으로 가공된다. 절강성의 현지 계열 금형이 주강 삼각주로, 심천의 대만 계열 금형이 장강 삼각주로 제각기 운반된다.

이처럼 세 단지의 특성을 고려해 성장하는 기업과 기업 상호간에 서로 연관성을 갖고 성장하는 기업의 사례는 매년 늘어나고 있다.

4. 두뇌, 상반신, 하반신

한편, 개별 투자판단에 있어서는 세 단지의 경쟁이 매우 치열하다. 심천은 상해를 경쟁상대로 보고 하이테크 투자에 불을 뿜고 있으며, 오강은 동완에 지지 않기 위해 대만 기업을 적극 유치하고 있다. 결국 세 산업 단지는 전체적으로 서로 보완관계인 동시에 격심한 경쟁관계에 있는 것이다. 물론 이러한 경쟁은 전체적인 산업의 집적도와 시장경쟁력을 높이는 한 요인이 되기도 한다.

이제 이들 세 단지의 산업지도를 그려보면, 두뇌에 해당하는 북경의 중관촌은 R&D, 상반신에 해당하는 장강 삼각주는 하이테크 산업, 하반신에 해당하는 주강 삼각주는 부품산업이다. 이처럼 세 단지의 보완관계 및 치열한 경쟁관계는 전체적으로 중국의 산업경쟁력을 강화할 뿐 아니라 아시아의 산업지도를 다시 그릴 것으로 보인다.

〈표〉 중국 첨단산업 발전의 3개 축 비교

	장강 델타 지역	북경 중관촌	주강델타지역
위치	중부 장강 텔타지역의 관문	북부 천진 산업기지와 연계	남부 홍콩, 동남아와 연계
발전 시기	90년 국가급 개발구 지정	88년 최초의 첨단기술 개발구 지정	80년 최초의 특구 지정으로 개방
IT 산업	종합적 하이테크 단지 ·IT, 반도체, 금융	연구개발 단지	IT 산업기지 · 컴퓨터, 전자부품
특징	금속·기계 가공산업 집적지 ·세계적 하이테크 메카	정보통신관련 연구개발집적지 ·연구인력 밀집	세계 최대의 퍼스컴 산업 집적지 ·인프라와 시장 경험
발전 추세	상공업의 전통→국유기업의 개혁→새로운 산업집적지로서 각광	대학, 연구중심지→서구 유학파 복귀로 첨단산업 발전	섬유, 완구, 잡화 등 경공업 중심→가전, 사무기기 및 퍼스컴 및 그 부품 산업지로 발전
주된 외자 기업	대만계 기업 외 한국, 일본 기업 등	미국계를 중심으로 한 정보통신관련 외자기업	홍콩, 일본 대만, 한국, 미국 기업 등
주생산 분야	가전, 정보통신, 자동차, 반도체 등	첨단 정보 통신	컴퓨터와 관련부품

11. 중국의 괴력(怪力) 어디서 나오는가

안 충 영(安忠榮)
(대외경제정책연구원 원장)

중국이 개혁·개방 이후 지금까지 보여준 경제적 성과는 세계를 놀라게 하고 있다. 나아가 후진타오(胡錦濤)가 중심이 된 새로운 지도부는 향후 20년 동안 중국의 GDP를 지금의 네 배로 키우겠다는 야심적인 계획을 내놓고 있다. 즉, 중국의 신지도부는 의식주 문제를 해결하는 데 주력했던 온포(溫飽) 시대를 넘어, 모든 인민이 모든 영역에서 비교적 풍요로운 생활수준을 영위할 수 있는 전면적 소강(小康) 사회를 건설할 것을 제시하였다. 어찌보면 지금까지 중국이 보여준 "괴력(怪力)"은 시작에 불과한 것인지도 모른다.

중국이 지난 20년간 보여준 성장은 중국이 긴 잠에서 깨어나는 과정이었다. 떵샤오핑(鄧小平)과 장쩌민(江澤民) 시대의 "개혁개방"을 통해 중국은 잠자고 있던 13억 인구의 잠재력을 각성시켜 도약의 밑거름으로 동원하는 데 성공하였다. 성취 동기, 노력하는 만큼 보상이 돌아가는 자본주의 시장원리가 중국을 깨운 것이다.

이렇게 잠에서 깨어난 중국을 새로운 지도부가 어떤 방향으로 이끌고 가느냐가 중국의 괴력(怪力)이 앞으로 어떤 양상으로 발휘될 것이냐를 결정할 것이다. 또한 13억 인구를 가진 중국의 약진은 기존의 세계질서는 물론 한국이 속하고 있는 동아시아 경제 판도에도 충격과 변화를 가져올 전망이다.

1. 기술지향 사회로 도약

중국의 미래를 가늠하는 데 있어 특히 주목할 점은 중국이 빠르게 기술지향 사회로 스스로를 조직하고 있다는 사실이다. 가까운 예로 이번에 중국 공산당 중앙위원회 상무위원으로 선출된 9인의 상무위원은 놀랍게도 전원이 이공계 출신이다. 중국에서는 한국에서 최근 발견되는 바와 같은 이공계 기피 분위기는 찾아볼 수 없다.

오히려 기술발전의 핵심요소라고 할 수 있는 이공계 고급인력의 공급 면에서 중국은 빠른 발전을 보이고 있다. 중국의 이공계 대학원 입학정원은 전체 대학원 입학정원의 57%를 차지하고 있다(2000년). 이는 비슷한 시기 한국의 이공계 대학원 입학정원 비율의 두 배에(2001년 29%)에 가깝다. 또 중국은 해마다 많은 엘리트들을 미국 등 선진국에 유학보내고 있다. 2001년 중국은 83,973명의 유학생을 파견하였는데, 이는 1996년에 비해 4배 이상 증가한 숫자이다. 지난 2000년 -2002년 사이 미국에 유학한 중국 유학생 수는 12만 3,150명으로 재미 유학생 중 가장 많은 숫자를 차지했다(같은 기간 한국은 9만 4,731명이었다. IIE). 이들은 대부분 공학과 자연과학 등 이공계 전공자로 알려져 있는데, 미국의 외국인 이공계 박사학위 취득자의 약 30%가 중국인이라고 한다.

중국 유학생들은 대다수가 학위취득 후에도 상당기간 현지에 잔류하고 있다. 1988년부터 1996년까지 미국의 과학기술분야 외국인 박사학위 취득자 중에서 중국인들은 85.5%가 학위취득 후에도 미국에 잔류하였다. 이는 여타 국가에 비해 월등히 높은 수준이다(한국 학위취득자의 경우 36.1%). 이들은 실리콘 밸리 등 세계적인 첨단기술 클러스터에서 일하면서 다양한 실무경험과 고급기술을 익힌다.

주목할 것은 최근 중국의 산업과 시장이 빠르게 성장함에 따라 이처럼 선진국에 남아 다양한 경험을 쌓은 중국 고급 두뇌 중 상당수가 다시 중국으로 돌아가고 있다는 사실이다. 이른바 인재의 역유입(reverse brain drain; “海歸派”) 현상이다. 2001년의 경우 학위를 마치고 중국으로 귀국한 해외 유학생 수는 12,243명에 달했다. 이는 4-5년 전에 해외로 유학을 떠난 사람들 중 50% 이상이 다시 중국으로 돌아오고 있음을 의미한다. 중국 최고의 IT 단지인 중관촌(中關村) 등에서는 이들 해외인력을 적극적으로 유치하기 위한 별도의 창업 인큐베이터를 설치하는 등 적극적인 고급두뇌 사냥에도 나서고 있다. 이제 이들 귀국 유학생들은 세계 최고수준의 기술을 중국으로 도입하는 매개자 역할을 하고 있다.

중국의 산업발전 양상에서도 기술지향 사회가 빠르게 형성되는 근거를 찾을 수 있다. 중국의 산업발전은 노동집약적 산업, 자본집약적 산업, 기술집약적 산업이 순차적으로 발전하는 것이 아니라 이들 모두가 동시적으로 발전하는 특징을 보여주고 있다.

이는 중국이 개방형 발전전략을 통해 막대한 외국인 투자를 유치함으로써 외국의 자본과 기술을 적극 활용하기 때문이다. 이른바 시장-기술 교환 전략에 따라 글로벌 기업들은 첨단 기술을 경쟁적으로 중국에 이전하고 있으며, 중국은 이를 빠르게 흡수하고 있다. 그 결과 중국에서는 노동, 자본, 기술로 이어지는 일반적인 산업발전의 단계가 압축된다. 연해지역이 노동집약적 산업의 세계적 생산기지로 부상하고 있는 것과 동시에, 베이징(北京)의 중관촌이나 샹하이(上海)의 장강(張江) 첨단기술개발구, 주강(珠江) 삼각주 등은 전 세계가 주목하는 연구개발 및 첨단산업 단지로 성장하고 있다.

나아가 중국의 각 지역은 첨단산업의 메카로 성장하기 위해 각 지역이 가진 비교우위를 바탕으로 서로 치열하게 경쟁하고 있다. 최근 방문했던 주강 삼각주의 션쩐(深圳) 경제특구에는 대규모 IT, BT, NT 단지가 광활한 면적에 조성되어 있을 뿐 아니라 북경대학, 청화대학 등 중국 유수 대학의 분교를 유치하여 고급인력 양성에 힘쓰고 있었다.

또 중국의 대학들은 산학협동 차원을 넘어 대학 스스로 첨단기술 분야의 기업을 설립하여 운영하는 산학일체화의 단계로까지 나아가고 있다. 북경대에 기반한 방정(方正)그룹이나 청화대에 기반한 동방(同方)그룹 등이 대표적인 예이다.

이처럼 기술을 중시하는 사회적 분위기, 해외 고급기술 인력의 역유입, 기술산업 육성을 위한 지방정부 사이의 경쟁, 산학일체화를 추구하는 대학 등은 중국을 기술지향적 사회로 빠르게 변모시키고 있다. 이는 21세기 중국경제를 업그레이드 시킬 중요한 성장동력이 될 것이다.

2. 글로벌 플레이어로

또한 중국은 이러한 전방위적 산업성장을 바탕으로 세계경제의 주역으로 화려하게 등장하고 있다. 그 대표적인 계기는 WTO 가입이다. 중국은 개방 충격에 대한 국내외의 우려에도 불구하고 2001년 말 WTO 가입을 완료하였다.

가입협상 과정에서 적지 않은 양보를 감수하면서까지 중국이 WTO에 가입한 것은 중국 지도부가 개방화된 세계경제질서에 기꺼이 동참하겠다는 확고한 의지를 갖고 있음을 보여준 것이다.

사실 중국의 WTO 가입은 비단 관세인하나 서비스 시장의 개방과 같은 대외적인 시장개방만을 의미하는 것이 아니다. 오히려 국내 각 분야에 글로벌 스탠더드를 적극적으로 도입함으로써 중국 시장경제의 수준을 한 차원 높일 수 있다는 데 더 큰 의의가 있다. WTO 가입을 계기로 중국은 계획경제에서 시장경제로 이행하는 과정의 과도기적 슬로건이라고 할 수 있는 "개혁 · 개방" 단계에서 벗어나 글로벌 스탠더드를 기준으로 한 국내 경제 시스템의 개혁 완성에 더욱 매진할 전망이다. 여기에는 사유화를 포함한 국유기업의 개혁이나 금융시스템의 정비 등과 같이 지금까지 미루어져 왔던 민감한 부문에 대한 개혁도 포함될 것이다.

중국의 이러한 적극적 개혁전략이 중국이 가진 풍부한 성장 잠재력과 결합한다면, 향후 20년간 7% 이상의 고도성장을 지속한다는 신 지도부의 국가발전 목표도 결코 비현실적인 것은 아니다. 중국은 아직도 한국 평균 인건비의 10% 수준에 불과한 저렴한 노동력의 원천인 9억의 농촌인구가 있으며, 발전이 억제되었던 사영기업, 많은 고용창출 능력을 가진 서비스 산업, 무진장한 자원을 보유하고 있는 서부지역과 같이 아직까지 충분히 개발되지 않은 잠재적 성장동력을 보유하고 있다. 또 이를 바탕으로 세계경제의 블랙홀이라 불릴 정도로 왕성하게 외국기업들의 투자를 흡수하고 있다. 때문에 세계경제에서 중국의 위상은 앞으로도 계속해서 높아질 가능성이 크다.

이 때문인지 최근 필자가 참석한 APEC(아시아태평양경제협력체)의 외무장관 회의나 고위관료 회의에서 접한 중국 관리들은 모두 중국경제의 장래에 관해 자신감에 가득차 있었으며 시장경제의 본질, 국제경제의 흐름, 그 속에서 중국이 차지하고 있는 지위와 역할 등에 대해서도 매우 분명하고 정확한 인식을 갖고 있었다.

이를 바탕으로 중국은 동아시아를 중심으로 한 새로운 국제경제 질서의 구축에도 적극적인 태도를 보여주고 있다. 특히 작년 말 태국에서 열린 ASEAN(동남아 국가연합)과의 정상회담에서 당시 주룽지(朱鎔基) 총리는 중국이 260여 개의 농산물에 대하여 자진하여 먼저 관세를 철폐하는 것을 주요 내용으로 하는 "조기수확(Early Harvest)" 팩키지를 제안함으로써 중-ASEAN FTA 논의의 물꼬를 텄다. 동아시아 경제협력 분야에서 한국이나 일본보다 오히려 앞서나가고 있는 것이다.

이제 중국의 경제전략은 소극적인 외자유입 촉진(引進來) 수준을 넘어서 적극적인 대외진출(走出去)로 나아가고 있다. 이는 중국이 시장경제 질서로의 편입 단계를 넘어서 적극적 활용 단계로 나아가고 있음을 보여주는 것이다. 여기에서 과거 개혁개방 시기 외자유입의 촉매 역할을 하였고 이미 동남아 상권을 대부분 장악하고 있는 3,000만이 넘는 화교(華僑) 네트웍은 이

제 중국의 해외진출의 중개자로 그 의미와 위상이 확장될 것으로 예상된다.

3. 슈퍼파워 중국

빠른 경제성장과 의식 변화를 바탕으로 중국은 냉전 이후 세계질서 속에서 또 하나의 초강대국으로 등장하고 있다. 중국은 최근 테러와의 전쟁에 대해 지지 입장을 표명하는 등 책임 있는 국제사회 일원으로서의 태도를 보여주었다. 대(對) 이라크 전쟁에 있어서도 국제연합상임이사국으로서 독자적인 입장을 견지하는 등 국제사회의 균형을 형성하는 새로운 주역으로 부상하였다.

이러한 중국의 위상 변화에 우리뿐 아니라 온 세계가 주목하고 있다. 2002년 11월 션쩐에서 열린 "Global Think Tank Forum"에는 앨 고어 미국 전 부통령을 비롯해서 노벨 경제학상 수상자인 로버트 먼델, 필리핀 라모스 전 대통령, WTO 사무총장인 마이크 무어 등 거물급 인사들이 참석하였다. 필자는 이들이 입을 모아 중국이 앞으로 미국과 더불어 새로운 세계무역 및 경제질서의 주역이 될 것이라고 전망하는 것을 들으면서 달라진 중국의 위상을 실감하였다.

UCLA의 권위있는 예측 기관인 앤더슨 포 캐스트(Anderson Forecast) 역시 향후 세계 무역질서는 미국과 중국에 의해 주도될 것이라고 최근 예측하였다. 중국이 미국과 더불어 국제질서를 양분하는 새로운 슈퍼파워로 부상하는 것은 시간문제일 뿐이다.

중국 스스로도 이러한 가능성을 잘 인식하고 있다. 사실 중국의 장기적 전략목표는 단지 성공적인 체제전환이나 지속적인 고도성장에만 머무르는 것이 아니다. 중국은 이미 미국에 맞설 수 있는 또 하나의 헤게모니 국가로 등장하기 위한 다방면의 노력을 진행하고 있다.

가령 최근 중국은 신주(神舟) 프로젝트라는 유인(有人) 우주선 계획을 추진하여 시험발사를 마치고 금년 내로 유인 우주선을 발사할 계획이다. 2010년까지는 달에도 중국인을 보낸다는 것이다. 이러한 야심적인 우주개발 계획은 중국의 장기적 관심이 결코 안정적인 경제성장이나 중진국 진입에만 머무르는 것이 아니라는 점을 잘 보여준다.

중국의 목표대로 중국이 2050년경에 오늘날의 선진국 수준을 의미하는 "대동(大同)" 사회를 건설하는 데 성공한다면 수퍼파워 중국은 눈앞의 현실로 나타날 것이다.

4. 한국의 장래

지금까지 한국은 중국에 대해 적지 않은 무역수지 흑자를 기록하는 등 중국의 성장에 비교적 잘 대처해 왔다. 우리가 가진 지리적 인접성과 산업의 보완성을 잘 활용했던 것이다. 많은 외부의 관찰자들은 중국의 성장에서 가장 큰 이익을 얻은 나라는 한국이라고 얘기하고 있다.

그렇지만 상황은 그렇게 낙관적이기만 한 것은 아니다. 앞으로도 중국의 성장은 2008년 베이징 올림픽, 2010년 상하이 세계박람회 등을 거치면서 더욱 탄력을 받을 전망이다. 그런데 한국은 올림픽 유치에서는 중국에 20년 앞섰는지 모르지만, 세계박람회 유치 경쟁에서는 중국 상하이에 승리를 내주었다. 경제 각 분야의 총량 면에서 중국은 진작부터 한국을 앞서고 있다.

더욱이 기계, 전자, 조선, 철강, 자동차 등 우리가 주력하고 있는 산업에서 중국은 빠르게 경쟁력을 키워가고 있다. 우리의 주력산업에서도 중국이 3-5년 내에 대등한 경쟁력을 갖출 것이라는 전망도 있다. 심지어 중국은 우리의 주력 수출품목인 휴대전화기에서도 최근 국산화에 박차를 가하여 2002년 중국 국산전화기의 중국시장 점유율은 39%에 달한 것으로 알려져 있으며, 중국 내수시장을 머지않아 석권할 것으로 보인다. 때문에 중국이 주는 기회와 위협에 어떻게 대처할 것이냐는 기업과 정부 모두에게 중요한 화두(話頭)가 되어 있다.

다른 한편, 중국이 장기적으로 세계질서의 중요한 축으로 성장할 것이라고 할 때, 과연 새로운 국제질서 하에서 한국의 정치경제적 입지를 어디에 두어야 할 것인가라는 보다 장기적인 질문에 대한 대답도 마련해둘 필요가 있다.

예를 들어 최근 한일, 한중, 한중일, 한-아세안 등 다양한 형태의 동아시아 FTA 구도가 제안되고 있다. 여기서 중요한 것은 이미 제기된 구도 안에서 협상을 통해 개별 산업의 이익을 수호하는 데만 있는 것이 아니라, 오히려 처음부터 우리에게 유리한 동아시아 FTA, 혹은 한중일 FTA 장기 구도와 단기적으로 한일, 한중 쌍무협상을 주도적으로 제안함으로써 논의구도 자체를 우리에게 유리하게 만들어내는 것이다. 이는 각국의 이해와 전략이 어우러지는 고도의 전략적 게임이 될 것이다. 그러자면 우리는 먼저 동아시아 내에서 한국이 장기적으로 지향해야 할 경제, 문화, 정치 선진국으로서의 위상과 입지에 관한 일관된 구상을 가지고 있어야 한다. 우리의 확고한 비전과 전략적 실천계획이 있어야만 한-중-일-아세안 사이에서 고차원적인 전략 게임을 풀어갈 수 있는 것이다.

중국의 성장을 계기로 급변하고 있는 세계 및 동북아 정세 속에서 한국이 당당한 중심국가의 역할을 수행하느냐, 아니면 변경의 위치에 머물고 마느냐 하는 문제 역시 결국 우리가 한국과 중국을 포함한 동아시아의 미래 구도의 변화에 얼마나 지혜롭게 대처하느냐에 달려 있다고 볼 수 있다.

12. 대(對) 중국 IT수출 현황 및 대책

양 준 철
(정보통신부 국제협력관)

1. IT수출에서 중국이 차지하는 비중

1992년 한·중 수교 이후 양국간 경제교류는 매우 활발하게 진행되어 왔으며, 특히 IT분야에 있어서는 수교 10주년을 맞은 2002년 기준으로 대중국 수출비중(홍콩 포함)은 미국에 이어 2위를 차지하여 우리나라 IT제품의 최대 수출시장의 하나로 부상하였다.

최근의 IT수출통계에도 이러한 상황이 잘 나타나 있는데, 2003년 5월 우리나라의 주요 국가별 IT수출 현황을 살펴보면 미국이 8.2억 달러로 전년동월 대비 7.2%가 감소하였고, EU는 5.3억 달러로 1.1% 증가하였으며 일본, 대만, ASEAN 지역은 각각 4.1억 달러(23.0%증가), 2.2억 달러(13.1%감소), 6억 달러(15.1%증가)로 증가세가 미약한 반면 중국의 경우 7.2억 달러로 66.0%증가하였고, 홍콩은 5.2억 달러로 36.0%가 증가한 것으로 나타났다.

다만, 금년 들어 대중국 수출은 증가세를 계속 이어가고 있으나, 증가세는 상당히 둔화되어 2002년 1월 이후 평균증가율 107%에 훨씬 못 미치면서 11개월 만에 최저의 증가세를 보이고 있어 이에 관한 적극적인 대응이 필요한 시점이다.

2. 대(對) 중국 주요 IT수출품목 수출 동향

대중국 주요 IT수출품목은 액정모니터(789백만 달러), 이동전화단말기(783백만 달러), 메모리반도체(632백만 달러), 노트북PC(79백만 달러)로 대중국 IT수출액의 40.7%를 차지하고 있다. 액정모니터는 2003년 1월~2월에 전년대비 상당한 감소를 보였으나, 3월부터 다시 높은 성장을 보이고 있으며, 메모리 반도체 역시 2003년 1월~2월에 감소세를 보였으나, 3월과 4월에 최고의 실적을 보이고 있다. 그러나 노트북PC는 2003

〈표 1〉 대(對) 중국(홍콩 포함) 주요품목 수출현황

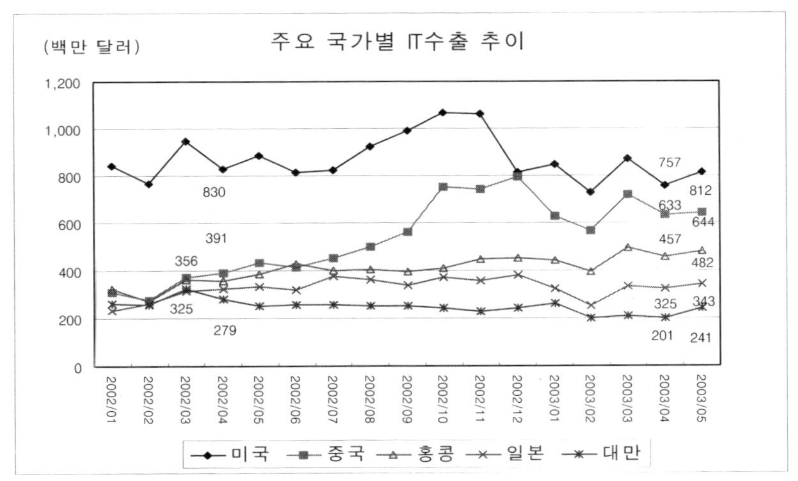

(2003. 5월 기준: 단위 : 백만불)

품목명	금액	품목명	금액	품목명	금액	품목명	금액
부 품	2,655	무선통신기기	1,777	정보기기	1,064	소프트웨어	4
메모리 반도체	632	이동전화 단말기	783	액정 모니터	789	기 타	114
		기 타	972				
기 타	1,108	이동전화시스템	22	노트북 PC	79	총 계	5,614

년 3월을 정점으로 하락세를 보이고 있다.

2002년 가장 높은 비중을 차지한 이동전화단말기의 경우, 2003년 1월 전월대비 52.5% 감소한 1억 4백만 달러를 기록하였으며, 4월에는 4,830만 달러를 기록함으로써 과거 12개월 최저 수준으로 하락하였고, 5월에는 전월대비 약 10%의 성장을 기록하였으나, 과거의 높은 성장률을 고려할 때 매우 미미한 수준으로 전체 이동전화 수출에 대한 대책마련이 시급한 상황이다.

3. 대(對) 중국 주요 IT수출품목에 대한 전망

□ 이동전화 단말기

2003년 하반기 이동전화단말기의 대중국 수출은 정체 또는 하향안정 추세를 보일 것으로 전망된다. 향후 이동전화단말기 수출의 긍정적인 요인으로는 SARS 사태의 진정으로 인한 수요증가, 무선인터넷서비스의 활성화와 이로 인한 GPRS, cdma 2000 1x 등의 신규 및 대체 수요 증가, 중국 제2이동 통신회사인 China Unicom의 CDMA 서비스에 대한 공격적 마케팅

〈그림 2〉 대중국(홍콩 포함) 주요품목 수출액 추이

(단위: 백만 달러)

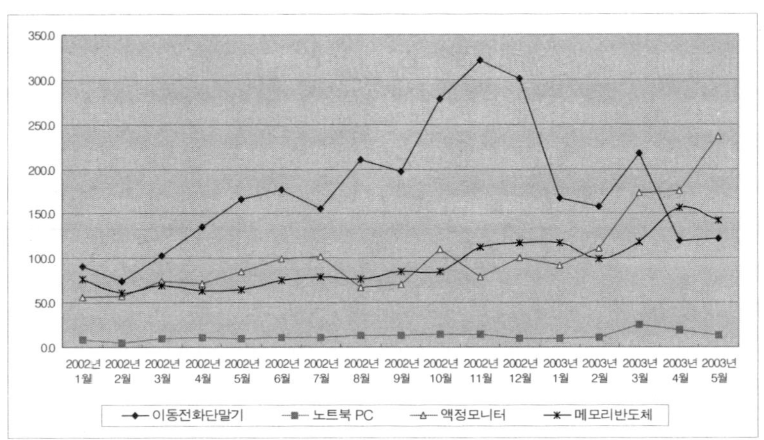

등을 들 수 있다.

반면에 부정적인 요인으로는 중국 IT업체의 기술력 제고로 인한 경쟁 심화, 국내 IT업체에 대한 중국업체의 반제품 공급방식(SKD)에서 부품공급방식(CKD)으로의 전환요구 증대, SARS 사태로 인한 재고 물량 증가, 현지생산 증가로 인한 공급물량 확대, 이동전화 신규가입자 성장의 둔화세, 중국의 경제성장 둔화로 인한 소비지출 감소 등을 들 수 있다.

이와 같이 2003년 하반기 이동전화단말기에 대한 중국시장 수요는 전반적으로 긍정적인 요인보다는 부정적인 요인이 많고 그 영향력도 상대적으로 크게 작용할 것으로 전망되고 있어 2002년과 같은 폭발적인 성장세는 기대하기 힘들 것으로 보여진다. 그 결과 대중국 이동전화단말기의 경우 수출액이 전

년 대비 약 20%가 감소한 18억 4천만 달러에 머무를 것으로
전망된다.

〈표2〉이동전화단말기의 대중국(홍콩포함) 수출전망(누적)

(단위: 백만 달러)

구분	1월	2월	3월	4월	5월	6월	7월	8월	9월	10월	11월	12월	총계
수출액	167.1	157.2	217.4	119.3	122.0	132.8	138.9	153.3	172.1	154.6	154.4	151.8	1,840.5

주 : 1월~5월까지는 실적치, 6월~12월까지는 전망치

□ 기타 수출품목의 전망

이동전화단말기와는 달리 메모리반도체의 경우 2003년 1
월~4월까지의 실적을 바탕으로 2003년도 연간 대중국 수출총
액을 추정하면 2002년 대비 38% 정도 성장을 보일 것으로 전
망되며, 수출액은 13억 3천만 달러에 달할 것으로 전망되고
있다.

또한 액정모니터의 수출액은 전년대비 약 70%가 성장한
약 16억 5천만 달러, 노트북 PC의 수출액은 전년대비 약
40%가 성장한 1억 8천만 달러에 달할 것으로 전망된다.

4. 대(對) 중국 IT수출에서의 당면과제 및 대책

□ 중국의 IT경쟁력 향상

중국은 IT산업을 정책적으로 육성하기 위해 기술력과 제조
능력을 향상시켜 왔는데, 그 중에서도 특히 중국 이동전화단말
기 제조업의 경우 1998년까지 자체생산능력을 전혀 보유하지
못하였으나, 1999년 중국시장의 2%를 점유한 것을 계기로

2000년에는 시장점유율을 7%로 크게 높였고, 2001년에는 15%, 2002년에는 31%로 지속적으로 빠른 성장을 보이고 있다. 최근 신식산업부의 발표에 따르면 2003년 1~4월까지 중국 단말기 업체는 1,390만대를 판매하여 사상 최초로 외국산 제품을 초월하여 시장점유율을 51.3%로 높인 것으로 파악되고 있다.

중국 업체들이 이렇게 빠른 성장을 보이게 된 이유는 중국 정부의 외국산 단말기에 대한 수입허가, 중국 부품조달 의무화, 생산기업인증제도 등 중국 국내업체에 대한 우대정책과 중국업체의 기술력 제고, 유통구조의 개선 및 스타마케팅전략이 주효했기 때문으로 볼 수 있다.

금년 하반기에도 중국 단말기업체들의 시장점유율이 더욱 높아질 것으로 예상된다. 이에 대응하기 위하여 국내업체들은 중국 내수시장 공급권 신규 취득은 물론 판매량(Quota)의 확대,

〈그림 3〉 중국 이동전화단말기 제조업체의 시장점유율 추이

(단위: %)

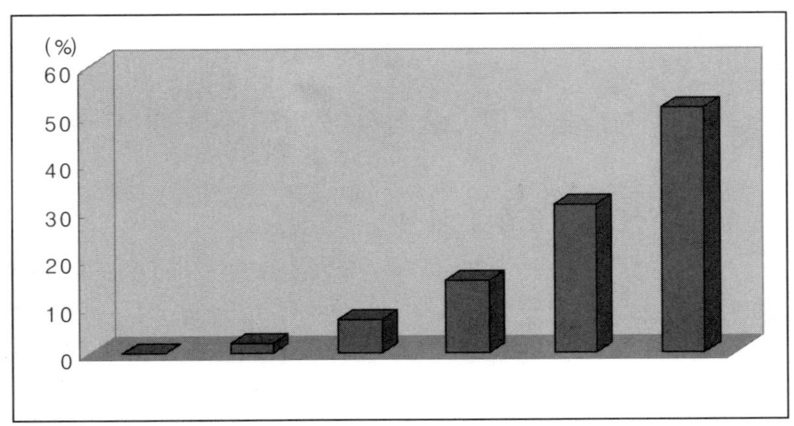

기술격차 유지를 위한 고가·중저가 단말기의 차별화 전략 및 지속적인 신규모델 출시 등 적극적인 노력이 필요하다고 판단된다.

□ 중국 수출시장의 환경변화
- CKD(Completely Knock Down)방식으로의 전환요구 증대 -

최근 중국 현지업체들이 단말기 공급방식을 반제품 형태인 SKD(Semi-complete Knock Down)방식에서 부품상태로 구매해 조립하는 CKD방식으로의 전환을 요구하는 사례가 증가하고 있다. CKD방식은 국내업체가 단말기를 100여개의 주요 부품으로 분리해 제공하면 중국업체들이 현지에서 이를 조립해 판매하는 공급방식이며, SKD방식은 국내업체가 안테나, 배터리, 상면, 하면 등과 같은 거의 완성된 부품으로 제공하면 현지에서 조립·판매하는 공급방식이다.

지금까지 대중국 수출의 경우 SKD와 CKD 공급비율이 9:1 수준이었지만 CKD방식이 점차 늘어나는 추세로서 상반기 중에는 CKD 공급비율이 20%까지 늘어날 것으로 전망되며, 이 같은 증가세는 더욱 가속화되어 2003년 하반기에는 50%에 달하고, 2004년에는 70%까지 늘어날 것으로 예상된다.

이처럼 중국업체들이 CKD방식을 강하게 요구하는 이유는 자체생산시설을 활용해 기술축적을 도모하고 저렴한 인력을 활용하여 가격경쟁력을 제고하기 위한 것으로 분석된다. 중국정부에서도 CKD방식 공급에 대해 관세인하, 인증·허가완화 등 차별화된 우대정책을 통해 CKD방식 전환을 적극 유도하고 있는 실정이다.

이에 따라 자체생산시설을 갖추고 SKD위주로 중국 수출에 주력해온 국내업체들의 경우 공장 가동율이 크게 떨어져 유휴시설 증가와 마진폭의 축소 등 어려움에 직면할 것으로 우려된다. 따라서 생산시설 현지이전, 기술격차 유지 및 디자인능력의 제고 등을 통해 SKD 방식을 지속적으로 유지할 수 있는 경쟁력 확보가 무엇보다 중요하다고 하겠다.

□ SARS의 영향

중국의 SARS 발발은 2003년 1분기 대중국 이동전화단말기 수출에 부정적인 영향을 미친 것으로 나타나고 있다.

SARS로 중국 이동전화 단말기 시장에 재고가 누적되고 있으며 누적된 재고 물량이 일시에 시장에 풀릴 경우 치열한 가격경쟁이 예상된다. 이에 따라 향후 중국시장에서의 단말기 가격이 더욱 하락할 가능성이 높으며 이는 국내 단말기 업체의 수익성 악화로 연결될 가능성이 높다. 6월 들어 SARS 사태가 진정되는 양상을 보이고 있으나, SARS로 인한 일시적인 수출 감소보다는 SARS의 후폭풍에 대비해야 하는 것은 바로 이런 이유 때문이다.

□ WTO 환경하에서 중국시장 개방으로 중국현지 생산 기지 이동 등 대 중국 투자확대

2002년 중국 이동전화시장 규모가 미국을 제치고 세계 제1위로 부상하는 등 세계 이동전화시장에서의 비중이 높아지고 있을 뿐만 아니라 중국의 WTO 가입으로 투자환경이 호전됨에 따라 노키아, 모토롤라, 지멘스 등 해외 선진 이동전화제조업체들과 삼성, LG전자, 팬텍 등 국내 업체들은 중국 투자를 늘리고 현지 생산규모를 확대하고 있는 실정이다.

이와 같은 국내외 업체들의 중국 현지 투자 및 생산규모 확대는 현지의 저렴한 인력의 활용 및 유통부문의 강화라는 측면에서 자연스러운 선택이라 할 수 있으나, 국내 IT제조업체 입장에서는 대중국 수출의 규모를 상당히 제약하는 요인으로 작용할 가능성이 클 것으로 전망된다.

□ 이동전화 단말기에의 의존 심화

2002년 대중국 이동전화단말기 수출이 년평균 13.4% 증가하여 대중국 IT수출에 있어서의 수출비중은 20.8%를 차지하였다. 특히 2002년 8월~12월에는 그 비중이 24%를 차지함으로써 대중국 IT수출에 있어서 이동전화 단말기에의 의존이 더욱 심화되었음을 보여주었다.

전년동기와 대비해서 이동전화단말기의 수출 증감률을 살펴보면 2002년 1월~5월까지는 월평균 19%씩 증가하였지만 2003년 1월~5월까지는 수출이 부진하여 월평균 11% 감소하였다. 그 결과, 2003년 1월~5월까지의 대중국 IT수출 증가율도 전년동기대비 5.9%나 감소하였다.

이는 지난 2001년 메모리반도체의 침체가 전체 IT산업의 침체로 이어지는 결과를 초래하였듯이, 이동전화 단말기에 대한 높은 수출의존도가 IT산업 전체의 수출에 미칠 영향을 심도 있게 검토하여 이에 대한 대책을 마련할 필요성이 있다고 판단된다.

특히, 중국 수출에 크게 의존하고 있는 중견·중소 IT업체들의 경우 중국시장 변화에 신속하게 대응하지 못한다면, 향후 사업추진에 큰 어려움을 겪을 것으로 예상된다. 따라서 중국 수출의존도가 높은 IT기업은 시장다변화를 위해 신흥 시장개척에 많은 노력을 기울여야 할 것이며, 시장개척 지원에 대한 정부의 정책적 배려도 필요하다고 보여진다.

5. 결 론

앞에서 언급한대로 중국시장은 우리나라의 가장 중요한 IT 시장이다. 날로 경쟁이 치열해지고 있는 중국시장에서 우리기업이 향후 생존하기 위해서는 우선 신기술 및 신제품 개발을 통한 대중국 경쟁력을 확보하는 것이 시급하다.

특히, 대중국 수출의존도가 높은 이동통신분야에서는 3G 기술개발에 있어서 중국과의 협력을 통한 시장개척이 중요하다고 할 수 있다. 중국은 2002년 10월 3세대 이동통신 주파수 사용계획을 확정·발표하였으며, 2003년 말경 3G 사업자를 허가한다는 계획 하에 2003년 2월부터 3세대 이동통신장비에 대한 평가를 실시하고 있는 중이다. 이러한 중요한 시기에 보다 적극적으로 중국과 공동 기술개발 등 적극적인 상호협력 활동을 강화해 나가야 할 것이다.

또한 디지털TV, 위성방송기기, 온라인 게임, 컨텐츠 등 다양한 IT품목에 대한 시장 개척을 통해서도 대중국 수출량을 확대해 나아갈 필요성이 있다. 그리고 광저우, 상해 등 동부지역 중심에서 미개척 서부지역 등으로 새로운 수출대상지역을 발굴하는 등 중국 내 수출지역 다변화도 필요하다.

아울러 기술개발 협력 및 현지생산 등 현지투자를 확대하여 가격경쟁력을 확보하고 유통채널을 다양화해 나가는 것도 고려해야 할 것이다.

한편, 정보통신부는 우리 IT기업의 대중국 시장개척활동을 지원하기 위해 i-Park, KT-China 등 현지 법인을 통해 마케팅 지원 활동을 전개해 나가고, 새로운 수출품목 발굴 및 수출지역 다변화 등 다양한 정책을 수립하여 추진해 나갈 것이다.

13. 중국경제의 장래 : 위기인가, 지속성장인가?

오 용 석(吳勇錫)

(경성대 상경대학 교수:yseo@ks.ac.kr)

최근 필자가 가장 많이 받는 질문은 중국경제가 앞으로도 계속 잘 나가겠느냐는 것이다. 이러한 질문의 근저에는 두 가지 의미가 함축되어 있다. 첫째는 중국경제가 개혁·개방 이후 4반세기 가까운 장기적 고도성장으로 세계경제에 미치는 영향이 엄청나게 커져 어느 나라나 기업도 중국을 비켜갈 수 없게 되었다는 점이다. 둘째는 중국경제의 안정적 고도성장 기조가 머지않아 멈출 수 있다는 우려감이다. 사실, 중국경제발전에 관한 낙관적 전망에도 불구하고 최근에 "중국경제 붕괴론" 같은 위기설이 적지 않게 나오는 것도 이를 반영한다.

중국경제의 성장 전망에 관해 중국정부는 10·5계획과 함께 발표한 2001년부터 2010년까지 10년간 연평균 7%의 성장을 목표로 하고 있다. WEFA는 중국의 GDP가 2001~2006년 연평균 7.5% 성장으로 영국과 이탈리아를 추월하여 미국, 일본, 독일, 프랑스 다음으로 5위가 될 것으로 보고 있다. 보다 장기적으로 중국사회과학원과 국가발전계획위원회는 중국 경제 규모가 2010년에 세계 4위, 2020년에는 미국과 일본에 이어 제3위가 될 것으로 전망한다.

이러한 낙관적 전망과 달리 미국 MIT의 더로우(Lester Thurow) 교수와 피츠버그대학의 라우스키(Thomas Rawski) 교수는 중국의 최근 수년간 경제성장률을 분석한 결과 1998년부터 사실상의 성장이 멈추었다는 주장을 내놓았다. 미국 학자들뿐만 아니라 베이징대학의 딩웬주(丁元竹), 칭화대학의 후안깡(胡鞍鋼), 홍콩 중원대학의 왕샤오꽝(王紹光) 등도 경고의 메시지를 내놓았다. 이들은 중국의 지니(Gini)계수가 위험 수준인 0.4를 넘어 0.5에 달할 만큼 소득불평등이 심화되어 경제성장 속도가 느려지고 외부충격이 가해지면 천안문(天安門)사건이나 인도네시아 폭동 같은 사태가 발생할 가능성이 있다고 주장한다.

그동안 중국경제의 고도성장 이면에 적지 않은 문제점들이 누적되어 왔다. 대규모 농촌 잉여노동력의 도시 이동과 국유기업의 정리해고로 도시실업자가 급증하였다. 지역간(도시와 농촌, 연해지역과 내륙지역) 소득격차와 함께 사회계층간의 빈부격차도 갈수록 커지고 있다. 국유기업의 누적된 적자는 국유은행의 부실로 이어지고 WTO 가입으로 3농(농업, 농촌, 농민) 문제는 중앙과 지방 정부의 큰 부담이 되고 있다.

브루킹스(Brookings) 연구소는 2002년 6월에 중국 은행들의 무수익(無收益) 여신 규모를 총 여신의 50%로 추정하고 이를 개선하지 못하면 중국의 은행시스템은 7~8년 후에 붕괴할 것이라고 경고하였다. Standard & Poors는 중국의 은행 부실채권 해소와 금융시스템 정비에 6천억 달러의 투입이 필요하다고 본다. 이 금액은 중국의 2002년 GDP의 약 절반이나 되는 엄청난 규모이다. 최근 중국경제 붕괴론이나 위기설이 제기되는 것은 바로 중국경제에 내재된 이러한 모순과 문제점들 때문이다.

그렇다면 중국경제는 과연 붕괴에 직면할 만큼 위기를 맞고 있는 것인가? 결론부터 말하면 그렇지 않다. 지금까지 중국경제의 경제실적 지표에서 붕괴위기 징후는 전혀 보이지 않는다. 2002년 3/4분기까지 경제성장률은 전년 동기 대비 7.9%를 기록하였다. 성장률을 분기별로 보면 1/4분기 7.6%, 2/4분기 8.0%, 3/4분기 8.1%로 상승추세로 2002년 성장 목표(7.8%)의 초과는 확실하다.

현재 세계에서 7% 이상의 경제성장 실적을 보이는 나라는 중국이 유일하다. 중국을 제외한 동아시아 경제는 수출주도에 의한 경기회복을 기대하였다. 그러나 최대 수출시장인 미국의 경제성장 둔화와 달러 약세로 인해 수출비중이 높은 동아시아 경제의 회복은 지연되고 있다. 유럽경제도 2002년에 유로 존(Euro Zone)의 성장률이 정체하는 등 미국경제의 영향을 벗어나지 못하는 상태이다. 이러한 세계적 추세와 달리 중국경제는 오히려 미국 달러 약세의 수혜로 호황을 누리고 있다.

2002년 중국의 수출증가율은 최근 2년이래 가장 높은 수준이다. 중국 수출품의 저가(低價) 경쟁력이 세계 어느 나라보다 강하다는 것은 최근의 수출증가율에서 극명하게 나타나고 있다. 2001년 세계의 상품수출이 2000년보다 4.5% 감소하고

아시아 수출은 9%나 크게 감소하였지만 중국의 수출은 6.8% 증가한 바 있다.

FDI 계약규모도 크게 증가하고 있다. 2002년 FDI 실행액은 예년보다 약 100억 달러 정도 커질 전망이다. 이는 경제성장률이 예년보다 1% 안팎 더 높아지는 것을 뜻한다. 중국의 외환보유액 역시 매우 빠르게 증가하고 있다. 아시아 금융위기 이후 매년 평균 약 181억 달러가 증가하였고, 2002년에는 9월 말 보유액이 연초보다 464억 달러나 증가한 2,586억 달러에 달하였다.

중국의 대외채무구조를 보더라도 불건전성은 보이지 않는다. 중국 총외채의 대(對) GDP 비중은 15%이고 단기외채 비중은 겨우 1.5%에 불과하다. 금융위기를 겪은 한국과 태국의 단기외채의 GDP 비중이 30~40%이었음을 고려하면 중국의 단기외채는 거의 없는 상태이다.

문제는 은행의 부실채권이다. 중국 국유 상업은행들의 높은 부실채권 비율은 은행의 책임이 아니라 대부분 정부 정책의 결과이다. 따라서 그 최종적 책임은 정부에 있다. 현재 중국정부의 순채무는 GDP의 16%로 개도국 중 매우 낮고 장기외채를 포함해도 그 비중은 70% 안팎이다. 이러한 중국의 국가재정은 국제기준에서도 건전하다. 향후 불량채권의 규모를 현 상태로 유지하고 연 7.5% 이상의 경제성장을 유지해 나가면 약 7년 후에 부실채권의 비중은 절반으로 낮출 수 있다는 계산이 가능하다.

그 다음은 실업문제이다. 실업자의 증가로 인한 대대적인 사회폭동 가능성은 하나의 우려로 보아도 좋을 듯하다. 최근에 중국 정부는 실업문제 해결을 최우선 정책과제로 삼고 고용안정과 사회보장정책을 적극적으로 추진하고 있다. 서비스산업분야의 육성정책으로 신규 노동력 수요가 늘고 국유기업 정리해고자들의 재취업 기회도 확대되고 있다. 더욱이 앞으로 10년 동안 7% 안팎의 경제성장이 예상되고 노동집약적 산업의 가격경쟁력 유지도 무리가 없다는 점에서 고용기회의 계속적 확대도 가능하다. 서부대개발로 도시 실업자들과 농촌 유휴노동력이 신개발지역으로 이주하게 되고 농촌의 개혁과 도시화로 새로운 일자리가 늘어날 전망이다.

　중국경제의 거시적 지표와 전망에 입각하면 지금의 문제가 위기국면으로 이어질 가능성은 크지 않다. 설령 중국에 위기 징후가 나타난다고 하더라도 세계적으로 그에 대한 처방은 빠르게 이루어질 것이다. 위기 도래의 시기로 예상되는 2008년에는 베이징 올림픽이 있고 2010년에는 상하이 세계박람회가 열린다. 미국, 일본을 비롯한 서방국가들은 중국경제의 급부상을 경계하면서도 위기국면이 도래하는 것을 그대로 두고만 보지 않을 것이다.

　더욱이 중국의 위기는 중국만의 위기로 그치지 않는다는 점을 전 세계는 너무나 잘 알고 있다. 세계에서 중국에 투자하지 않은 기업이 없다고 한 만큼 중국은 이제 "세계의 공장"이 되었다. 주요 국가들의 상품을 가장 많이 수입하는 나라는 중국이다. 중국이 "세계의 시장"으로 바뀔 날도 머지 않아 보인다. 일본은 벌써부터 그에 대한 준비를 하고 있다. 중국 역시 경제의 구조조정을 세계적 차원에서 모색하고 있다. 중국경제의 구조조정이 세계경제의 구조조정과 결합되지 않고서는 경제

글로벌화의 이익을 충분히 향유할 수 없게 된 때문이다.

그러면 중국경제의 고도성장은 지속될 것인가? 중국이 세계경제에서 전례 없는 고도성장을 지속하고 있는 점 때문에 장기적 전망은 다소 낙관론에 치우친 감이 없지 않다. 그러나 중국이 가지고 있는 경제발전의 잠재력을 고려하면 성장 지속가능성을 배제하기는 어렵다.

중국은 "땅도 크고 사람도 많고 물자도 풍부한 나라"(地大人多物博之國)로 불려왔다. 중국의 국토면적에 비해 비록 농경지는 매우 좁고 농업생산성도 낮지만 세계에서 가장 많은 쌀, 밀, 감자 등이 생산되고 옥수수 생산량도 미국에 이어 세계 2위를 차지한다. 중국은 풍부한 천연자원의 보유국이며 주요 생산국이다. 세계 최대의 인구를 바탕으로 가장 풍부한 노동력을 보유한 나라이기도 하다.

중국은 값싼 노동력만 풍부한 것은 아니다. 국유기업에 종사하는 전문과학기술인력만도 2천만 명을 넘는다. 최근 미국 대학 유학생들의 가장 많은 국적은 중국이고, 미국 대학의 외국인 이공계 박사학위 취득자의 약 30%는 중국인이다. 국내 대학들은 "쉬에빤"(學辦), 즉 자체 창업에 의하여 경쟁력을 만들어나가고 있다.

중국은 선진국들로부터 많은 기술을 도입하고 또 배우고 있지만 기초과학분야와 우주항공분야를 비롯한 여러 과학기술분야에서 선진국에 못지 않은 기술을 보유하고 있다. 로케트·인공위성, 태양열 실험기술, 원자력 발전, 전자가속기, 방사선 기술, 동위체·인슐린 관련 기술 등은 세계 선진수준이다. 앞으로의 경제발전은 과학기술에 의하여 결정될 것이라는 점에서 중국경제의 성장잠재력은 매우 크다고 하겠다.

중국은 경제발전의 초기조건을 장기화할 수 있다. 초기조건은 단순히 개발초기 시점의 여건을 가리키는 좁은 의미가 아니라 과거로부터 계승되어 온 역사적 유산을 포함한다. 중국은 문화·전통, 경제실적, 경제정책 및 경제체제를 초기조건으로 하여 새로운 문화·전통과 경제정책 및 경제체제를 발전시켜 나아가는 과정을 거치고 있다. 지역간 소득불균형의 문제점은 있지만 선진지역과 후진지역의 수직적 분업구조 형성과 함께 후진지역의 초기조건에 의한 후발성(後發性)의 이익도 존재한다. 중국의 안정기조가 유지되고 초기조건이 소진되지 않는 한, 동부연해지역에서 시작된 고도성장의 잠재력은 오랫동안 유지될 것이다.

중국 경제발전의 또 다른 잠재력은 동남아시아를 비롯한 세계 각지 화상(華商)의 자본력이다. 화상자본의 규모에 관한 정확한 통계는 없다. 그렇지만 홍콩 「아주주간(亞洲週刊)」과 영국 「*Economist*」지의 조사결과에 의하면, 전 세계 화상자본은 유동자본과 주식자본을 합쳐 무려 3조5천억 달러에 이른다. 이것은 2000년 일본 GDP의 약 3/4과 같은 규모이다. 이러한 막강한 화상자본력은 과거에 그러했듯이 앞으로도 중국 경제발전의 원동력이 될 것이다.

지금까지의 대내외 경제의 실적과 성장잠재력으로 보건대 앞으로 10~20년 간 평균 6~7% 정도의 경제성장은 가능할 것으로 전망된다. 이러한 경제성장의 유지는 중국이 미국, EU

와 함께 명실상부한 세계 3대 강국이 되는 것을 뜻한다. 중국 경제의 발전은 동아시아 경제의 결속을 가속화시키는 힘이기도 하다.

14. 인민폐(RMB) 환율에 대한 중국의 입장

오 진 용(吳鎭龍)
(포스코경영연구소 연구자문위원)

1. 문제의 배경

RMB 절상 요구의 배경을 보면, 달러화 '약세'에 편승해서 RMB 환율이 상대적으로 절하됐기 때문에 가격경쟁력이 한층 높아져 무역수지 흑자가 크게 늘어나고 있는 반면, 미국의 대중(對中) 수출은 크게 늘어나지 않고 있고, 유럽 또한 수출감소로 인해 경기침체가 지속되는 등 중국의 '저평가'된 환율이 세계 경기회복의 주요 저해요인이라는 주장도 제기되고 있다.

미국에서는 달러의 약세로 야기된 중국의 환율문제가 미국의 수출경쟁력과 재정적자에 그대로 투영된다고 보고 있다. 미의회의 가장 활발한 로비스트 단체인 '건전한 달러 지키기 연합'(Coalition for a Sound Dollar)은 아시아 국가들이 수출경쟁력을 유지하기 위해서 환율조작에 개입하고 있다고 비난하고, 미 정부가 강력히 대응할 것을 요구하고 있다. 이들의 주장은 미국의 무역적자 가운데 37-42%가 중, 일, 대만, 한국에서 발생하는데, 이들 국가들의 상품이 높은 가격경쟁력을 유지하고 있는 것은 환율조작 때문이라는 것이다.

RMB 환율논쟁을 이해하려면 1990년 이후 제조업의 globalization이 미친 영향을 주목할 필요가 있다. 제조업이 국경을 넘어 전 지구적 차원으로 확산되면서 투자와 은행대출 자금이 과거와는 다르게 역류(逆流)하고 있음을 발견하게 된다. 개발도상국을 위해 지원돼야 할 자본들이 선진국, 특히 미국으로 몰리는 현상이 나타나기 시작한 것이다. 역설적으로, 개발도상국 자본이 선진국인 미국의 잉여자본으로 제공되고 이를 배경으로 미국은 자국의 경제능력보다도 과도한 규모의 상품을 수입하게 되었다. 이런 추세에 편승해서 중국 저가상품의 대미 수출이 크게 증가하게 됐는데, 이제는 이런 패턴이 세계경제의 한 '유형(類型)'으로 고착되는 양상으로 발전하고 있다.

한편, RMB 절상(切上) 문제가 대두되기 시작한 '시점'을 주목할 필요가 있다. 중국의 개방정책이 '성숙단계'로 진입한 시점, 즉 중국경제가 성공적으로 '연착륙'하면서, 중국의 대미(對美) 수출이 매년 큰 폭으로 늘어나고 경제의 고속성장이 탄력을 받기 시작한 '시기'라는 점이다. 2000년 이후, 중국의 수출과 외국인 투자가 큰 폭으로 늘어나면서 경제적 입장은 완전히 달라졌다. 대미(對美) 무역흑자와 자본수지 흑자가 지속적으로 증가하고 또 이 '쌍둥이 흑자'가 매년 크게 확대되는 상황에서 RMB가 실질적으로 '저평가'돼 있다는 지적을 받기 시작한 것이다.

일반적으로 빠른 성장을 거듭하는 개발도상국의 환율은 실질가치를 반영하지 못하는 경우가 많다. 중국의 경우도 비슷하다. 매년 10%에 가까운 고도성장을 거듭하고 있는 중국경제가 RMB를 달러에 연동시켜 놓고 거의 '고정환율(固定換率) 수준'을 유지하는 것이 정상적인 '가치'를 반영한다고는 보기 어렵다.

특히 달러가치의 하락 추세가 계속되는 상황에서 중국은 RMB 환율을 보다 안정적으로 유지하지 않을 수 없게 됐고, 이를 위해서는 더 많은 달러(하루에 6억 달러 내지 30억 달러)와 미 재정채권을 구입할 수밖에 없게 됐다. 또 중국의 대미(對美) 채권 구입이 크게 늘어날수록 미국은 더 많은 상품을 수입하기 때문에, 시간이 갈수록 중국의 대미 흑자는 크게 늘어난 반면, 미국의 부채는 눈덩이처럼 증가하게 되었다. 지금 중국은 일본 다음으로 많은 미 재정부 채권을 구입(2,900억 달러)하고 있다.(*The Nation*, 2003. 9. 22).

미-중 경제는 이처럼 깊이 맞물려 있으며, 환율문제는 단지 표출되는 그 일부 현상에 불과하다. 이런 관계는 미-중에 모두 유리한 측면도 있다. 중국은 미 채권을 대량 매입함으로서 RMB환율을 안정적으로 유지할 수 있고, 또 그렇게 함으로서 중국은 경제의 지속적인 고도성장을 달성할 수 있다. 동시에 중국은 간접적으로 미 FRB가 1%대의 저금리 정책을 유지하는 것을 돕고 있고, 또 인플레이션 가능성을 낮추는 데도 크게 협조하고 있는 셈이다.

일부에서는 중국이 이처럼 '디플레이션을 수출'함으로서 미국은 45년이래 초(超)저금리를 유지하는 상황에서도 일정 수준의 경제성장이 가능했다(Jobless Recovery)고 보고 있다. 그러나 이런 중국의 '디플레이션 수출론'은 근거가 희박하고, 중국도 이에 대응치 않고 있다.

그러나 문제는 이런 식의 경제성장이 "미국의 수출을 획기적으로 신장시키거나, 현재와 같은 고실업(高失業) 상황을 해결해 주지는 못하고 있다"는 것이 사실이며, 부시 정부 등장이후에 이미 270만 개의 일자리가 사라졌다는 점을 지적하기도 한다 (*Asian Times*, 2003.9.19). 최근 3년 동안 미국의 고실업과 제조업의 부진이 계속되면서 스노우(John Snow)를 비롯한 정부 관료들과 제조업자들이 차츰 중국의 '환율'을 문제삼기 시작했는데, 그들의 주장에는 이런 다양한 '요인'들이 자리잡고 있다.

2. RMB 절상의 논쟁

"인민폐(RMB)가 얼마나 '저평가' 되어 있느냐"에 대한 시각은 각기 큰 차이가 있다. 삭스((Goldman Sachs)는 달러에 고정되어 있는 RMB 가치를 교역상대국 가중치를 적용한 명목실효환율(nominal effective exchange rate) 기준으로 볼 때, 2002년 2월 이후 최근까지 8% 정도 절하되어 왔다고 본다(GS, 'what does a weak dollar mean for Asia?', 2003. 6. 4).스위스은행의 앤더슨(Jonathan Anderson)은 20%나 절하되어 있기 때문에 절상될 경우 중국의 수출에 큰 타격이 될 것으로 본다(「經濟日報」(臺灣),2003.7.21). IIR의 윌리암슨(John Williamson)은, RMB는 달러에 대해 20-25%, Won은 10-15% 저평가되어 있다고 주장한다. 구매력평가 기준으로 볼 때 50%

이상 저평가되어 있으며, 1달러 당 3위엔(元)이 적당하다는 주장도 있다. 그러나 대규모 국제유동자본이 떠도는 상황에서 구매력평가는 근본적으로 일국의 화폐 '가치'를 결정할 수 있는 증명된 이론이 아니기 때문에 중국은 이를 무시한다(「亞洲週刊」, 2003.8.3).

중국도 '저평가 되었다'는 점은 인정하고 있고, 전문기관마다 약간 다르기는 하지만 대체로 저평가 '수준'이 10-15%정도라고 보고 있다. 또 구체적으로 RMB는 달러, Euro, Yen, Won에 대해 각각 5.1%, 17.9%, 17%, 58.1%나 저평가 돼 있다고 지적하는 경우도 있다.(「世界知識」, 2003.14, p.44)

그러나 중국은 중-미 무역의 쟁점을 RMB환율과 연계해서 보지는 않는다. 미-중 양국은 무역통계에서부터 큰 오차를 드러낸다. 기 상무부는 2002년 중국으로부터 1,134억 달러를 수입했는데, 대중(對中) 수출은 221억 달러였으므로 미측의 무역적자는 913억 달러라고 본다. 그러나 중국은 같은 해 대미(對美) 수출이 700억 달러, 수입이 272억 달러이므로 대미(對美) 흑자는 428억 달러라고 주장한다. 우선 양국 교역통계상의 오차가 485억 달러나 된다. 중국의 가장 큰 문제는 대외무역의 지역적 '불균형' 문제다. 2003년 7월까지 중국은 대미(對美) 무역에서 287억 달러, 대(對) EU무역에서 80억 달러의 흑자를 기록했으나, 대만과는 211억 달러, 한국과는 121억 달러, 일본과는 85억 달러, 아세안과는 80억 달러의 적자를 기록하고 있다.

중국은 결국 미국과 EU에서 얻은 대규모 무역흑자를 대만, 한국, 일본, 아세안과의 무역적자와 서로 '상쇄'하고 있는 것이다. 따라서, Paul Krugman 같은 사람은 중국이 미국에서 얻은 '장부상의 흑자'가 곧 RMB 절상요인이라고 보는 것은 잘못이며, 부시는 RMB 절상을 통해서 무역적자를 줄여보려고 하지만, 중국은 이런 이유 때문에 결코 부시의 요구를 받아들이지 않을 것을 것이라고 지적하고 있다.(*NYT*, 'opinion', 2003. 9. 5)

국제금융시장을 떠돌아다니는 hot-money의 대규모 유입도 절상압력의 한 요인이 되고 있다. RMB 절상압력이 차츰 강화되는 시점인 2003년 상반기 동안 중국의 외환보유고는 600억 달러나 급증해서 3,465억 달러가 됐다. 증가부분 가운데 직접투자는 260억 달러에 불과했고, 또 상품교역의 흑자부분은 수입이 급증하면서 크게 축소돼서 69억 달러에 불과했다. 서비스 교역수지는 적자를 나타냈기 때문에, 전체적으로 200-300억 달러는 일반적인 외환 흐름으로는 해석할 수 없는 돈이 유입된 셈인데, 이것은 RMB 절상을 '기대'하고 유입된 hot money라고 판단된다.

중국은 자본의 해외유출을 엄격히 통제하고 있다. 그러나 상대적으로 유입된 자금에 대해서는 강력히 추적하지 않고 있다. 중국 대도시의 부동산 '거품' 현상과 hot money가 깊은 연관이 있음이 드러나고 있다. 2002년 샹하이(上海)의 부동산 거래 규모가 약 100억 달러에 달했는데, 빌딩과 호화주택 구매자의 대부분은 대만의 투자자들이다. 부동산 투자는 단기 가격상승을 기대하고 움직이는 투기자본이라고 할 수 있는데, 이것이 중국의 실제 자본수지 '동태'를 반영하는 것은 아니다. 그러나 이런 투기자본의 다량 유입으로 중국의 외환보유고가 높아지고, 그 결과 외부에서는 이를 환율절상의 한 요인으로 인식하게 하는 것이다.

상술한 논리의 요점은, 중국의 대미(對美)- 대(對) EU 무역에서 발생하는 무역흑자나, 단기적으로 유입되는 투기자금으로 인해 높아진 외환보유고가 중국경제의 실상을 반영하는 것은 아니라는 점이다.

또 중국의 경제규모가 커지는 것은 눈여겨보면서 그 취약성은 소홀히 보는 경우가 많다. 중국의 경제성장은 주로 외자기업의 투자와 수출이 견인차가 되고 있다. 다른 부분은 매우 취약한 상태에 있다. 예를 들면, 중국의 GDP성장과 공업생산 간의 괴리가 크다는 점, 소비와 투자증가의 괴리가 크다는 점, 농촌소비는 단지 0.3%밖에 늘어나지 않고 있다는 사실, 몇 개 독점 기업의 이윤만이 큰 폭으로 상승하고 있다는 사실과 같은 경제적 '불균형의 심각성'은 주목하지 않고 있다. 중국경제의 현실과 외부로 드러난 외형과의 '괴리(乖離)'가 매우 큰 것처럼 'RMB 환율가치'에 대한 중국과 미, EU, 일본의 인식과 평가의 차이도 클 수밖에 없다.

물론 미, 일 쪽에서 제기하는 RMB 절상 요구에는 타당성이 있다. 이 점을 중국도 부정하지 않는다. 달러에 연동된 RMB 환율이 '저평가'되어 있다는 사실을 중국도 인정하고 있다. 그러나 이제까지 논의의 내용을 분석할 때, 중국경제를 평가함에 있어서 의도적으로 '과장'된 부분도 있고, 또 중국을 '압박'하기 위한 전략적 수단으로 이용되는 경우도 있는 것 같다. 그런 점은 적극적으로 'RMB 절상을 반대하는 주장'에서 잘 나타나고 있다.

  미국 경제학자들 중에는 'RMB 절상'에 반대하는 주장을 펴는 사람들이 적지 않다. 크루그만(Paul Krugman), 스티글리츠(Joseph Stiglitz)는 미국경제가 겪는 수출부진과 고실업(高失業) 현상은 늘어나고 있는 중국의 대미(對美) 흑자 때문이 아니라, 미국 자체의 경쟁력과 경기 진작 여부에 달려있는 문제라고 본다. 중국의 RMB 환율의 '저평가' 여부와는 근본적으로 연관이 없다는 것이다. 최근에는 이런 주장이 지지를 받고 있다.

  한편, "RMB를 절상해야 한다면 구체적으로 어떤 수준까지 올려야 하느냐"에 대해서 의문을 갖는 견해도 있다. IMF의 스기사키 시게미츠(杉崎重光)는 "생산성의 향상과, 무역자유화, 자본자유화가 절상의 압력 요인"이라고 볼 수 있으나, 종합적으로 볼 때 "RMB가 저평가 됐다는 사실을 이론적으로 증명하기는 어렵다"고 주장한다(UDNeMoney, udn.com/*NEWS*, 2003. 10.13) .

  IMF의 로고프(Kenneth Rogoff)는 "RMB가 절상될 경우, 다른 아시아 국가들에게 연쇄적인 절상의 위험을 전가할 가능성이 있다"면서 오히려 달러화의 절하 추세가 비정상적이라는 주장을 내놨다(「中央社」, 2003.7.23). 많은 전문가들도 'RMB 절상이 다른 아시아 국가들에게 연쇄적으로 환율절상의 압력을 미치게 될 것'이라는 주장을 인정하고 있다.

  스탠포드대학의 맥키넌(Ronald McKinnon) 교수는 "미국의 RMB에 대한 압력은 잘못된 것이며, 절상될 경우 일본처럼 물가가 하락하는 가운데 경기가 침체하는 디플레이션에 빠질 우려가 있다"고 보았다(Don't Revalue the Yuan, *AWSJ A9*, 2003.6.27).

칭화(淸華)대학의 후(Fred Hu) 교수는 '양비론(兩非論)'을 주장한다. RMB 절상-절하 논의에 모두 잘못이 있다는 것이다. 대미(對美) 수출이 늘어나는 것은 중국의 값싼 노동력과 외자의 유입에 의한 것인데 미국정부 쪽에서 'RMB 저평가'를 원인으로 보는 것은 잘못이라는 것이다. 또 2003년 1/4분기 중 중국경제는 GDP성장률 9.9%, M2증가율 19%, 산업생산증가율 17.2%의 고성장을 보이고 있어, 일본의 경우와는 다른데도 중국이 디플레이션에 빠질 우려가 있다는 이유를 내세워 '절상'을 반대하는 것도 설득력이 없다는 것이다. 후(Fred Hu)는 금융의 안정성 확보를 위한 구조개혁, WTO체제 하에서 중국의 역할, 신뢰성 확보와 같은 다양한 목적을 위한 환율메커니즘은 '변동환율'제도라고 주장한다. 환율이 시장의 힘에 의해서 결정되는 것이 핵심요소라는 것이다(FT, 2003.5.28). 그러나 후(Fred Hu)도 "지금이 변동환율제도를 실시할 수 있는 시점인가"와, "변동환율제도는 언제 실시되는 것이 옳은가"에 대해서는 언급이 없다.

'최적화폐론(最適貨幣論)'의 권위자인 먼델(Robert Mundell)은 보다 적극적인 주장을 내놨다. 그는 'RMB 파동이 동아시아 국가의 화폐에는 어떤 영향을 미칠 것인가'라는 주제의 강연에서, RMB의 절상이 중국경제에는 '백해무익(百害無益)'이라면서, 1985년 당시 G5 국가의 'Plaza Agreement'는 일본경제를 25년 이상 '혼란'에 빠트린 원인이라는 점을 강조하고, "갑작스런 자산의 팽창으로 조성된 '거품'이 일본경제를 파산지경으로 몰락시켰고 이제 겨우 통화긴축 시기에 진입했으나, 여전히 본격적인 경제회복의 계기는 만들지 못하고 있다"고 경고했다.

먼델(Mundell)은 RMB 절상이 중국에 '백해무익'인 이유를 셋으로 정리했다. ①RMB절상은 은행의 부실채권 비율을 대폭 높여놓을 것이며, 이는 장래 국가경제발전과 금융질서 개편에 큰 장애가 될 것이다. ②중국경제의 통화긴축 추세를 악화시키고 가속화하는 원인이 될 것이다. ③중국내 외국자본의 급속한 이탈을 촉진시켜, '연평균 8-9%의 성장이 무난하던 경제를 성장률 5%수준으로 대폭 끌어내리게 될 것'이라고 평가했다(*聯合報*, 2003.9.20).

결론적으로, 중국경제가 고도성장을 지속하고 있고, 또 RMB가 달러에 연동돼 있는 상태에서 '달러화 약세 상황이 장기화'한다면, RMB 또한 '저평가' 혐의를 피하기는 어렵지만, 그렇다고 서둘러 절상할 필요도 없다는 것이다. 특히 일시적인 환율조정은 피해야 하며, 이상적인 '변동환율제도'를 채택하는 방향으로 환율시스템을 부단히 개혁해 나가지 않을 수 없는 것이다.

3. 중국의 대응

중국은 미-일의 'RMB 절상' 압력을 '전략적인 주장'으로 인식한다. 장기적인 고도성장기에 진입한 중국경제를 '흔들어 보겠다'는 의도로 이해한다. 중국은 이미 이 문제를 최고 우선순위의 '국가적 과제'로 보고 있다. 내면적으로 결코 '양보'할 수 없는 문제로 의견을 집약해 나가고 있다. 따라서, 단기적으로 중국이 RMB 환율을 대폭 절상하거나, 환율시스템을 획기적으로 개혁하거나 '유동의 폭'을 크게 확대할 가능성은 거의 없다. 그 이유를 들어보면 다음과 같다.

첫째, 중국은 RMB 절상이 수출에 막대한 영향을 미칠 것으로 보고 있다. 중국의 경제성장에서 '수출의 지속적인 신장(伸張)'이 가장 중요한 요인이기 때문에, 수출의 '기반'에 영향을 주는 어떤 조치도 중국은 거부할 것이다.

둘째, 중국경제에서 외자(外資)의 지속적인 유입은 경제발전의 절대 '조건'으로 인식되고 있다. RMB 절상은 외자유치의 장애물이며, 절상의 폭에 따라서는 많은 외자들이 빠져나갈 가능성이 크다.

셋째, 일본, 홍콩처럼 중국경제에도 디플레이션의 위험이 도사리고 있다. RMB 약세기조는 수출을 증진할 뿐만 아니라 수입가격도 높여서 디플레이션에 대처할 수 있게 하고 또 이를 완화시키는 작용을 한다. 이런 이유로 중국은 지금 현 '환율을 그대로 유지하고, 현재의 시스템을 방어'하는 것이 절대적으로 유리하다고 평가한다.

이 외에도 현시점에서 중국이 환율시스템을 근본적으로 개혁하기 어려운 또 다른 요인이 있다. 중국은 자본유동을 매우 중시하는데, 환율은 자본을 통제하는 중요한 수단이 되고 있다. 자본유동을 쉽게 통제할 수 없게 되면, 체제유지가 어렵게 된다. 중국은 이미 거시경제적으로 경제를 통제할 수 있는 많은 수단을 개방했다. 중국이 장악하고 있는 강력한 수단은 이제 '통화'정책뿐이다. 환율의 유동의 폭이 커지고 변화가 빨라지면 통계가 제대로 잡히지 않고 통계의 오보(誤報)와 오판(誤判)이 일상적으로 발생할 가능성이 크고, 또 그만큼 '혼란'을 수습하기 어렵게 된다. 또 다른 이유는 정치적인 것이다. 민주사회에서는 안정적인 시장이 환율 '유동(流動)'의 파동과 충격을 그대로 흡수할 능력이 있지만, 중국의 체제는 아직도 군대와 관료에 의해서 지배되고 있다. 중국이 환율에 대해 자신을 가지려면 시장경제체제가 장기간에 걸쳐 '성숙' 단계로 진입해야 하는 과정이 필요한 것이다. 중국은 이 점을 잘 인식하고 있다. 그런 점에서, 중국은 미-일의 요구를 그대로 수용할 수 없다.

중국은 논리적으로도 무역 문제에 있어서 미-일과는 다른 시각을 갖고 있다. 중국은 수출과 'RMB 절상' 문제는 상관성이 낮다고 본다. 이런 중국의 입장은 "미-중 무역총액이 미국 GDP의 1%에 불과"하기 때문에 미국경제에 미치는 영향이 미미하다는 이조성(李肇星)의 주장과, 중국의 수출규모가 "세계수출에서 차지하는 비중이 5%에 불과하다"는 원쟈바오(溫家寶)의 주장에서 잘 나타나고 있다.

그러나 중국이 대미(對美)무역에서 '흑자의 폭'이 크기 때문에, 정책적으로 어느 정도 '균형'을 추구할 필요는 있다고 보고 있다. 따라서, 대미(對美) 수입 증가속도를 대미(對美) 수출 증가율 9%보다 높게 계획함으로서 앞으로 2-3년 사이에 중-미 교역이 어느 정도 '균형'을 찾도록 노력한다는 것이다. 중국은 또 미국과의 '무역전쟁'을 종식시키기 위해 20억 달러에 해당하는 보잉 737 여객기 30대 구매를 비롯해서 총 규모 67억 달러의 비행기 엔진, 자동차 부품을 미국에서 직접 구매하기도 했고, 또 2차 구매사절을 미국에 보내 대두를 비롯한 농산물을 구매할 예정이다.

중국은 우선 단기적으로는 달러에 연동돼 있는 RMB 환율의 '유동의 폭'을 약간 확대할 계획은 갖고 있다. 미-일의 요구에 어느 정도 성의를 보인다는 의미에서다. 그러나 중국이 WTO체제에 적응하려면 결국 환율결정시스템을 전면 개혁할 수밖에 없는데, 그렇게 하기에는 현재의 금융시스템이 아직 '유년기'에 있기 때문에, 중국의 지도자들은 과도기적으로 '복수통화바스켓' 제도의 도입 '구상(構想)'을 내비치기도 한다. 복수통화바스켓이란 2개국 이상의 주요 교역 대상국 통화로 구성된 통화바스켓에 RMB를 연동시켜 환율이 결정되도록 하는 제도이다. 물론 단일통화에 연동시키는 환율제도에 비해서 환율 결정의 유연성이 커지게 된다. 중국이 점진적으로 '변동환율제도'를 지향해 나가는 '과도기'의 고려사항이라는 것이다. 그러나 이것도 단기적으로 몇 년 안에 실시될 가능성은 그리 높지 않다.

인민은행장 저우샤오촨(周小川)은 중국이 '변동환율'제도를 향해 매진해 나가겠지만, 이 제도를 도입하려면 우선 몇 가지 조건이 충족돼야 한다고 주장한다. 그 조건이란 "무역업의 개방이 완전하게 이루어져서 서비스무역까지도 개방돼야 한다. '자본거래항목에 대한 제한'이 완전히 해소돼야 한다. 또 '국유상업은행에 대한 개혁 프로그램'이 완성돼서 은행의 자율성이 궤도에 올라가야 한다"는 것이다. 저우(周)의 이런 주장은 자본자유화의 '장정(長征)'을 의미하는 것이다. 다시 말하면 '가시적인 장래'에는 변동환율제도의 실행이 어렵다는 점을 강조한 것이다.

중국은 'RMB 절상' 압력을 가중시키는 문제는 '자본거래

항목의 흑자'에 있다고 보고, 중국에 유입된 '자본의 성격'을 다음과 같은 네 가지 유형으로 구분하고 있다. ①구조적인 개혁을 통해서 조성된 건설적인 양성 자본. ②선진국 불경기로 인해 보다 높은 투자수익을 찾아 유입된 hot money. ③RMB 절상 이후 국제금리보다 높은 수익을 기대하는 단기성 투기자금. ④금융개혁이 상대적으로 정체되면서 국내 기업들이 서둘러 도입한 외자(外資). 예들 들면, 비(非)국유기업들이 금융시스템의 개편이 늦어져 국내 은행으로부터 신용대출이나 자금융자를 받기가 어려워지자 부득이 기업운영 자금을 외국에서 도입하기 시작했다.

중국은 RMB 절상압력을 완화하기 위해, 투기목적으로 유입된 hot money와 비국유기업에 과도하게 유입된 외자에 대한 관리를 강화하고 있다. 또 외환시장 관리차원에서 'RMB 절상을 기대하고 유입된 단기성 투기자금'을 정리하기 위해 "RMB 절상은 없다"는 결연한 입장을 선언했다. 또 중국은 정책적으로 지나친 무역흑자 기조를 축소하기 위해 수출지원을 줄이는 대신 국내투자를 강화하고 적극적으로 내부소비를 촉진하는 조치를 취하고 있다.

특히 앞으로 몇 년 동안 건전한 외자, 특히 증권투자자본과 조건이 유리한 해외차입을 확대하기 위한 '공간'을 확보하는 정책을 펴고 있다. 예를 들면, 작년 11월부터 QFII(Qualified Foreign Institutional Investor)제도를 실시하고 있는데, 이것은 일종의 제한적인 증권투자의 형식을 말한다. 이는 중국 증권감독기관으로부터 인가를 받은 기관투자자라는 뜻인데, 감독기관의 감독 하에 특별히 설치된 자본 '장부'를 개설하고 직접 중국증권시장에서 증권을 매매할 수 있게 한 것이다.

중국은 선별적으로 자본유출 자유화를 추진하고 있다. 이것은 큰 진전이다. 중국은 조건이 성숙되면 신속하게 QDII(Qualified Domestic Institutional Investment) 제도를 실시할 예정이다. 이 역시 제한된 증권투자 형식인데, 증권감독기관의 인가를 받은 국내 기관투자자를 말한다. 증권감독기관의 감독 하에 자본 '장부'를 설치하고 외국증권시장의 증권을 매매할 수 있도록 한 제도다. 중국이 거시경제적으로 계속 안정이 유지되고 또 높은 이윤을 획득할 수 있는 '유인요인(誘引要因)'이 있다면, 이 창구를 통해서 해외증권투자를 할 수 있고, 이렇게 될 때 정부 또한 자본의 외부유출을 걱정할 필요가 없는 것이다.

중국은 또 국제수지 균형을 위해서 외국인 직접투자기업의 국내 자본시장 상장을 허가했고, 또 국제금융기구의 국내 RMB 채권 발행을 허가했다.

이처럼 중국정부가 국제수지 '균형'을 위한 다양한 조치를 취하고 있는 가운데, 중국 내부로부터 미-일의 'RMB 절상 요구'에 대한 구체적인 대안이 조심스럽게 흘러나오고 있다. 국무원연구실, 인민은행연구실의 최근 연구 결과에 따르면, 앞으로 출국 시에 개인휴대 외환 한도를 8천 달러에서 1만 달러까지 허용하며, 3-4단계로 나눠서 '복수통화 바스켓 제도'를 추진해 나간다는 것이다. 원래는 12년-15년 시간을 두고 변동환율제도를 추진하기로 했으나, 그 과도기의 적당한 '단계'에서 이 제도를 실시한다는 것이다. 또 수출시 부가가치세 환급비율을 더욱 낮추기로 했고, 앞으로 6개월-12개월 내에 지금은 1달러당 8.27에서 8.31위엔으로 움직이고 있는 환율을 1달러당 8.1에서 8.01위엔 수준으로 '절상'한다는 것이다. 소폭이기는 하지만 어느 정도 '외부'의 요구를 수용한다는 태도를 보여주는 것이다.

최소한 앞으로 5년 안에 'RMB 절상' 문제를 놓고 환율시스템을 개혁하는 식의 폭 넓은 조치는 없을 것이다.

(黎自京, '北京對人民幣對策', *爭鳴*, 2003.10.)

15. 중국의 WTO 가입과 외국계 은행의 중국진출

위 성 복

(조흥은행 회장)

1. 장미빛 전망

중국경제의 WTO 가입 2년째를 맞으면서 금융시장개방 확대와 더불어 외국계 금융기관의 중국진출과 기(旣) 진출한 업체들의 시장확대가 급속히 이루어지고 있다. 2002년 말 기준 중국에 진출한 외국계 은행의 총자산은 379.7억 달러, 총부채는 337.97억 달러에 달하며, 외국계 금융기관은 181개에 이르고 있다. 지역적으로는 대부분 상해, 심천, 북경, 광주, 대련 등 연해도시에 분포되어 있고 그 중 55%가 상해에 집중되어 있다.

세계무역기구 가입조건 이행으로 중국은 올해 12월 11일 전에 외국계 은행의 인민폐 영업을 개방하게 된다. 외국계 은행이 중국기업을 상대로 할 수 있는 인민폐 업무는 여수신(與受信)을 포함한 일부 중간업무(인민폐 송수신)를 가리킨다. 인민폐

업무의 완전개방과 더불어 향후 3~5년 내 세제 및 업무영역에서 외국계 은행과 중국계 은행은 동일조건의 경쟁시장이 형성되면서 외국계 은행의 중국 내 영업이 더욱 탄력을 받을 것으로 예상된다. 일부에서는 금융시장이 완전 개방되고 10~15년 이후 외국계 은행의 중국시장 점유율이 현재의 2%에서 30~50%로 급증할 것으로 전망하고 있다.

외국계 은행의 강점은 크게 1)다국적기업과 외국계 기업 및 중국계 우량기업이 주요 고객이고, 2)고객 중심의 경영전략으로 글로벌 스탠다드에 입각한 각종 은행, 보험, 기금관리 등 서비스를 제공하고 있으며, 3)특히 국제결제업무와 외화대출 부문의 우위를 보인다는 점이다. 외국계 은행의 국제결제업무 시장점유율이 이미 30%를 초과하였고, 외화대출 시장도 20%를 초과하고 있는 상황에서 3-5년 내로 이 부문의 시장점유율은 50-60%에 달할 것으로 전망하고 있다.

외국계 은행의 중국진출 형태는 크게 다섯 가지로 요약할 수 있다. ①중국 내 지점(영업점)을 개설하는 형태, ②중국계 은행의 지분을 매입하는 형태, ③중국계 은행과 업무를 합작하는 형태, ④외국계 은행의 독자은행 형태, ⑤중국계 은행과 합자하는 합자은행 형태.

우선, 지점(영업점) 개설 형태는 외국계 대형 은행들이 가장 선호하는 대표적인 형태이고 지금도 꾸준히 증가하는 추세인데, 이는 지점(영업점) 개설이 은행업 발전에 가장 적합하기 때문이다.

다음으로, 중국계 은행에 대한 지분투자는 중국금융업의 대외개방 가속화와 더불어 활발히 전개될 것이며 꾸준한 증가세가 예상된다. 지분참여가 가능한 중국계 은행은 크게 국유상업은행, 일반상업은행, 도시상업은행으로 나누어 볼 수 있다. 중국 4대 국유은행의 경우, 최근 빠르게 상장추진이 이루어지고 있는바, 상장이 현실화될 경우 외국계 은행의 지분투자 가능성이 더욱 높아지게 되며, 그 중 일부 국유상업은행에 대한 구조조정 과정에 부분적인 매각 혹은 M&A를 통한 투자 가능성도 높아지기 때문이다. 일반상업은행에 대한 지분투자는 외국계 은행이 적은 자금소요로 경영면에서 비교적 큰 효과를 얻을 수 있는 부분이기도 하다. 또, 도시상업은행의 경우, 지방정부가 상당부분 지분참여를 하고 있어 외국계 은행이 투자 시 현지 정부와의 유대관계를 돈독히 할 수 있다는 장점도 있다.

이 밖에 외국계 독자은행과 중외합자은행은 아직까지 진입장벽이 높고 실효성 면에서 아직 검증이 되지 않아 외국계은행들이 보수적인 입장을 취하고 있는 형태이기도 하다. 그러나 장기적으로는 외국계 은행들이 신규업무 및 전문성이 강한 업무 추진에 보다 편리할 것으로 예상되는 독자은행이나 합자은행 형태에 대한 선호도가 높아질 것으로 예상된다. 중국계 은행들도 외국계 은행과의 합자에 관심을 꾸준히 보이고 있다.

2. 장미엔 가시가 있다

그러나 2006년 이후 중국이 WTO가입 약속에 따라 은행시장을 전면 개방하더라도 외국계 은행의 중국시장 진출 규모와 자유도(自由度) 등은 다방면에서 중앙은행(즉, 중국인민은행 및 은행감독관리위원회)의 영향과 제약을 받게 될 것이다.

먼저, 현재 인민폐가 태환불능(兌換不能)인 화폐이기 때문에 국내외 금유기관 및 개인이 투자목적이 아닌 다른 용도로 인민폐를 환전할 경우 모든 금융기관에 대해 중국은행이 영향력을 행사하게 될 것이다.

그리고 국내외 은행의 활동은 이자율을 조정하는 과정에서 중국인민은행의 행정간섭을 꾸준히 받게 될 것이며 자주적으로 시장상황과 위험 및 회수 가능성에 따라 가격수준을 결정하기가 힘들 것이다.

또한 외국계 금융기관은 중국의 금융업 분업경영체제 하에서 분업의 원칙과 배분에 따라 경영활동을 조직해야 하는 한계에 직면할 수 있다.

마지막으로, 올해 3월에 새로 개설된 은행감독관리위원회는 중국이 더욱 효과적으로 국내외 금융기관을 관리하기 위해서이나 아직 창립 초기단계로 감독기능을 효과적으로 발휘하는 데까지는 시간이 소요될 것으로 예상된다. 각각의 금융기관들이 보다 자유로운 경영활동을 보장받기 위해서는 은행감독관리위원회의 감독능력이 최대한 효과적으로 실시되어야 할 것이다.

3. 중국계 은행과의 경쟁과 융합

외국계은행의 중국진출은 "3대 전략시장, 6대 업무영역"을 중심으로 이루어질 예상이다. 중국금융시장의 경쟁국면은 크게 외국계 은행과 중국계 은행, 국유상업은행과 일반상업은행, 외국계 은행간의 경쟁 세 가지로 분류된다. 4대 국유산업은행, 일반상업은행, 도시상업은행 모두 외국계 은행과의 경쟁에 직면하고 있으며, 그 중에서도 국내고객을 상대로 종합서비스를 제공하는 외국계 은행과 중국계 은행간의 경쟁이 주를 이루고 있으며, 중국 금융시장의 "수익분할(收益分割)"이라는 공동목표 하에 3대 전략시장, 6대 업무영역에서 치열한 대결을 펼치고 있다.

외국계 은행의 3대 전략시장, 즉 은행카드, 보험업무, 인터넷뱅킹은 지점 설립의 제한을 받지 않는다는 장점 외에, 외국계 은행의 경쟁우위를 최대한 발휘할 수 있는 시장으로 외국계 은행의 각광을 받고 있는데, 이들은 WTO가입 초기부터 3대 전략시장을 집중공략하고 있다. 이 3대 전략시장은 중국 내에서 아직 초기단계로 그 발전이 미미한 수준이며 경쟁력이 낮은 부문이기 때문이다.

중국계 은행과의 경쟁이 예상되는 6대 업무영역으로는 소매금융, 외화대출업무, 은행간 중개업무 및 금융서비스, 국가간 결제업무, 예금, 대출부문을 들 수 있다. 그 중 소매금융은 위험부담이 작고, 회수율이 높으며, 부실률이 낮기 때문에 중국계 은행과 외국계 은행의 치열한 경쟁이 예상되는 부문이기도 하다. 특히 중국계 은행의 신용대출 또한 초기단계에 머무르고 있고 향후 잠재력에 비해 그 시장이 극히 적은 규모이다. 외국계 은행의 경우, 수익의 50% 이상이 소매업무에서 조달된다는 점을 감안하면, 제도와 시장의 성숙 정도에 따라 향후 외국계 은행의 영업확대가 지속적으로 이루어질 것으로 예상되는 부분이다. 그리고 올해 12월부터 외국계 은행의 인민폐 영업이 본격화될 예상이지만, 인민폐 예금업무가 단기간에 큰 변화가 없을 것이라는 게 일반적인 의견인 반면, 외국계 은행이 우위를 점하고 있는 외환부문은 중국계 은행에 큰 타격이 예상되고 있다. 통계에 따르면, WTO 가입 이후 3년간 100개의 외국계 은행이 추가 설립될 경우, 외환예금증가율을 50%로 했을 때,

총 279억 달러를 흡수하게 되며, 이는 현재 외환예금의 10%에 달하는 규모이다. 무엇보다도 현재 외국계 은행의 주요 수익원인 은행간 중개업무 특히 국제결제업무는 외국계 은행의 경쟁우위 업무이며 중국계 은행의 경쟁력이 가장 열악한 부문으로 외국계 은행의 시장확대로 이어질 전망이다. (씨티은행의 중간업무로 인한 이익이 전체 수익의 80%에 달하는 것과는 대조적으로 중국 4대 국유은행은 8.5%에 불과한 수준임.)

4. 장미는 우리가 먼저…

국내은행들의 중국진출은 일찍이 92년부터 시작되어 현재까지 조흥, 우리, 기업, 국민 등 8개 시중은행이 영업점을 개설하고 있으며, 올해 10월에는 한국은행 베이징 사무소도 개설될 예정이어서 한국 은행들의 중국 진출이 더욱 활발해질 전망이다. 한국 은행들의 대 중국 진출은 그동안 대련, 청도 등 지역에만 국한되어 한국계 기업고객 위주의 영업에만 치중해 왔으나, 이제는 화남, 장강 삼각주 등 경제발전 수준이 높고 우량기업이 많은 지역으로 진출하여 중국계 고객 확보를 통한 시장확대를 모색해야 할 시점이라 보여진다. 중국이 금융법상 분업주의를 강조하고 있으나, 외국계 은행의 우회진출이 빈번함에 따라 한국의 다양한 겸업분야의 경험을 살려 진로를 모색해 보는 것도 좋은 방안이 될 것으로 보인다. 물론, 부실채권 과다로 금융불안 우려도 짙은 만큼 한국의 금융구조조정 경험을 바탕으로 중국 금융개혁의 방향을 예의 주시하면서 시장진출 확대를 모색해야 할 것이다.

이 밖에 시장확대를 위한 다양한 시도도 필요하다. 우선 장기적인 대 중국진출 확대에 대비해 은행업의 수익 보호장치 마련이 시급하다. WTO가입 이후 제조업계에서 나타났던 특허전쟁이 최근에는 금융업계에도 신속하게 확산되고 있다. 씨티은행의 경우, 1993년부터 각종 특허를 신청해오면서 이미 19개 부문에서 특허 취득을 완료한 상태이며, 2002년 현재 8개 외국계 은행이 지적재산국(知的財産局)에 특허신청을 해놓은 상태이며, 주로 금융상품과 서비스분야에 관련된 것으로 알려졌다.

또한 성장잠재력과 핵심고객을 보유한 중소형 지방은행이 외국계 은행의 지분투자 대상으로 주목받고 있다. HSBC가 상해은행의 8% 지분을 획득하고, 남경상업은행이 15%의 외국자본을 조달하는 등 중국계 상업은행에 대한 외국계 은행의 지분 참여 움직임이 활발히 전개되고 있다.

초기 외국계 은행의 대 중국진출은 대규모 투자나 지역적인 업무경쟁보다는 타겟 마케팅 전략이 유효할 것으로 생각된다. 즉, 한국의 대 중국투자 기업에 대한 금융서비스에서 중국계 우량기업, 중국에 진출한 다국적기업을 전략목표로 하고 중국은행과의 제휴를 통한 영업망 확충을 모색할 필요가 있다.

중국계 은행의 경우, 거래고객의 95%가 기업고객이며, 개인고객은 5%에 불과하다. 개인고객을 대상으로 하는 상품개발, 금융서비스 등은 외국계 은행 대비 현저히 낮은 수준이며 아직 시작단계에 머무르고 있어 경쟁력이 가장 취약한 부문이어서 향후 외국계 은행의 경쟁우위가 돋보이게 될 것이다. 이처럼 중국의 중소기업 금융 및 소매금융시장의 매력이 충분함에도 불구하고 단기적으로는 신중한 접근이 필요하다.

또한 2006년까지 외국계 은행의 자동차 주택장기할부 금융시장 진출도 가능하다고 발표해 모기지론(Mortgage loan),

오토론(Auto loan) 등 부문의 외국계 은행 투자 증가가 전망된다. HSBC은행도 2003년 6월 9일 중국 부동산시장 모기지론 관련 투자협의를 달성하는 등 외국계은행의 부동산금융시장 진출이 가속화될 전망이다.

종합하면, 금융업의 대 중국 진출은 단기수익 창출보다 장기적인 시장개척에 주안점을 두어야 하며, 장기적인 안목에서 중국 비즈니스 선도(先導)은행으로서의 기반을 구축함으로써 한국기업 고객의 중국 진출을 위한 교두보 역할 및 대 중국 진출 한국기업과 개인에 대한 입체적인 금융지원을 통해 수수료 수익 창출과 확대에 기여해야 한다. 단기수익 창출보다 장기적 관점에서 중국 내 영업이 수수료 수익에 국한되지 않은 중국 특색에 적합한 다양한 금융마케팅 및 서비스 확대를 겨냥한 기반 확충이 필요하며, 무엇보다 중국 전문가 풀(pool)을 구성하여 R&D 차원의 지속적인 투자를 통해 핵심역량을 육성해 나가고 중국 금융전문 우수인력 유치도 적극 추진해야 할 것이다.

16. 중국 산업집적에 따른 전략적 협력의 강화

유 희 문(柳熙汶)

(한양대 교수)

한·중 양국의 경제교류는 세계무역기구의 가입과 국내외 경제여건의 변화로 인한 새로운 도전과 기회를 맞고 있다. 양국은 동북아 경제의 새로운 위상정립을 모색해야 한다는 필요성이 제기되고 국제경제의 다변화와 자유화 분위기 속에서 상호 경제협력을 전략적으로 모색해야 한다는 시대적 환경에 처해 있다. 특히 중국을 중심으로 세계 다국적 기업의 경제자원이 집중되고 선진기술 우위기업이 중국을 세계의 공장과 기술개발 중심으로 간주하는 전략적 변화를 보이면서 중국에서의 경쟁은 날로 심화되고 있는 실정이다.

한국의 새 정부도 국가경쟁력을 높이기 위해 물류, 첨단산업, 금융부문의 동북아 중심국가 건설을 핵심 국정과제로 내걸고 있다. 한·중 양국은 이와 같은 시대적 환경에 대처하기 위해서 경제협력의 새로운 패러다임을 강구할 필요가 있고 동북아경제협력의 중추적인 역할을 수행하기 위한 전략적, 발전적 방안을 개발해야 할 것이다.

　한·중 경제협력의 향후 발전적 방향으로 최근 중국 내에 형성되고 있는 외자계 기업의 산업집적화(cluster) 방향을 주목할 필요가 있다. 클러스터(cluster)는 생산기업과 부품 서비스 공급업체 등 연관산업의 기업, 연구소 등이 특정 지역에 모여 지역경쟁력을 높이고 기술혁신을 촉발하는 것을 의미하는데, 중국에서는 기술집약적 다국적 기업의 중국 진출이 가속화되면서 하이테크 산업을 중심으로 연해 주강(珠江)델타, 장강(長江)델타, 북경(北京) 중관촌 등 3개의 특징적인 산업집적이 형성되어 가고 있다.

　화남 광동성에 전개되고 있는 주강(珠江) 델타지역은 홍콩, 심천, 주해(珠海)를 중심으로 동완(東莞), 혜주(惠州), 광주(廣州), 순덕(順德) 등의 공업도시가 포진해 있으며, 복사기, 프린터, 컴퓨터 부품 등 세계 생산량의 절반을 차지할 만큼 산업집적을 이루고 있다. 이 지역은 대만 등 화교계 기업과 일본기업의 투자가 집중적으로 이루어지면서 IT관련 대량생산에 유연한 환경을 만들어가고 있다. 다양한 국적의 부품산업과 조립형 산업이 상호 보완하면서 기반산업의 견실함을 다져나가고 있는 것이다.

　상해(上海)와 절강(浙江)성에 기반을 두고 있는 장강(長江)델타지역은 주변에 진강(鎭江), 상주(常州), 소주(蘇州) 등의 공업도시가 둘러싸여 섬유, 자동차, 가전, 반도체, 휴대전화, 석유화학 등 내수시장을 노린 자본장비형의 투자가 집중적으로 이루어지고 있다. 이 지역의 장점은 높은 소득계층의 거대시장과 고급인력이 존재하고 전국의 물류중심지 역할을 한다는 점이다. 주변 도시의 중소기업을 중심으로 부품산업의 내실화가 진전되고 있는 것도 이 지역의 특징이다.

 "중국의 실리콘 밸리"라 불리는 북경의 중관촌은 소프트웨어 개발과 IT관련 연구개발 기능의 집적이다. 이 지역은 과학기술연구기관이 몰려 있고 세계 각지의 IT연구개발 거점과 연계하여 활동을 벌이고 있다. 산학연대 벤처기업이 설립되어 연구 성과를 실용화, 제품화하고 있는 것도 이 지역의 특징이다.

 이들 세 지역은 상호보완적 성격에 의해 발전되고 있다. 장강 델타가 내수지향형의 대기업 중심으로 고급인재를 활용하고 있다면 주강 델타는 수출지향 중소기업 중심으로 노동집약형 인재 활용, 부품산업의 집적으로 대조적이다. 북경에서 개발된 IT제품을 주강, 장강 델타에서 생산하고 주강 지역의 전자부품을 장강 지역에서 소비하며, 장강 지역의 소재를 주강 델타에서 소비하는 집적간 상호연계를 통해 기업의 전략적 분업이 이루어지고 있다.

 외자계 기업 가운데 일본기업은 중국진출의 전략성을 높이고 지속적 투자를 위해 종합상사나 투자성 기업을 설립하여 회사 이미지 제고, 인맥 구축, 사업의 다양화 등을 모색하고 있다. 또 가전과 자동차 부품 등에서 수평분업(상호융통생산)의 형태를 실시하여 단순가공의 수직적 분업에서 부가가치 생산체제로 아시아권의 새로운 분업체제를 모색하고 있다. 주로 중국 화남(華南)지구에 전자·컴퓨터·프린터·사무용기기 등의 대형 공장 신설 등이 활발하고 내수시장 확보를 통해 중국을 세계시장의 수출거점으로 활용한다는 전략이 두드러진다.

 유럽과 미국의 다국적기업 투자는 경제집적이 높고 시장 확대 가능성이 큰 화동(華東)지역(상해 중심)에 집중되고 있다. 석유화학, IT 등 투자의 대형화, 세계무역기구 가입 후 내수를 대상으로 한 자동차, 통신기기, 식품, 음료, 일용잡화 등 제조업의 진출과 함께 상업, 보험, 금융증권 부문의 진출도 활발한 것이 특징이다. 다국적 기업은 현지화의 전략을 채택하여 기술이전, R&D센터의 설립, 주식상장과 M&A에 의한 사업 확장, 중국인재 활용 등으로 현지회사 경향이 두드러지고 있다.

기술집약과 자본장비형의 투자를 모색하고 있는 한국의 대기업들은 중국의 산업집적화 방향을 주의 깊게 살피면서 기업의 중국 이전과 현지화의 전략을 모색해 나가야 한다. 이를 위해서는 중국의 특정지역을 중심으로 한 한국계 기업의 산업집적화와 다국적 기업과의 전략적 제휴가 필요하고, 관리자 채용의 현지화, 중국 명문대학 및 연구기관과의 산학협동, 교육·장학기금의 설립, 기업의 사회보장 기능의 발굴 등 사회친화경영도 함께 모색되어야 할 것이다.

이와 함께 양국 산업구조 조정에 따른 전략적 협력도 필요하다. 즉, 산업구조의 고도화와 업종별 특성에 따른 전략의 차별화가 요구되고 있다. 한·중 교역의 핵심을 이루고 있는 부품 중간재, 산업설비에 대한 기술혁신을 도모하고 이를 산업구조 고도화와 집적화의 계기로 삼아 수평적·수직적 분업을 강화시켜 나갈 필요가 있다. 전통산업의 경쟁력 제고와 고부가가치 부문을 특화, IT신산업 등 국가전략산업에 대한 협력을 강화시켜 나가야 할 것이다.

중국경제의 성장과 산업집적화는 분명 한중간 경제협력의 확대와 전략적 협력의 공간을 키워주고 있지만 국내외 시장에서의 경쟁격화와 한국기업의 경쟁력 약화라는 도전을 던져주고 있다. 제조공장의 중국 이전과 전략산업의 중국 진출은 국내 산업의 공동화를 야기하고 대중(對中) 경제의존도를 심화시킬 가능성이 존재한다. 그렇기 때문에 전략적인 산업협력과 중국 투자로 경제 산업 구조의 고도화와 차별화가 더욱 요구되는 시점이다.

한국도 물류, 첨단산업, 금융을 중심으로 한 동북아 중심 국가 건설에 나서고 있기 때문에 물류, 하이테크 산업의 집적화를 통해 중국의 특징적인 산업집적화와 상호 연계시켜 전략적으로 지역별 산업집적화 협력을 강화시킬 필요가 있다. 또 중국에 조성되고 있는 한국 전용공단을 산업집적의 패러다임으로 전환시킬 필요가 있으며, 한국 기업끼리 경쟁하는 공단(工團) 문화에서 신뢰와 협력의 클러스터 문화로 발전시켜 나가야 할 것이다.

중국경제의 성장과 국제화는 분명히 한·중간 경제협력의 확대와 전략적 협력의 공간을 키워주고 있는 것도 사실이지만, 한편 국내외 시장에서의 경쟁 격화와 한국기업의 경쟁력 약화라는 도전을 던져주고 있는 것도 사실이다. 제조공장의 중국이전과 전략 산업의 중국 진출은 국내 산업의 공동화를 야기하고 대(對) 중국경제 의존도를 심화시킬 가능성이 존재한다. 그렇기 때문에 전략적인 산업협력과 중국투자로 경제 산업 및 상품구조의 고도화와 차별화가 더욱 요구된다. 특히 중국의 세계무역기구 가입 이후로 중국투자의 판도가 바뀌게 될 분야인 금융·유통·관광·부동산 개발 등에 대한 적극적인 투자 방안과 경제협력이 강구되어야 할 것이다.

선진 다국적 기업의 경쟁적인 중국 진출, 세계적인 생산기지화, 동아시아 경제자원의 중국 집중, 거대한 내수시장의 창출 등은 한국에게 기회와 도전을 함께 던져주고 있다. 또 세계적으로 산업의 발전이 특정 지역에 집중하는 집적의 경제를 도모하여 규모와 범위의 경제를 활용하는 추세에 있다. 다국적 기업의 중국 진출이 가속화하면서 기술집약도가 높은 산업일수록 집적의 경제를 추구하는 특징을 보이고 있기 때문에 특히 중국의 산업집적화에 주목할 필요가 있다. IT를 비롯한 중국의 전략산업에 대한 집중적인 자원배치와 선택적인 외자도입 그리고 국내기업과 외자기업간의 경쟁적인 선진기술의 개발과 상업화 추세는 한국 전략산업의 비교우위와 기술우위의 격차를 빠르게 좁힐 가능성이 크다. 이 같은 추세에 따라 그동안의 보완적 산업 내 무역구조가 경합적 무역으로 변화될 것으로도 전망되고 있다.

따라서 한국의 동북아 중심국가 전략과 중국의 산업집적화 방향을 연계시켜 보완적 산업구조의 구축을 모색해야 할 것이다. 한국의 물류중심 지역과 중국의 산업집적 지역간의 연계발전과 중국 내 특정 한국산업공단의 구축을 통해 지역별 산업클러스터 교류의 확대 등이 강구되어야 하고 집적화된 산업내 공정간 분업화와 기능적 차별화도 전략적으로 검토되어야 할 것이다.

중국의 고도성장과 자원집중은 중국 중심의 역내 지역경제 협력과 아시아 경제통합의 가능성을 높여주고 있다. 따라서 이제 한·중 경제협력은 양자간 협력의 틀 속에서 벗어나 동아시아 경제권의 자유무역지대 창설 또는 한·중·일을 중심으로 한 다각적인 지역경제 협력으로 추진되어야 할 것이다. 이를 위해 역내 무역비중을 높여 상호보완적인 구조를 구축하는 방안을 적극적으로 강구해 나가야 할 시점이다. 또 중국투자 중심에서 중국기업의 한국 유치 노력과 과도한 대중 무역흑자 구조의 개선을 통해 증대되는 무역마찰도 줄여나가야 할 것이다.

17. 중국경제의 고도성장

이 장 규

(대외경제정책연구원 연구위원)

중국은 세계에서 가장 빠르게 성장하는 국가이다. 1978년 개방 이후 중국의 경제성장률은 6·5기간 동안(1981~85년) 평균 10.8%, 7·5기간 동안(1986~90) 7.9%, 8·5기간 동안 (1991~95) 11.6%, 9·5기간 동안(1996~2000) 8.3%의 고도성장을 기록하였다. 따라서 2002년을 기준으로 중국의 GDP는 1978년에 비해 무려 8.6배 증가한 것으로 나타나고 있다.

아시아 금융위기 이후 중국의 경제성장은 잠시 주춤하였지만, 2000년대에 들어서면서 세계경제의 동시적 침체국면 와중에서도 재차 7~8%대의 고도 경제성장을 지속하고 있어, "세계의 공장" 중국이 나홀로 성장하고 있다는 말까지 나오고 있는 실정이다.

중국경제의 고도성장을 어떻게 설명할 수 있는가의 문제에 대해서는 이미 국내외에 많은 연구가 나와 있는데, 중국 경제 성장의 원동력으로 성공적인 개혁·개방 정책, 구조조정 정책, 중국인의 높은 저축률, 그리고 화교 상권과의 협력 등이 지적되고 있다.

1. 해외 직접투자의 중요성

한편, 중국에서 해외직접투자(FDI)가 경제성장에 어느 정도 기여하였는가에 대해서 단정적으로 설명하기는 쉽지 않다. 일반적으로 해외직접투자는 투자유치국의 자본형성에 기여하고, 투자유치국의 국내투자 및 생산을 자극하며, 또한 해당국의 해외수출 능력을 배양시켜 투자유치국의 경제성장에 기여한다고 이해되고 있다. 그러나 중국에서 고정자본투자에서 해외직접투자가 차지하는 비중은 적어도 90년대 초반까지는 7% 수준을 넘지 못하였다. 따라서 미국의 저명한 중국전문가인 라디 (Nicholas Lardy)는 적어도 90년대 초반까지 해외직접투자가 중국의 고도경제성장에 기여한 정도는 무시할 수 있는 수준이라고 주장하였던 것이다.

그렇지만 최근에 들어서면서 지역별로 상황은 크게 달라진다. 2000~2002년 기간에 유입된 해외직접투자는 중국의 고정자본투자 총액의 약 10% 수준을 기록하고 있는데, 광동, 복건, 해남성을 포함하는 중국의 남부 연해지역에 유입된 해외직접투자액은 해당지역 고정자본투자액의 약 30%를 초과하는 것으로 나타나고 있다. 또한 중국에서 경제성장이 빠른 동부 연해지역(장강 삼각주 유역)의 경우도 해외직접투자가 같은 기간동안 약 20% 이상의 수준을 기록하고 있다. 해외직접투자의 역할을 정확히 파악하기 위해서 해외직접투자와 국내투자를 양적으로 비교하는 것만으로는 미흡하겠지만, 일부 지역에 대해서는 해외직접투자가 경제성장에 미치는 영향이 상당한 수준임을 짐작할 수 있게 한다.

따라서 전체적으로 보면, 해외직접투자가 중국의 고도경제성장을 설명하는 데 결정적인 요인은 아닐 수 있어도, 최근의 권역별(省別) 통계를 검토하면 중국의 일부지역, 특히 경제성장이 빠른 일부 연안지역에서는 해외직접투자가 경제성장에 있어서 비교적 중요한 요인으로 등장하고 있다고 이해할 수 있다.

또한 WTO 가입을 계기로 중국의 투자환경이 이전에 비하여 개선되고 있고, 중국시장의 개방이 점차적으로 확대되면서 중국경제와 세계경제간의 통합이 점차적으로 심화될 것으로 전망되기 때문에, 향후 해외직접투자의 유입이 중국의 경제성장에 기여하는 정도가 종전보다 확대될 가능성이 크다고 전망된다.

2. 새로운 성장동력 개발

개혁·개방 이후 중국의 고도성장을 보다 구체적으로 살펴보면 개혁 초기에는 농업개혁(인민공사의 해체 및 개별영농방식으로 복귀)으로 농민의 영농의욕이 고취됨에 따라 농촌부문의 생산성이 급격히 상승하였고 이것이 경제성장의 주요 동력으로 작용하였다. 이후 1980년대 후반부터 90년대 중반까지는 소위 향진(鄕鎭)기업의 황금시대로 불리는 기간으로, 이들 향진기업의 눈부신 성장이 경제성장의 주요 동력으로 작용하였다. 농업개혁으로 농업부문에서 발생한 잉여노동력이 중국의 독특한 호구제도로 인하여 대도시로 이동하지 못하고 대신에 향진기업을 통해서 농촌공업화가 진행되었는데, 이것은 보편적인 경제성장 경험과는 상이한 중국만의 특유한 현상이라 할 수 있다.

한편 개혁·개방 이후에 중국에서는 상품시장의 자유화가 꾸준히 진행되었는데, 이로 인하여 오히려 새로운 성장동력이 필요한 상황으로 변모하게 되었다. 바꿔 말하면, 90년대 중반을 지나면서 중국경제는 계획경제의 특징인 수요초과 경제에서 공급초과 경제로 전환되는 경험을 겪게 되었다. 이 과정에서 지속적인 기술개발은 소홀히 하면서 저급품 생산에 안주하였던 향진기업들은 상당히 어려운 국면에 봉착할 수밖에 없게 된다. 따라서 향진기업은 더 이상 경제성장에 동력으로 역할하지 못하게 되고, 중국경제는 새로운 성장동력이 필요하게 된 것이다.

중국은 아시아 금융위기 이후 경제성장이 잠시 주춤하였던 것은 사실이지만 21세기 들어오면서 중국의 WTO 가입노력에 맞추어 중국경제는 다시금 고도성장 추세로 회복되었다. 최근에 전 세계적으로 불황이 심화되는 와중에서도 중국이 고도성장 추세를 회복할 수 있었던 것은 우선 WTO 가입을 계기로 해외직접투자가 다시금 활발하게 유입되었고, 둘째로 90년대 말부터 중국의 요소시장, 특히 노동시장에서 노동력의 이동이 더욱 자유로워지면서 노동시장의 유연성이 이전보다 개선되었기 때문으로 설명할 수 있다.

3. 구조조정으로 성장 지속

향후 5~10년 동안 7% 혹은 그 이상의 경제성장률을 지속하는 것이 중국사회의 안정을 유지하는 데 매우 중요한 의미를 갖는 것으로 일반적으로 인식되고 있는데, 많은 중국전문가들은 적어도 앞으로 중기(中期) 기간 동안 아니면 좀더 낙관적으로 보는 경우는 향후 10~15년 동안 중국은 이 같은 고도경제성장을 지속할 수 있는 성장 잠재력이 충분하다고 전망하고 있다.

그렇지만 이 같은 낙관적인 전망에도 불구하고 중국경제의 앞에는 해결하기 쉽지 않은 난제들도 적지 않은 것 또한 사실이다. 따라서 고도성장을 지속하기 위해서는 부단히 새롭게 노력하지 않고서는 불가능하다는 상황인식을 중국 정부는 가지고 있다. 이것은 2000년 후반에 발표된 10·5계획(2001~2005)에서 중국은 향후 5~10년 기간 동안에 경제의 구조조정을 전략적으로 최우선 과제로 선정한 것을 보면 잘 알 수 있다.

중국이 현재 직면하고 있는 심각한 경제문제로는 생산성 상승의 둔화, 과잉생산능력, 불량채권 및 지역격차의 문제 등을 들 수 있다. 그리고 10·5계획 기간 동안에는 WTO에 가입함으로써 관세율이 인하되고 시장개방이 확대됨에 따라 많은 중국기업들이 해외로부터의 경쟁압력을 피할 수 없게 될 것이다. 따라서 향후 5~10년 동안에 전략적인 구조조정의 성패 여부가 중국경제가 고도성장을 지속하는 데 중요한 관건이 될 전망이다.

중국시장에서는 저급품은 공급과잉 상태에 있고 고부가가치 제품은 부족한 상태에 빠져 있는 경우가 많다. 예를 들면 중국은 세계최대 철강 생산국이지만, 열연박판, 냉연박판, 주석도금강판, 스테인레스강판 등은 상당 부분 수입에 의존하고 있다. 한편, 일전에 중국의 국가경제무역위원회는 주요 공업제품 중에서 약 8할 이상이 과잉생산능력 상태에 있는 것으로 발표한 적이 있는데, 특히 의류, 전자, 가전제품의 공급과잉은 심각한 상태로 알려져 있다.

이같은 생산과잉으로 가격경쟁이 치열하게 전개되면 채산성이 맞지 않는 기업은 시장으로부터 퇴출되어야 한다. 그러나 지방정부-국유기업-국유은행 3자의 유착으로 퇴출대상 기업이 영업을 지속하는 것이 문제인 것이다. 이 같은 생산측면에서의 과잉설비, 재고누적 현상은 금융측면에서 4대 국유은행의 불량채권 문제로 이전되어 나타난다. 이러한 문제를 해결하기 위해서 중국은 아시아 금융위기 이후인 90년대 말부터 국유기업에 대하여 강력한 구조조정을 실시하였고, 상당수의 국유기업의 경영상황이 호전되고 있다.

4. 구조조정의 압력은 우리에게로

또한 향후 5~10년 기간 동안에는 90년대 후반부터 추진되었던 대기업, 대형 기업집단의 육성이 강조되고 있다. 이것은 WTO 가입 이후 세계적인 다국적기업과 경쟁할 수 있는 능력을 갖춘 대기업, 대형 기업집단의 중점 육성을 의미하는데, 중국은 이러한 기업을 육성할 수 있는 분야로 가전, 철강, 석유화학, 자동차 및 IT부문을 꼽고 있다.

그러면 우리나라 쪽으로 눈을 돌려보자. 중국이 대기업, 기업집단을 중점 육성하려는 산업부문은 현시점에서는 우리나라 기업들이 그나마 중국에 비하면 약간이라도 경쟁력의 우위를 가지고 있는 분야라고 말할 수 있다. 그러나 세계의 공장으로 부상하고 있는 중국은 경제 구조조정을 핵심전략으로 고도경제성장 추세를 지속하고 있고, 또한 이들 산업부문을 중점육성 부문으로 선정하여 우리를 압박하고 있는 실정이다.

머지않은 장래에 이들 산업분야에서 중국은 아세안 국가가 아니라 궁극적으로는 한국이나 일본과 치열한 경쟁을 벌일 것으로 전망되고 있다. 한편으로는 이처럼 중국의 부상으로 동아시아 지역에 있어서 각국간 경쟁이 치열해지면서 동아시아 전체로서는 효율적인 분업체제가 구축되어 역내 경제발전에 기여할 수 있다는 긍정적인 전망도 나오고 있다.

그렇다면 동아시아 역내에서 효율적인 생산체제가 구축된다는 것은 과연 우리에게 무엇을 의미하는 것일까? 이것은 바로 앞으로는 오직 효율적인 기업만이 살아 남을 수 있다는 것을 의미하는 것은 아닐까? 중국은 구매력평가 기준으로 이미 세계 제2위의 경제대국이며 세계 제5위 무역대국이다. 이러한 중국의 전략적인 구조조정이 바로 우리에게도 엄청난 구조조정의 압력으로 압박하고 있다는 것을 시급히 깨닫지 않으면 안 될 것이다.

18. 중국은 저만치 가는데, 우리는…

정 영 록

(서울대 국제지역원 교수)

2002년 12월 5일 저녁: 중국이 1990년대 들어 만 5년 만에 개발해낸 상하이의 신시가지인 푸둥(浦東)의 금융중심지인 루쟈□이에 우뚝 솟아 있는 중국은행(우리나라의 민영화 이전의 외환은행에 해당) 52층 뱅커스 클럽. 필자는 12월 초 국내금융 전문가 몇 명과 상하이를 방문하게 되었다. 우리를 만찬에 초대한 현지 금융계 고위인사는 유창한 영어로 방금 끝난 상하이의 2010년 EXPO 유치 결정이 약 6개월 간 7,000만 명의 관광객을 중국에 추가로 유치하는 효과를 가져올 수 있을 것이라고 추정하면서 무척 흥분하고 있었다. 그는 독일의 장학금으로 일찍이 1980년대 초에 영국에서 6개월 간의 연수를 받을 수 있었던 소위 국제화된 50대 초반의 신엘리트 중의 한 명이었다. 중국은 2001년에 9천만 명의 해외방문객을 유치, 177억 달러의 관광수입을 올리고 있는 점에 비추어, 추가로 7천만 명이 온다면 무려 1억 6천만 명의 해외인사가 방문, 다소 높게 잡고 있다는 감이 있기는 하다. 그런데도 대체적으로 그때쯤이면 중국에 대한 세계의 관심이 훨씬 높아질 것이라는 것은 사실이다. 물론 그는 우리나라의 월드컵 4강 진입의 성과를 "한국정신"이라고 치켜세우는 것도 잊지 않았다.

그러나 만찬 중의 유쾌한 화제보다 정작 하이라이트는 바로 직후에 이어지고 있었다. 만찬이 끝날 무렵 만찬을 주재한 현지 금융인사는 비서를 시켜 조명을 끄도록 하였다. 갑자기 실내가 깜깜해지면서 우리가 느끼지 못했던 바깥세상이 우리시야를 꽉 채웠다. 그는 우리에게 앞으로의 중국의 발전 방향을 먼저 보여주고 싶었던 것이었을까? 오른쪽으로 그들이 중국의 자존심을 회복하기 위해 세운 동방명주(東方明珠: TV송신탑), 왼쪽에 철골조로 88층인 진마오 빌딩, 그리고 전면에 나타난 황푸(黃浦)강 저편의 휘황찬란한 조계지(租界地)가 꽉 차 들어오고 있었다. 마치 우리에게 중국은 저 조계지를 그대로 보존함으로써 그 조계지가 얘기해주는 과거의 아픔의 역사를 잊지 않고 있으며, 이를 교훈으로 삼아 앞으로 전진하고 있다는 것을 역설적으로 보여주고 있는 듯하였다. 중국은 저만치 미래를 보고 가고 있었던 것이다.

그런데 우리는 얼마나 미래를 준비하고 있는가? 이렇게 중요한 중국에 대해 얼마나 아는가? 모 경제관련 최고위 관리가 2001년 10월 상하이에서 개최된 APEC회의에서 중국이 이만큼 성장한 데 놀랐다는 얘기를 간접적으로 들은 바 있었다. 중국경제가 이제 한국경제에 대해 결정적인 영향을 미치고 있어서 경제의 최고위 관리라면 그 정도의 인식은 충분히 있어야 한다고 생각했는데, 솔직히 생각만 하여도 아찔할 정도였다.

공무원 사이에서의 이러한 예는 숱하게 많으며 아직도 크게 개선된 것 같아 보이지 않는다. 얼마 전 우리 정부가 EXPO개최의 여수(麗水) 유치에 한창 열을 올리고 있을 때, 교육인적자원부 핵심부서 과장 1명이 상하이를 다녀와서 필자에게 자신의 소감을 말해준 적이 있었다. 우리가 무엇을 무기로 상하이를 제치고 EXPO 유치를 성사시킬 수 있을까 하고 말이다. 또 한 가지 예가 있다. 몇 달 전 필자는 모 부처로부터 세계 화상(華商) 대회를 한국에서 유치하고 싶으니 도와 달라는 얘기를 들은 바 있다. 그래서 우리와 경쟁상대가 되고 있는 마카오 정부 수반을 우연히 면담한 기회 때 담당 책임자에게 물어본 바 있었다. 이미 마카오로 내정되었다는 사실을 쉽게 알 수 있었다. 그런데도 우리 정부에서는 경쟁상대자인 마카오정부에 대해 그 문제를 거론도 하지 않았으며 어떻게 해서든 유치할 수 있다고 자신감을 갖고 있는 것을 보고서 아연실색한 적이 있다. 혹시 그렇다면 여수 EXPO 유치와 같은 현상의 재판이 벌어지지는 않을른지?

이번 출장에서 우리 비행기가 푸둥 공항을 사뿐히 내리자 일행 중에서 어떤 사람은 벌써 흥분하기 시작하였다. 중앙은행의 연구부서 책임자, 대학교수들로 이루어진 우리 일행에는 상하이뿐 아니라 중국이 초행길인 사람들도 있었다. 여기가 소득 1,000달러인 국가냐고 하면서… 부분적으로는 우리보다 앞선 것을 솔직히 인정하고 싶지 않은 질투의 감정을 표시하는 사람도 있었다. 2001년만 하더라도 한국 사람이 130만 번이나 중국을 드나들었으나 정작 우리나라에서 중견 실무를 담당하는 공공부문의 주요 인사들은 아직도 갈 기회가 많지 않은 모양이다. 그만큼 우리는 중국을 알아야 할 사람은 알지 못하고 단순히 관광 차원에서 이 중요한 중국을 접근하고 있지 않나 하는 생각을 지울 수 없었다.

그러면 우리의 여론 주도층인 언론계는 어떠한가? 2002년 11월, 중국이 16차 공산당 전당대회를 개최하고 있을 때 중국측의 인사안과 관련, 국내 언론에서는 여러 가지 추측이 난무하였다. 쟝쩌민(姜澤民)이 권력을 계속 유지하려 한다드니, 권력의 핵심인 중앙정치국원의 숫자를 7명에서 9명으로 늘려가면서까지 자기 심복을 대거 대리로 포진시켰다느니, 등의 논란에만 급급하였다. 이러한 인사안은 인치(人治)에서 법치(法治)로 이전되고 있는 지금쯤은 지엽적인 문제가 되어버린 것으로 보여진다. 물론 이것도 중요한 관심 사항 중의 하나일 것이다. 사람이 변하면 새로운 정책이 들어올 수 있고 그렇게 되면 우리가 대처해야 할 방향이 바뀌어지기 때문일 것이다.

하지만 국내에서의 초점은 적어도 두 가지 면에서 문제가 있었다고 본다. 첫째 문제는 정작 중요한 정책변화의 방향에 대한 분석이 절대적으로 결여되어 있지 않았나 한다. 즉, 쟝쩌민 체제가 더욱 공고화되기 때문에 21세기 중국이 경제적으로 또는 정치적으로 어느 방향으로 갈 것인지에 대한 커다란 흐름을 분석하는 데는 상당한 한계를 노출시키고 있는 것이 사실이었다.

둘째, 중국정치를 보는 시각도 협소하지 않았나 한다. 물론 중국도 격동의 시대에는 정치권력의 돌발사항이 빈번하게 발생한 것이 사실이다. 그러나 이제는 그러한 일이 발생하는 것은 훨씬 덜하다고 볼 수 있다. 게다가 중국정치 결정의 핵심을 간과한 측면이 크다고 본다. 특히 이번 16차 전당대회에서도 우리의 눈길을 끈 것은 결과적으로는 원로들의 아름다운 퇴진이었다. 당시 7인의 정치국원 가운데 연령상으로는 가장 유리하다고 할 수 있는 리뤄이환 정치협상회의 의장이 68세로 아직 공직을 맡을 수 있는데도 새로운 세대를 위해서 용퇴를 주도함으로써 쟝쩌민을 포함한 자신보다 연로한 인사들이 다른 생각을 갖는 것을 원천적으로 봉쇄한 용기 있는 행동이 있었다고 들린다. 어쩌면 고비 때마다 중국 정치가들의 이러한 장기적인 공명심을 지닌 행동이 진정 중국을 일으켜 세우는 힘이 아닐까 한다.

그러면 우리는 미래를 위해서 얼마나 중·장기적인 준비를 하고 있는가? 유감스럽게도 그렇지 못한 것 같아 안타깝다. 이는 교육의 문제로 직결될 것이다. 우리나라는 이미 70년대 초부터 한글 전용을 채택한 바 있다. 그 결과 우리 나름대로 정체성을 확보하는 데 적잖은 성과를 거둔 게 사실이다. 그러나 정작 많은 학생들이 중국어를 제2외국어로 배우고 싶어하는데도 학교에서는 독어나 불어선생 때문에 중국어 수업 개설조차 하지 못하고 있다고 한다. 고작 한다는 것이 독어·불어 선생들을 재교육시켜서 중국어 선생으로 전환시킨다고 하니, 그들이 얼마나 우리의 차세대들을 효과적으로 가르칠 수 있을 것인가 라는 근본적인 문제를 떠나서, 과연 21세기에도 이런 일이 재연되어야 하는 것인지 한심한 생각이 든다. 이러고서야 어떻게 우리가 미래를, 중국에 대한 대비를 한다고 할 수 있을지?

그래도 다행인 것은 변화를 가장 현장에서 피부로 느끼고 있는 업계나 일반 국민들은 상당히 발빠르게 움직이고 있다는 점이다. 업계에서는 중국사업 계획을 세우고 있으며 어떻게 대처해야 할지를 다방면으로 의견을 구하고 있다. 일반 국민도, 대학뿐 아니라 중·고등학교에서의 유학을 보내고 있는 상황이다. 그만큼 중국에 대한 대비의 절실함을 느끼고 있는 것이다. 대외경제정책연구원 등 국책연구원도 다양한 중국 연구와 의견을 개진해서 일반인들이 생각지 못한 부분을 더욱 폭 넓게 전달해 줄 수 있어야 할 것이다. 그래야만 업계나 일반인이 겪고 있을 일반적인 고통이나 비용을 최소화함으로써 공공기관으로서의 역할을 극대화 할 수 있을 것이라고 생각한다.

19. 한 걸음 물러서서 중국을 바라보자

조 자 연

(금호타이어 부사장)

누군가가 우리에게 중국에 대해 생각하는 바를 물어온다면 어떻게 대답할 것인가?

"인구 13억이라는 막강한 잠재력을 가진……"

"1970년대와 2000년대 경제가 함께 공존하는……"

"특정 지역에 편중된 경제개발의 문제……"

"낮은 가격과 물량 공세……"

"정부 주도의 경제개혁에는 한계가 있지 않겠는가……"

등등. 보는 시각과 입장에 따라 많은 유형의 답변이 가능할 것이다.

그러나 시각(視角) 및 표현방법상의 차이는 있겠지만 많은 사람들이 언급하는 공통적인 답변은 중국은 빠르게 성장하며 움직이고 있다는 사실일 것이다. 중국은 지금 세계의 공장이 되어가고 있으며, 전 세계의 기업들은 성장 시장의 경쟁에서 우위를 선점하기 위하여 최고의 기술과 자본을 중국에 적극적으로 투입하고 있다. 이렇게 많은 기업들이 중국시장에 뛰어드는 이면에는 13억이라는 막대한 시장이 그려져 있고, 10년 후에나 실현되리라고 기대했던 현상이 지금 눈앞에서 현실로 나타나고 있기 때문이다.

그러나 나는 보다 냉정한 자세로 중국시장을 가늠해 볼 필요성이 절실하다는 관점에서 이야기하고 싶다. 남들이 모두 중국에 들어간다고 해서 '우선 들어가고 보자'식의 투자결정은 우리에게 견딜 만한 정도의 상처가 아니라 모든 것을 잃을 수도 있는 위험을 안겨주기 때문이다.

만일 누군가가 나에게 중국에 투자하고 싶은데 어떻게 해야 할지를 묻는다면, 나는 그 사람에게 먼저 몇 가지 질문을 하고 싶다. 적어도 이러한 질문들에 대한 답변이 정립되어야 비로소 투자해도 되는지에 대한 답변을 할 수 있을 것 같기 때문이다.

가장 먼저 던져 보아야 할 질문은, "무엇을 찾아 중국으로 가는가?"이다.

만일 낮은 인건비를 활용한 저(低)원가 생산기지로 활용하기 위해 중국에 진출하고자 한다면 나는 그 사람에게 저가 인건비라는 경쟁력을 언제까지 유지할 수 있을 것인지, 그 이후 생존할 수 있는 방안이 있는지 확인하고 싶다. 중국의 인건비는 매년 10%~20%의 증가율을 나타내고 있으며, 각종 사회보험의 신설까지를 감안한다면 그리 멀지 않은 시기 내에 저임금에 의한 원가경쟁력은 상실될 것이기 때문이다.

두 번째 질문은, "그렇다면 내가 중국에서 가질 수 있는 경쟁력은 무엇인가?", "있다면 얼마나 지속될 수 있는가?", "만일 지속하기 어렵다면 생존을 위한 대안이 있는가?" 등이다.

　이 문제에 대한 심도 있는 고민은 더욱 명확한 비전을 도출하는 데 도움이 될 것이다. 혹자는 한국의 제조업이 세계시장에서 향후 5년 이내에 중국 업체에게 잠식될 것이라는 예측을 한다. 이미 신발, 섬유, 문구품 등은 중국산으로 대체된 지 오래이며, 선박 수리 등의 기간산업마저 중국에 시장을 빼앗긴 상태이다. 이러한 업종들이 우리의 경제성장기에 상당한 기여를 담당하였던 것은 주지의 사실이다. ‘중국산’ 하면 ‘저 품질’로 연상되던 인식들도 이미 한국산에 버금가는 품질 수준으로 바뀌어 있다. 앞으로 이러한 현상은 향후 더욱 더 가속화 될 것이다. 현재의 우리가 가지고 있는 강점이자 경쟁요소인 것들 중의 대부분이 중국에 의해 대체될 것이다. 아니 어쩌면 이미 대체되었을지도 모른다.

　이같은 현상은 우리가 중국에 진출할 경우에도 마찬가지다. 현재의 기술 수준이 현지 업체에 비해 우위에 있다는 장점을 활용하여 성공적으로 정착한 합작기업이 있다고 하자. 문제는 ‘그러한 기술 우위가 언제까지 지속될 것이냐’이다. 합작 초기에 보유하고 있던 기술적 우위를 유지하기 위한 지속적 투자와 노력이 있어야 할 것이다. 만일 그렇지 못해하여 현지 업체에 비해 기술 우위라는 강점을 상실하게 될 경우에는 단순한 투자실패의 차원을 넘어서 모(母)기업의 생존 자체를 위협하는 상황으로 연결될 수 있다.

　중국이라는 환경을 활용하여 도약의 발판으로 삼는 것은 더 이상 강조할 필요 없이 중요할 것이다. 그러나 지속적인 공생, 공영을 유지하기 위해서는 중국 업체가 가지지 못하고 나만이 가지는 장점이 반드시 필요하며, 만일 나만의 경쟁력이 없거나 장점을 지속적으로 유지할 상황이 안 된다고 판단되면 중국 투자에 대해서는 재고할 필요가 있다.

위 두 가지 질문에 대한 답변이 긍정적일 경우, 세 번째로 나는 "어느 시장을 목표(target)로 할 것인가? 투자 시기는 적절한가?" "시장의 변화는 어떠할 것인가?"라고 묻고 싶다.

중국 소비자의 변화는 경제발전의 변화만큼이나 빠르다. 남의 경험이나 연구기관의 발표 내용을 기초로 시장을 분석하고 접근하려 한다면, 이미 그 시장은 존재하지 않을지도 모른다.

중국 내 외국인 합작회사에 근무하는 3년차 중국 직원에게 물어보았다. "이제 3년 정도 근무하였으면 결혼할 수 있지 않나?" 하고. 그 중국 직원의 대답은 적어도 자동차와 집은 있어야 결혼한다는 것이었다.(물론 이 대답은 실현 가능성보다는 꿈이지만.)

불과 얼마 전, 아니 지금까지도, '자전거를 가지고 있으면 서민층, 오토바이를 가지고 있으면 중산층, 자동차는 상류층이나 보유할 수 있는 것'으로 구분하는 기준도 있는가 하면, 대학을 졸업한 지 3년이 지난 신세대들의 사고는 이미 완전히 바뀌어 있는 것이다. 지금도 출퇴근 시간이면 도로를 가득 메우고 움직이는 자전거들을 보고 자전거시장에 진출하는 것을 생각하고 있다면, 이미 없어지는 시장을 목표로 하고 있는 것일지도 모를 일이다.

세 번째 질문에 대한 개념까지 명확히 정립이 될 경우는 투자수익성에 대한 질문이 필요하다.

"중국 투자에 대한 투자수익성 기준은 명확한가?"

오늘 존재하는 시장이 5년 후, 10년 후에는 어떻게 변할 것인지? 만일 시장이 변화할 것이라면 (대부분이 아주 급속도로 변화할 것이다) 먼저 그 준비를 위한 신규투자가 필요하다. 변화의 속도가 빠르다면 업종의 수익성이 높아서 단기간에 변화를 위한 재투자자금의 확보가 가능해야 한다. 이를 위하여 투자를 검토할 때 '20% 이상 수익률 확보 아이템(item)에 투자한다' 등의 구체적이고 확실한 기준을 정립하여 검토할 필요가 있는 것이다.

중국투자와 관련된 마지막 질문은 "중국에 직접 투자하는 것만이 해결책인가?"라는 것이다.

제품에 따라 다르겠지만, 원가보다는 브랜드의 인지도가 판매가에 영향을 미치는 경우가 있을 수 있다. WTO 요구사항 이행을 위하여 관세의 규제가 낮아지는 시점을 감안한다면 '메이드 인 차이나(Made in China)'가 중요한 것이 아니라 브랜드나 품질경쟁력이 더욱 더 중요할 수 있는 것이다. 그런 측면에서 중국 내에 직접 투자하는 것보다는 한국 내에서 생산하는 제품으로, 또는 원가 및 품질 경쟁력을 가질 수 있는 제3국을 생산기지로 삼아 중국 시장을 공략할 수 있는 전략도 한번쯤은 생각해 보기를 권하고 싶다.

한 걸음 물러서서 중국을 바라보자

내가 근무하는 회사도 이미 90년 초반부터 중국 투자를 검토하였고, 실제로 현지에 공장을 건설하여 지금도 운영하고 있다. 한국기업 중에서는 상당히 빠른 시기에 투자를 했다고 생각한다. 나도 중국 투자와 현지공장 관리에 직접 관여하고 있어서 지금도 1년에 2-3차례 중국을 방문하고 있지만, 아직도 나에게 있어서 중국은 이해하기 어려운 나라이다.

이는 중국 사람들의 '우리'에 대한 시각과 접근방법은 급변하고 있는 데 반해, 내가 중국에 대해 가지고 있는 시각의 변화는 너무나 유연성이 결여되어 있기 때문이라고 생각한다. 중국은 막대한 성장 가능성을 가지고 있지만 그에 상응하는 만큼의 위험 또한 공존하고 있다는 현실을 바로 보아야 한다. 거대시장으로 성장해 가는 눈앞에 보이는 중국만을 보고, 조급한 마음을 앞세워 의사결정을 한다면 뼈아픈 실패의 결과를 초래할 수 있다. 과거와 현재 그리고 미래의 중국에 대한 변화를 상정, 현재의 나 자신 그리고 미래의 비전, 그것을 실천하기 위한 전략들이 명확하게 정립되어야 한다.

그런 분석이 끝난 후에야 비로소 목표로 하는 시장, 투자의 방법, 시기, 향후 전략들이 도출될 수 있을 것이며, 검토의 바탕에는 항상 객관적인 시각에 의한 평가를 기본으로 하고 있어야 한다. 한 걸음 물러서서 중국이라는 나라와 시장, 그리고 나 자신의 능력에 대한 성찰을 해 보는 것이 중국 투자에 대한 의사결정 과정에서 가장 중요한 것이라고 생각한다.

20. 한·중 경제교류의 확대와 변용

조 현 준(趙顯埈)
(대외경제정책연구원 중국팀장)

1. 한국의 최대 수출시장이 된 중국

2002년도 한국의 대중(對中) 무역액은 412억 달러로서 1992년(64억 달러) 수교 후 2002년까지 약 6.5배 증가했다. 이 기간 한국의 대중(對中) 수출과 수입은 각각 연평균 24.5%, 16.7% 증가하여, 같은 기간 한국의 연평균 총수출·총수입 증가율 7.8%, 6.4%를 크게 상회했다. 1998년도에 한국의 총수출과 총수입에서 대중(對中) 수출과 수입이 차지하는 비중은 각각 9.0%, 7.0%였는데, 2003년도 1~9월 동안 그 비중은 각각 17.7%, 12.1%로 높아졌다. 특히 대중(對中) 수출이 비약적으로 증가하고 있는데, 2001년부터 중국은 일본을 제치고 한국의 제2위 수출 대상국이 되었고, 2003년 들어서는 미국마저 추월하여 한국의 최대 수출시장으로 부상했다.

2. 전자·IT 부문 중간재 수출 급증

한국의 대중(對中) 수출품 중 85% 이상은 공업용 원자재·중간재로 구성되어 있으며, 2002년 한국 제조업계의 대중(對中) 수출 중 부품 및 소재의 비중은 69.4%로 추정된다. 이러한 구조는 중국의 무역구조와 관련이 깊다. 중국의 무역은 원자재·중간재를 수입하여 가공한 후에 선진국으로 수출하는 가공무역의 비중이 높기 때문에, 한국을 비롯한 동아시아 국가로부터 원자재·중간재를 주로 수입하고 있다. 2000년 이후 중국의 가공무역 형식 수출제품이 수출총액에서 점하는 비중은 55%에 달하고, 특히 첨단기술제품(주로 컴퓨터, IT 관련 제품) 수출액 중 가공무역제품의 비중은 거의 90%에 달한다. 따라서 중국의 수출이 호조를 보이면 수출품 제조용 원자재·중간재의 수입이 늘고, 이에 따라 한국의 대중 수출 역시 늘어나게 되는 구조를 띠고 있다. 환언하면, 중국의 대외수출과 한국의 대중 수출 사이에는 상관관계가 높은 동조화(同調化) 현상이 나타나고 있다.

3. 중국의 수출과 한국의 대중(對中) 수출 사이의 동조화

중국의 무역에서 가공무역 형식이 차지하는 비중이 이처럼 높은 것은 외국인 직접투자(FDI)가 빠르게 증가하면서 외국인 투자기업의 수출입 비중이 빠르게 상승하는 것과 관련이 깊다.

외국인투자기업의 수출비중은 1992년 26% → 1996년 47% → 2000년 50% → 2002년 53%로 상승하고, 수입비중 역시 같은 기간 20% → 41% → 48% → 54%로 상승해 왔다.

FDI 유치 증대와 외국인투자기업의 수출입 비중 상승추세 속에서 중국의 무역상품구조의 고도화가 촉진되고 있는데, 산업내 무역이 빈번한 전자, 기계, 전동장비 등의 부품에 교역이 집중되는 추세가 나타나고 있다. 전체 수출에서 기계·전기전자 제품의 점유비중은 1994년에 26% → 99년 39% → 2002년 48%로, 첨단기술제품의 비중은 같은 기간 8% → 13% → 21%로 빠르게 상승하고 있다. 중국의 수출구조 고도화에 따라, 한국의 대중(對中) 수출구조도 전자·IT 중심으로 급격히 변화 중이다.

한국의 대중(對中) 수입품은 과거에는 의류·직물, 농산물, 광산물 위주였으나, 최근에는 이에 더해 전자·IT 부문 제품도 큰 비중을 차지하고 있다. 이러한 변화는 중국이 자본·기술 집약적 부문에서도 세계적인 생산기지로 부상하면서 중국의 수출구조가 전자·IT 부문을 중심으로 빠르게 고도화되는 추세와 관련이 깊다. 1998년과 2003년(1~9월) 중국의 수출상품 구조를 비교했을 때, 기계 및 전기전자 제품(HS 2단위의 85 및 84 코드상품)의 비중은 24%에서 38%로 대폭 상승했다. 같은 기간 한국의 수입통계로 이들 제품의 수입처별 비중을 보면, 중국의 비중은 9.0%에서 24.1%로 대폭 상승했다.

4. 급격히 확대되는 대중(對中) 투자

한국의 대중(對中) 직접투자는 2002년 말까지 총투자 누계

기준으로 66.6억 달러, 7.444건으로 금액기준 전체 해외직접
투자의 16.4%를 차지했다. 대중(對中) 직접투자는 2002년 8
억 1,300만 달러에 달했고, 2003년에는 상반기에만 5억 달러
에 달했다. 중국은 2002년부터 미국을 제치고 한국의 최대 투
자대상국으로 부상하였으며, 2003년 상반기에도 총해외투자의
37.3%를 차지하면서 한국의 해외투자를 주도하고 있다.

　중국측의 통계로 보면, 2002년 한국의 대중(對中) 직접투
자는 27.2억 달러, 2002년 말 누계로는 152억 달러로서 홍
콩, 미국, 일본, 대만, 싱가포르 다음으로 많다. 중국의 연간
FDI 유치총액에서 한국의 투자가 차지하는 비중도 1993년
1.5% 수준에서 2002년 5.2%로 상승했다. 중국측 통계를 기
준으로 2002년 일본과 한국의 대중(對中) 직접투자 금액은 각
각 41.9억 달러, 27.2억 달러인데, 한국의 GDP 규모가 일본
의 1/10 수준임을 감안하면, 한국의 대중(對中) 직접투자는 상
당히 큰 규모인 셈이다.

　관심을 끄는 것은 최근 한국의 대중(對中) 투자가 비약적으
로 증가하는 점이다. 한국의 대중(對中) 직접투자 증가율은
2000년 16.9%, 2001년 11.8%, 2002년 26.4%에 달했으
며, 특히 2003년 1~9월에는 57.8%로 폭발적으로 증가해
32.2억 달러에 달했고, 중국의 FDI 유치총액에서 차지하는 비
중이 8.0%로 높아졌으며, 투자국(지역) 순위에 있어서도 홍콩
(135.6억 달러)과 일본(36.7억 달러) 다음으로 많았다.

5. 자본·기술 집약 업종의 투자 급증

　한국의 대중(對中) 투자(2002년 말 누계 총투자 기준)는 전체

건수의 86.7%, 투자액의 83.4%를 제조업이 차지하고 있다. 1990년대 중반까지 주요 투자 업종은 신변잡화, 음식료품, 섬유·의복, 신발·가죽 등 노동집약 업종이 주류를 이루었으나, 최근에는 전자·IT, 석유화학, 자동차, 기계장비 등 자본·기술 집약형 업종을 중심(2000~02년 전체 투자액의 48.0%)으로 이루어지고 있다.

6. 양국간 통상마찰 증대

양국간의 경제교류 확대 추세에 수반하여 통상마찰 증가도 불가피한 추세로 자리잡고 있다. 우선, 중국측이 지난 10년간 지속되어 온 대한(對韓) 무역역조에 대해 무역불균형 시정을 요구하고 있다. 한국측 무역통계로 보면, 한국은 1993년부터 줄곧 대중(對中) 무역흑자를 기록하고 있는데, 2002년 무역흑자 64억 달러로 한국의 전체 무역흑자의 61.4%를 차지했다. 2003년에 들어서는 흑자 규모가 더욱 커져 9월 기준으로 이미 88억 달러 수준에 달하고 있다. 중국측 통계로 보면, 중국은 1992년부터 줄곧 대한(對韓) 무역역조를 보이고 있는데, 2002년 대한(對韓) 무역적자는 81억 달러에 달하며, 1992~2002년 동안의 대한(對韓) 무역역조 누계는 690억 달러에 달하고, 2003년 1~9월 대한(對韓) 무역적자는 168억 달러에 달한다.

한국측 입장은 양국간 무역불균형의 상당 부분은 한국기업의 대중(對中) 투자의 빠른 증대로 인해 한국의 대중(對中) 수출이 대중 수입보다 빠르게 늘어나는 점 등 구조적인 요인에 기인하므로, 양국간 무역량을 확대균형시키는 방향으로 해소해 나가는 것이 바람직하다는 견해이다. 한편, 중국측은 한국측이 중국 제품 특히 중국 농수산물에 대해 통관상의 편의와 우대를 확대하고 관세/비관세 장벽을 낮춘다면 중국의 대한(對韓) 수출이 늘어날 여지가 충분하다는 입장을 갖고 있다. 마늘 분쟁은 이러한 양측간의 견해 차이가 노정된 통상마찰 사례였다.

양국간 통상마찰 증대의 또 다른 원인은 중국의 급속한 공업화에 수반하여 전자·IT·철강·석유화학 등 경합분야가 증가하는 것과도 관련이 깊다. 즉, 양국간 경제교류에서 상호 보완부문보다 경쟁부문이 빠르게 확대되고 있는데, 이는 양국경제 모두 고속성장 속에서 공업화와 산업구조 조정이 빠르게 진전되는 추세에서 불가피한 변화이다. 이는 최근 중국의 대한(對韓) 반덤핑 제기가 증가하는 데서 확인된다. 중국의 대외 반덤핑 제기 건수는 2003년 10월 10일 현재 18개 품목의 반덤핑 최종판정과 6개 품목의 조사대상 품목이 있는데, 이 중 한국과 관련된 것은 19개 품목(철강, 석유화학제품이 대부분)에 달해, 한국은 중국의 최다 반덤핑 제소 대상국이다.

7. 대미(對美) 관계와 대중(對中) 관계의 조정

최근 한국의 대외교역과 해외직접투자에 있어서 중국은 미국을 제치고 한국의 최대 수출시장 및 최대 투자처가 되었다. 중국경제의 고도성장 지속, 세계적인 공장·시장으로의 부상, 대외교역의 급증 추세 등은 앞으로도 꽤 오랜 기간 유지될 가능성이 크므로, 중국경제에 대한 한국의 의존도는 향후 갈수록 상승할 가능성이 크다. 한국경제의 대중(對中) 의존도 상승 추세 속에서 한국은 대미(對美) 관계의 위상을 어떻게 정립할 것인가 하는 과제에 직면하게 될 것이다. 이는 비단 한국경제의 미래뿐만 아니라 한국의 정치·외교적 안보, 나아가 남·북한을 포함한 동아시아 정치·경제 질서에 변화를 야기할 수 있는 매우 중대한 전략적 과제가 될 것이다.

8. 산업공동화 위험

한·중간 국제분업의 긴밀화 추세 속에서 한국경제는 중국경제의 발전방향에 부합하는 방향으로 구조조정을 진행하고 중국산업의 발전과정을 고려하여 비교우위 분야를 개발해야 할 과제를 안게 될 것이다. 최근 대중(對中) 투자가 급격히 증가하고 자본·기술집약 업종 등 비교우위 산업의 대중(對中) 투자가 가속화되고 있으므로, 한국 내에 새로운 성장동력 산업의 개발이나 제조업의 고도화가 지연된다면 산업공동화(産業空洞化) 문제가 촉발될 가능성이 커 보인다. 2002년 한국의 총고정자본 형성과 비교할 때 대중(對中) 직접투자가 점하는 비중은 2.1%로 아직은 낮은 수치이다. 그러나 한국의 설비투자와 비교할 때 대중(對中) 직접투자가 점하는 비중은 2001년 2.8% → 2001년 4.7% → 2002년 5.1%로 빠르게 상승하고 있다.

9. 한·중간 통상주의 확대 필요

한·중간의 통상마찰 증대 문제는 앞으로 그 내용과 성격에 있어서 상당한 변화를 맞게 될 것이다. 전술했듯이, 한국의 대중(對中) 무역흑자 구조는 한국이 중국으로 부품과 소재를 수출하고 중국으로부터 조립 또는 가공된 완제품을 수입하는 구조에 기인하고 있다. 그러나 최근 중국으로 일본 및 아시아 신흥공업국의 생산기지 이전이 가속화되는 추세에서, 중국에 진출한 한국기업이 부품과 소재를 현지 조달로 전환하는 경우에는 한국의 중국에 대한 수출이 급속히 감소할 가능성이 있다. 한편, 중국의 공업화와 산업구조 조정, 기술경쟁력의 빠른 향상 추세를 감안할 때, 현재 중국측의 대한(對韓) 반덤핑 규제품목(예: 철강, 화학제품)이 수년 후에는 한국의 대중(對中) 반덤핑 규제품목이 될 가능성이 있다. 따라서 양국은 인접국으로서 통상주의를 확대할 필요가 있고 양국간 경제협력의 확대·심화라는 장기 비전을 지향하여 가급적 상대방에 대한 개방과 우대를 확대하는 것이 바람직할 것이다. 이런 의미에서 제도적인 장치로서 양국간의 무역원활화 내지 통관상의 우대·편의 확대, 무역장벽 완화를 촉진할 필요성은 점점 커지고 있다.

21. 중국 정치의 모범생, 후진타오

지 만 수

(대외경제정책연구원 부연구위원)

중국 사람들 역시 최고 지도자들에게 별명을 붙여놓고 농담하기를 즐긴다. 2002년 말 총서기와 중앙위원에서 물러난 쟝쩌민(江澤民)의 별명은 "광대(시이즈; 戲子)"였다고 한다. 그가 외국 방문 등 중요한 자리에서 곧잘 노래를 부르거나 악기를 연주한 데서 나온 별명이라고 한다. 어쩌면 공허한 문구를 꽤나 진지한 태도로 떠들어댄다는 비아냥일 수도 있다. 반면, 주룽지(朱鎔基) 총리의 별명은 "미치광이(펑즈, 瘋子)"였다. 그가 중국인들에게 매우 인기있는 지도자였다는 점에서 보면 쉽게 이해가 안 가는 호칭이지만, 당의 부패문제 등에 대해 마음속에 있는 말을 아무 거리낌 없이 내뱉는 그의 불같은 성격을 가리키는 애정어린 별명이라고 한다.

1992년 14차 당 대회에서 49세의 나이로 일약 4세대 지도자로 화려하게 등장한 뒤 드디어 공산당 최고의 자리에 오른 후진타오(胡錦濤)의 별명은 "쑨즈(孫子)"였다. 그냥 손자라는 뜻이지만, 윗사람들의 말을 잘 듣는 애송이라는 뜻도 있다. 알면서도 모르는 척 겉으로 나서지 않는 사람을 가리키는 말이기도 하다. 이 별명은 후진타오가 중국정치에서 차지하는 위치나 그의 사람됨을 잘 표현해 준다.

1. 고난을 모르는 모범생

그는 일본과의 전쟁이 한창이던 1942년 안휘(安徽)성 출신 차(茶) 상인의 아들로 태어났다. 중일(中日) 전쟁, 국공(國共) 내전, 한국전쟁 등 연이은 전쟁의 와중에서 어린 시절을 보냈지만 그에게는 대부분 그저 풍문이었을 뿐, 비교적 순탄하게 성장하고 교육받았다. 그는 학업에서도 우등생이었지만 고등학교 시절 공산당 청년단에 가입 신청을 하는 등, 정치적으로도 적극적이고 "건전한" 학생이었다. 중고등학교를 모범생으로 졸업한 후진타오는 베이징(北京)으로 올라와 명문 청화(淸華)대학 수리공정과(水理工程科)에 진학했다.

그가 명문 청화대학에서 중국 최고의 엘리트 교육을 받고 있을 당시의 중국은 대약진 운동의 실패로 인해 3년 동안 대기근을 겪었다. 이 기간에 농촌 지역에서는 수천만 명이 아사하는 등 중국인들은 건국 이래 최악의 고통을 받았다. 그러나 그는 청화대학에서 대학교육을 받으며 이러한 고난을 빗겨갈 수 있었다. 대학시절 내내 모범적인 학교생활로 공산당의 주목을 받은 그는, 졸업하던 1965년에 정식으로 당원이 되었다.

2. 연이은 행운과 발탁

중국 전체를 뒤흔들었던 문화혁명은 그 진원지 중의 하나인 청화대학에서 공산당 간부로 성장하고 있던 후진타오에게는 큰 충격이었으나, 그는 중도파적인 처신으로 큰 상처를 입지 않았다. 그는 정치 바람에 휘말리지 않고 1968년 깐수(甘肅)성의 수력발전소 건설 현장에 자원함으로써 베이징의 피바람을 피하는 한편, 수리공정 전공자이자 당 간부로서의 경력을 쌓기 시작했다.

그는 특유의 유능함과 성실함, 그리고 청화대학 출신이라는 학맥 덕분으로 당시 깐수성 당 서기로 있던 송핑(宋平) 등 현지 고위층의 관심을 끌었다. 특히 개혁·개방이 시작되고 젊은 간부의 발탁이 유행처럼 번지자 마침 베이징의 국가계획위원회로 전근한 송핑의 배려로 중앙 당학교에서 청년 간부교육을 받을 수 있었으며, 여기서 당시 공청단(共靑團) 서기이던 후야오방(胡耀邦)의 눈에 들어 1982년의 당대회에서 단숨에 최연소 당 중앙위원(후보위원)으로 발탁된다. 이후 공청단, 귀저우(貴州)성, 시장(西藏) 자치구 등에서 지도자로서의 경력을 쌓아갔다. 특히 1989년 시장 지역의 민족 소요에 대해서 강경진압을 진두지휘함으로써 중앙의 확고한 신뢰를 얻는 데 성공했다.

결국 그는 1992년 덩샤오핑(鄧小平)의 남순강화(南巡講話)에서 강조한 신세대 지도자 양성 방침 덕분에 또 다시 49세의 나이에 최연소 정치국 상무위원으로 도약하게 된다. 그리고 그는 이때부터 중국의 가장 유력한 차기 지도자로 전 세계의 주목을 받기 시작했다.

3. 집단 지도체제 하의 후계자

이때부터 그의 은인자중(隱忍自重)하는 행보가 시작된다. 특히 후진타오는 후야오방, 자오쯔양(趙紫陽) 등 공인된 후계자들의 연이은 실각이 준 교훈을 잘 이해하고 있었다. 즉, 개혁개방 이후의 중국은 마오쩌뚱(毛澤東)이나 덩샤오핑과 같은 영웅호걸형 지도자보다는 공산당 집단 지도체제가 부여하는 임무를 성실히 수행하는 지도자를 요구한다는 것을 잘 감지한 것이다.

때문에 그는 중국 대중에게 인상적인 모습을 보여줌으로써 차기 지도자로 스스로를 부각시키기보다는 당과 쟝쩌민의 방침에 충실한 "조직인"의 모습을 보여줌으로써 자기의 입지를 강화했고, 마침내 최고지도자의 자리를 계승하는 데 성공했다.

그가 얻은 "쑨즈(孫子)"라는 별명 역시 그의 이러한 은인자중에서 나온 것이다. 비록 그는 대중에게는 쟝쩌민의 노선을 앵무새처럼 반복하는 애송이로 비쳤을지 모르지만, 한편으로 손자(孫子)병법의 쑨즈와 같은 지혜를 발휘하여 최고의 자리에 오른 것이다.

그가 고난을 모르는 애송이 쑨즈인지 은인자중하는 병법의 지혜를 깨친 쑨즈인지는 앞으로 13억 중국인과 전 세계가 지켜볼 것이다.(주간동아 2002. 11)

22. 중국의 부실채권 문제

차 백 인

(한국금융연구원 연구조정실장)

1. 4대 국유 상업은행의 부실채권 문제

중국 정부는 2007년으로 예정되어 있는 은행부문의 완전 개방에 대비하여 은행권을 포함한 전체 금융시스템의 개혁을 추진하고 있는데 이중 최대 핵심과제는 대규모 부실채권으로 인해 국제금융계의 주목을 받고 있는 4대 국유 상업은행의 개혁이다.

국제통화기금(IMF)과 국제결제은행(BIS)은 중국의 국유 상업은행들의 막대한 부실채권의 심각성을 계속 경고하고 있으며, S&P사도 중국의 부실채권 규모가 중국정부의 공식 발표를 월등히 상회하는 GDP의 50%에 이를 것으로 추정하였다. 이를 배경으로 일부에서는 중국 은행들의 부실채권 처리가 지연되면 결국 중국정부의 재정부담이 크게 증대될 것이며, 최악의 경우 금융위기가 발생할 가능성도 있다는 우려를 제기하고 있다.

2002년 3월 말 기준으로 4대 국유 상업은행의 대출액은 중국 전체 금융기관의 대출액 11조 6,255억 위엔(元)의 62.8%에 달하는데, 중국인민은행의 공식발표 기준으로 2001년 말 4대 국유 상업은행의 부실채권 총액은 총 대출액의 25.4%에 해당하는 1조 7,656억 위엔(약 2,130억 달러)으로 이는 GDP의 18.4%에 달하는 금액이다. 더구나 2000년 7월 각 자산관리회사에 양도한 부실채권까지 포함하면 4대 국유 상업은행의 부실채권 규모는 총 대출액 대비 43.7%인 3.2조 위안에 이르며, 이는 GDP 대비 42%에 육박하는 수치이다.

4대 국유 상업은행 이외의 중소규모 은행들도 총 대출 대비 부실채권 비율이 10~20%에 이르는 것으로 추정되고 있는데, 특히 2002년 말 결산부터 적용되는 새로운 대출채권 분류기준을 따를 경우 부실채권 규모는 더욱 확대될 것으로 예상된다. 중국은 2002년 말 결산부터 대출채권의 분류기준을 4단계(정상, 기한초과, 연체, 회수곤란)에서 5단계(정상, 요주의, 부실, 위험, 손실)로 변경 적용할 예정인데, 예를 들어 중국공상은행(中國工商銀行)의 경우 새로운 기준을 적용하면 부실채권 비율이 2000년과 2001년의 29.3%와 25.7%에서 각각 34.4%와 29.8%로 상승할 전망이다.

국유 상업은행의 대규모 부실채권은 국유기업의 부실 경영과 90년대부터 본격화된 부동산대출에 의해 발생하였다. 국유 상업은행의 대출 중 약 70%가 국유기업에 집중되어 있으며, 사회주의경제를 배경으로 한 국유기업의 수익성을 의식하지 않은 기업경영이 바로 부실로 연결되었던 것이다. 또한 90년대 초부터 부동산대출이 크게 증가하였으나, 93년 이후 부동산 가격이 크게 하락하면서 부동산대출의 상당 부분이 부실화된 것이다.

2002년 5월 발표된 중국인민은행의 부실채권 발생 원인에 대한 검사 결과에 따르면 대출기업의 부실화에 의한 것이 43%, 부동산 가격하락 등 시장요인에 의한 것이 35%, 은행의 관리능력 부족에 의한 것이 22%인 것으로 나타나고 있다.

2. 부실채권 처리 현황 및 문제점

중국 정부는 그동안 공적자금 지원을 통한 국유 상업은행의 자기자본 확충, 자산관리회사 설립을 통한 부실채권 매입 등의 정책을 통해 부실채권 처리를 추진하였으나, 그 성과는 매우 미진한 상태이다. 중국 재정부는 1998년 8월 특별국채 발행을 통해 마련된 공적자금 2,700억 위엔(약 330억 달러)을 국유 상업은행의 자기자본 확충을 위해 지원하였고, 1999년 10월 400억 위엔을 투입하여 4개 자산관리회사를 설립하였으며, 이후 2000년 7월까지 상업은행법이 실시된 1995년 3월 이전의 부실채권을 장부가로 자산관리회사에 양도하도록 한 바 있다.

그러나 2002년 9월 말 현재 중국 4대 은행들이 각각의 자산관리회사를 통해 처리한 부실채권액은 2,323억 위엔으로 이는 양도 부실채권액의 16.7%에 그친 금액이다. 이들 자산관리회사들은 현금회수, 실물자산회수, 경매, 채무의 주식 전환 등을 통해 부실채권을 처리하고 있는데, 채무 주식전환(출자전환)의 경우 정부 및 채무기업과의 합의, 인수기업의 주식회사화, 채무기업의 상장을 통한 주식 매각 등을 활용하고 있으나, 여건이 성숙하지 못해 이를 통한 부실채권 처리에는 한계를 드러내고 있다.

　이처럼 부실채권 처리가 부진한 것은 부실채권 처리 관련 법규가 미비되어 있고 자산 디플레이션으로 인해 국내 및 해외 투자자들에 대한 부실채권 매각이 원활하게 이루어지지 못하고 있기 때문이다. 또한 1997년 아시아 금융위기 이후 경제성장세가 크게 둔화되면서 국유기업들의 수익성이 개선되지 못하고 있는 것도 한 원인이 되고 있다.

　현재 중국의 경우 파산자에 대한 처벌 조항이 없고 파산법이 채무자에 유리하게 적용되고 있어 채무기업들이 채무이행에 미온적인 태도를 보이고 있으며, 법원의 채무금액 확정 및 자산처분 결정에도 상당한 시간이 소요되고 있다. 또한 매각 기업 및 자산의 소유권 이전에 대한 외국인의 지위에 관한 규정이 명확하지 않은 것도 해외투자자들의 투자를 억제하는 요인으로 작용하고 있다.

　아울러 중국 정부가 실업자수 증가를 우려하여 채무과다 국유기업의 적극적인 폐쇄 및 통폐합 등을 묵시적으로 미루고 있고, 관련 법률 정비와 적극적인 공적자금 투입 계획 등도 마련하지 않는 등 미온적인 태도를 보이고 있는 것도 문제점으로 지적되고 있다.

　한편, 자산관리회사들의 경우 부실채권을 장부가로 양도받았으나 처리가격이 이에 크게 미치지 못하는 어려움을 겪고 있다. 아울러 자산관리회사들은 자본금을 제외하고는 부실채권 처리자금을 채권발행과 중국인민은행으로부터의 차입을 통해 조달했기 때문에 연간 300억 위엔 정도의 이자비용 부담을 안고 있는데 이와 같은 막대한 이자비용으로 인해 손실이 크게 증가하고 있는 실정이다. 이에 대해 중국 정부는 신규로 발생한 부실채권에 대해서는 은행들의 자체적인 처리를 요구하면서 해당 은행들이 부실채권 처리로 인해 발생한 자산관리회사들의 손실을 분담하지 않으려는 태도를 보이고 있는 실정이다.

이에 따라 실제 2001년 중국은행으로부터 부실채권을 매입한 동방자산관리회사의 경우 경쟁입찰을 통해 해외투자자에게 부실채권을 매각하였으나, 매도 가격은 장부가의 10%에도 미치지 못하는 것으로 나타났다.

3. 중국정부의 대응방침 및 향후 전망

중국 정부는 최근 이러한 부실채권 문제의 심각성을 인정하고 국유기업의 해외매각 규제 철폐, A주식시장의 개방 등을 통해 국유기업의 구조조정을 촉진함과 동시에 부실채권 처리를 가속화할 계획을 세우고 있다. 구체적으로, 2002년 11월 3일 중국 정부는 국유기업의 구조조정 및 부실채권 처리를 촉진하기 위하여 외국인 투자자에 대해 국유기업 해외 매각과 내국인 전용의 A주식시장 개방을 허용하기로 했으며, 2002년 4월 중국인민은행 총재는 총 대출액 대비 부실채권 비율을 연간 2~3%p씩 개선해 2005년까지 15%대로 낮출 계획임을 발표하였으며, 11월 초 재무장관은 정부가 은행권의 부실채권을 처리해야 할 책임이 있다고 발언하였다.

또한 2002년 말 결산부터 대출채권 분류기준을 국제기준에 맞추어 4단계에서 5단계로 세분화함과 동시에 국유 상업은행들의 재무 건전성을 강화하기 위하여 중국인민은행 내에 은행감독관리처를 신설하기로 하였다. 이에 따라 자산관리회사에 양도한 부실채권 이외에 새롭게 발생한 부실채권은 자산관리회사에서 인수하지 않고 은행들이 직접 처리하도록 하였다. 아울러 중국정부는 국유 상업은행들의 부실채권 처리가 어느 정도 진척되면 공적자금 투입과 은행의 주식회사화를 이룬 후 상장에 이은 주식매각을 계획하고 있지만, 아직 구체적인 사항은 결정되지 않은 상태이다.

중국의 부실채권 처리는 실업자수 증가에 따른 사회불안 우려, 법률 개정에 필요한 시간, 자산 디플레의 지속 등을 감안할 때 상당한 기간이 소요될 것으로 전망된다. 은행들의 자체적인 부실채권 처리가 어려울 경우 결국 정부의 공적자금 투입이 불가피할 것으로 보이나, 중국 정부는 아직까지 공적자금의 투입 여부와 계획에 대해서는 아무런 언급이 없는 상태이다. 따라서 사회안정을 우선시하는 중국 정치권의 정책으로 인해 국유기업의 구조조정도 어느 정도 지연될 가능성이 있는 것으로 예상된다. 그러나 중국의 경제성장세 지속, 정부의 막대한 국유자산 보유, 국유 상업은행들의 풍부한 유동성 확보 등을 고려한다면 일부의 우려와는 달리 중국의 금융위기 발생 가능성은 낮은 것으로 판단된다.

중국의 경우 매년 세수가 1,000~2,000억 위엔 증가하고 있고 토지를 포함한 국유자산도 35조 위엔에 이르고 있어 현재와 같은 경제성장세가 지속적으로 이루어진다면 부실채권 처리는 별다른 특별한 문제를 야기하지는 않을 것으로 보인다.

특히 지난 10월 무디스(Moody's)의 보고서에 따르면 국유 상업은행들은 지불준비금이 약 1조 달러에 이르고 저축률도 높은 수준을 유지하고 있어 유동성이 풍부한 것으로 나타나고 있으며, 외국인 직접투자 증가세를 배경으로 한 투자 증가와 수출 호조 등에 힘입어 중국 경제가 성장세를 지속하고 있으며 외환보유고도 충분한 상태에 있다는 사실에는 대내외에 별다른 이견이 없는 실정이다.

따라서 제반 여건을 종합적으로 고려한다면, 급작스런 아시아 금융위기나 세계경제의 급격한 침체와 같은 외부충격이 발생할 경우 현재의 부실채권 문제가 유동성 위기로 확산될 가능성을 완전히 배제할 수는 없지만, 그러나 그러한 가능성은 전체적으로 낮은 것으로 분석된다.

〈표 1〉 중국의 은행 관련 개혁 조치

시기	주요 조치내용
1995. 3	· 中國人民銀行法 및 商業銀行法 시행
1998. 1	· 中國人民銀行의 國有商業銀行에 대한 대출한도액규제 철폐
1998. 3	· 예금준비제도 개혁 및 재할인금리제도 변경
1998. 8	· 특별국채 발행을 통한 공적자금 투입(자본금 증액)
1999. 1	· 中國人民銀行 9개 分行體制 확립(지방정부로부터 독립성 강화)
1999.10	· 國有商業銀行에 대한 자산관리회사(AMC) 설립 완료
2000. 4	· 예금실명제 실시
2000. 7	· 국유상업은행의 부실채권 자산관리회사에 양도 완료
2001. 5	· 외국인전용 B주식시장 국내투자자에 개방
2002. 1	· 대출채권 분류기준 4단계에서 5단계로 변경
2002. 2	· 中國人民銀行內 은행감독관리처 설치
2002. 6	· 國債의 은행창구판매 개시

자료: 日本, 國際金融 1093호

〈표 2〉 중국 4대 국유상업은행들의 부실채권 처리 현황

(2002년 9월말 기준, 단위 : 억 위엔)

자산관리회사명 은행명	華融資産管理 中國工商銀行	信達資産管理 中國建設銀行	東方資産管理 中國銀行	長城資産管理 中國農業銀行	합계
인수 부실채권액	4,077	3,730	2,674	3,458	13,939
資金源	4,177	3,558	2,774	3,830	14,339
자본금	100	100	100	100	400
중국 인민은행대출	947	3,458	1,074	0	5,467
금융채발행	3,130	0	1,600	3,730	8,460
부실채권처리액	443	702	340	838	2,323
현금회수액	146	216	86	77	525
부실채권처리율	10.9%	18.8%	12.7%	24.2%	16.7%
현금회수율	33.0%	30.8%	25.3%	9.2%	22.6%

자료: 中國人民銀行, 國際決濟銀行(BIS)

〈표 3〉 중국의 주요 경기지표 추이

	1997	1998	1999	2000	2001	2002		
						1Q	2Q	3Q
GDP성장률	8.8%	7.8%	7.1%	8.0%	7.3%	7.6%	8.0%	8.1%
소비자물가 상승률	2.8%	-0.8%	-1.4%	0.4%	0.7%	-0.8%	-0.8%	-0.7%
외국인직접투자(억달러)	453	455	404	407	469	101	145	150
실업률(年間平均, %)	3.1%	3.1%	3.1%	3.1%	3.6%	N.A		
외환보유액(억달러)	1,399	1,450	1,547	1,656	2,122	2,586		
경상수지(억달러)	297	293	157	205	174	N.A		

주: GDP과 소비자물가는 前年同期對比 기준, 2002년 수치는 각 기간말
  기준

자료: Reuters, Bloomberg, 中國人民銀行, IMF

23. 중국의 시장경제 발전전략과 불균형 성장

한 광 수
(인천대학교 교수)

1. 중국식 시장경제의 길

오늘날 시장경제체제는 신뢰할 수 없는 변덕스러움과 노동의 상품화를 가속화하는 잔혹한 비인간적 한계를 지니고 있음에도 불구하고 더 나은 대안이 없는 상황에서 세계경제를 주도하고 있다. 중국을 비롯한 과거 사회주의권이 계획경제의 실험에 실패하고 이러한 시장경제로 향하는 길로 들어선 것은 오늘날 세계가 자본주의 전성시대임을 보여주는 극명한 본보기라 할 것이다.

그러나 중국이 기존의 자본주의체제들과 다른 점은 사회주의경제체제 경험과 잔재를 끌어안고 시장경제의 길로 들어서고 있다는 사실이다. 이 점은 향후 중국의 경제체제가 여느 자본주의 시장경제와 어떻게 차별화 될 것인가와 관련하여 주목되는 대목이다.

2. 중국경제의 발전메카니즘

　오늘날 중국의 시장경제 발전 메카니즘은 대체로 공산당 주도의 개방정책, 동남아 화교를 중심축으로 하는 외국인 직접 투자유치, 풍부하고 저렴하면서도 우수한 노동력, 그리고 광대한 시장 잠재력 등으로 구성되어 있다. 여기에 떵샤오핑의 '누군가는 먼저 부자가 되어야 한다'는 '선부론'(先富論)으로 요약할 수 있는 불균형 성장전략을 통한 개발정책이 전제되어 있다.

3. 금세기 중반까지의 장기 성장전략 제시

　주룽지(朱鎔基)의 뒤를 이어 차기 총리감으로 꼽히는 우방궈(吳邦國) 부총리는 중국의 장기 목표에 대하여 '금세기 중반까지 중국을 현대화하여 부강하고, 풍요롭고, 민주적이며, 문화적으로 향상된 사회주의 국가로 만들어 나가는 것'이라고 말했다.

　중국 정부의 장기발전 비젼 제시는 건국 이래의 전통이다(이 점도 우리나라와 크게 다른 점이다). 1950년대 초 주은래(周恩來) 총리는 '2000년까지 현대화된 강국 건설'을 표방하였으며, 1980년대 초 덩샤오핑은 '2000년까지 경제규모를 4배 증대'시켜 기본적인 의식주(溫飽)를 해결하고, 쾌적한 문화생활(小康)을 향유토록 할 것을 그 목표로 내걸었다.

　우방궈는 향후 10년 동안 전략적으로 경제구조개혁, 인프라 구축, 농촌산업과 중소도시의 발전 및 서부지역의 대대적인 개발을 강조하면서, 2010년까지 연평균 성장률 7%를 유지하여 일인당 GDP를 선진국 초기 단계의 수준으로 올리는 것이

목표라고 말했다.

중국정부의 경제분야 자문기관인 국무원 발전연구센터는 이와 같은 경제성장 전략을 보다 상세히 설명하고 있다. 즉, 2001~2005년간 연평균 7~8%, 2005~2010년간 연평균 6.4~7.8%로 설정했는데, 이러한 낙관론은 중장기적으로 경제성장을 위한 충분한 잠재력과 유효공급의 확대 가능성을 근거로 하고 있다. 전문가들은 현재 실제 경제성장률이 중국의 잠재 경제성장률보다 낮은 것으로 보고 있다.

4. 장기 발전, 시장구조의 개선이 관건

중국경제의 현안문제는 최근 수년간 중국 정부가 실시한 재정확대 정책에도 불구하고 내수경기 침체에 따른 경기하락 추세를 꼽을 수 있지만, 장기적으로 시장의 구조적 모순과 시스템을 정비하지 않는다면 단순히 내수확대에 의한 경제성장은 오히려 장기적으로 부정적일 수 있다는 점이다. 즉, 안정적이고 지속적인 경제성장을 위해서는 지속적인 시장구조의 개선이 선행되어야 한다고 중국 정부는 판단하고 있는 것이다.

정부의 정책에 참여하는 경제학자들은 안정성장을 위해 우선 내수확대를 위한 재정정책을 추진하는 한편, 국유기업 개혁과 민간경제를 활성화하여 공급의 활력을 꾀하고, 시장의 구조적 모순을 해결하는 것이 재정정책보다 우선되어야 하며, 시장개혁을 강화하고 정부의 역할은 점차 축소되어야 한다는 의견을 내놓고 있다.

5. 외자유치, 경제발전의 견인차

중국의 장기발전 전략과 관련해서 우리가 가장 관심을 갖는 분야의 하나가 외자유치 문제이다. 경제발전 메카니즘의 중요한 기둥을 이루고 있는 외자유치 붐이 WTO가입을 계기로 다시 한 단계 상승의 전기를 맞이하고 있는 중국은 지난 20년간 연평균 9.7%의 경제성장률 중 2.7% 포인트가 외자유치에 기인한 것으로 평가하고 있다.

중국은 최근 7년 연속 개도국 중 외자유치 1위를 차지하고 있는데, 이러한 추세는 앞으로도 지속되고 가속화하면서 중국 경제성장의 주요 동력으로 작용할 전망이다.[7] WTO가입으로 중국정부는 외자기업에 대하여 내국민 대우를 약속하여, 수출 의무 비율, 기술양도 의무 등 외자기업에 불리하게 작용해 왔던 각종 규제의 철폐로 외자기업의 중국 내 기업활동은 새로운 국면을 맞이하고 있다. '9.11 테러' 이후 인텔 등 다국적기업들이 중국투자를 대규모로 늘리는 현상도 나타나고 있다.

중국시장에서 외자기업은 경공업, 화학, 의약, 기계, 전자 등 분야에서 이미 상당한 비중을 차지하고 있다. 전자분야에서 외자기업은 중국 내 생산액의 1/3을 차지하고 있으며, 통신관련 대표기업인 모토롤라는 중국 이동통신장비 시장의 11%를

---

7) 2001년 말까지 중국에 진출한 외국인 투자기업은 누계 390,484 개사로 계약액 기준 7,459억 달러, 실행액 기준 3,955억 달러이다. 지난해 중국정부가 승인한 외국인 투자기업은 전년 대비 16.0% 증가한 26,139 건, 계약액 기준 691억 9,100만 달러(10.4% 증가), 실행액 기준 468억 4,600만 달러(14.6% 증가)를 기록하였다.

차지하고 있다. 향후 대외개방의 확대에 따라서 금융, 보험, 통신, 무역, 도소매, 관광 등 서비스분야에서 외국인 투자는 더욱 크게 증가할 것이다.

전문가들은 중국경제의 지속성장과 잠재력 등 내생적 요인과 투자환경개선 등 외생적인 요인으로 금년도 중국의 외자유치는 500억 달러를 넘어 사상 최고액에 달할 것으로 보고 있다. 한편 중국정부는 이러한 붐을 활용하여 외자유치 전략을 선진기술, 현대화 경영기법 및 인재유치, 서비스분야, 다양한 투자방식 활용 등으로 전환할 움직임을 보이고 있다.[8]

6. 불균형 성장전략

어느 나라든 가난을 벗어나기 위하여 개발 초기단계에서 지역 불균형 성장전략을 채택하게 된다. 저개발국가의 경우, 빈곤의 악순환에서 벗어날 수 있는 유효수요를 창출하기 위한 대규모 투자자원의 마련이 어려울 뿐 아니라 한정된 자원을 모든 지역, 모든 산업부문에 동시에 투자하는 경우 바람직한 변화를 유발하는 것이 불가능하기 때문이다. 저개발국에서의 성장은 병목현상을 초래하는 선도적 투자에 의하여 전개되는 연속과정이며, 발전과정은 한 부분에서 다른 부분으로 이어진다.

중국에서도 동부 연안지역과 서부 내륙지역간의 지역간 격차는 불균형성장이 초래한 전형적인 사례이다. 정부의 동부지역 우선개발 전략에 따라 동부지역은 대외무역의 95%, 그리고 외자유치의 98%를 독차지해왔다. 중국정부는 90년대 초부터

---

8) 중국 국가계획위원회, '10·5기간 외자이용 및 해외투자계획' 참조

지역간 불균형의 심각성을 인정해 왔으나, 그 대책은 10년이
지난 2000년 4월에야 서부 대개발을 위한 범정부 기구를 출범
시켜 비로소 착수하였다.9)

중국경제의 불균형은 지역격차 이외에도, 중국경제가 처한
이행경제와 낙후성을 반영하여 사회주의체제와 시장경제의 불
균형, 거시경제와 미시경제의 불균형('저물가 고성장'을 실현하며
견실한 거시경제 지표와, 부실채권을 안고 있는 은행과 국유기업
등), 세계 6위의 국민경제규모(GDP)와 일인당 1천 달러 미만의
소득수준의 불균형, 그리고 빈부격차 확대 및 소외계층의 출현
등으로 나타나고 있다. 이들 문제는 중국경제의 주요 특징이자
구체적인 경제현안인 셈이다.

7. 세계적 불균형 경제 국가 출현

이처럼 여러 측면에서 불균형 성장의 단면들이 드러나는
중에서도 중국이 보여주는 경제규모(GDP)와 경제수준(일인당
GDP)은 기존 세계질서와는 전혀 양상이 다른 경제체제의 부상
을 예고하고 있다. 시장규모 1조 달러가 넘는 미국을 비롯한
기존의 경제대국들은 일인당 GDP도 2만~3만 달러의 높은 경
제수준인데 반하여 중국은 세계 경제규모 6위(1999년에 GDP 1
조 달러를 돌파)에 일인당 경제수준 911달러(세계 111위)의 극심
한 불균형을 보이고 있다. 이를 반영하여 중국은 지난해 말 가
입한 WTO를 비롯한 세계경제 무대에서 기존의 경제대국들이
보이는 행태와는 사뭇 다른 목소리를 낼 전망이며, 사안에 따

---

9) 한광수, 중국 서부개발의 성격 분석, 현대중국학회, 2001. 12

라 강대국과 약소국의 입장을 오가며 자신의 영향력을 확대해
나가고자 할 것으로 보인다.[10] 이는 우리나라 입장에서도 한중
경제협력이 '공동 발전의 틀' 안에서 순조로울 수만은 없을 것
임을 감지하게 하는 것으로 이해해야 할 것이다.

8. 중국의 경제발전과 한·중 경제협력

오늘날 중국경제는 많은 문제를 안은 채 발전하고 있다.
앞으로도 그럴 것이다. 마치 우리나라 경제처럼. 지난 10년간
중국의 놀라운 경제발전은 한·중 경제관계에도 직접적인 영향
을 미쳤으나, 이러한 양국간 협력은 장기적 관점에서 볼 때 시
작단계에 불과하다.

양국간 경제협력은 짧은 교류기간에도 불구하고 1992년
수교 이래 2001년까지 연평균 30%의 높은 증가율을 보였다.
이에 따라 중국은 미, 일에 이어 우리나라의 3대 교역대상국,
그리고 우리나라도 일본, 미국에 이어 중국의 3대 교역대상국
(홍콩 제외)으로 부상하였다.

이처럼 대(對) 중국 교역의 놀라운 증가속도를 전통적으로
우리의 주요 교역국인 미국, 일본과 비교해 보자. 우리나라와
이들 국가 간에 1991~2000년의 10년간 교역의 규모와 증가
속도를 보면, 미국이 374.5억 달러에서 668.5억 달러로 1.8
배, 일본이 334.8억 달러에서 522.9억 달러로 1.6배 증가에
그친 데 비하여 중국은 44.4억 달러로부터 312.5억 달러로

---

10) 중국 국가통계국 치우샤오화(邱曉華) 부국장은 중국의 WTO 가입이 중국
　　경제발전에 연간 0.7~1%의 원동력을 제공하게 될 것이며, 경제개혁도 더
　　욱 심화될 것으로 전망하였다(2001. 9. 10 중국상보 1면).

7.0배 급증을 보였다.[11]

    이들 3국이 우리나라의 대외교역에서 차지하는 비중은 2000년 기준으로 45.2%였다. 국가별로는 미국 20.0%, 일본 15.7%, 그리고 중국 9.4%였으나, 최근 중국은 월별 교역에서 20.3%를 차지하면서 미국을 누르는 급증세를 보이고 있다.[12] 유의할 점은 중국의 경제발전 전망이 낙관적일수록 시간이 흐름에 따라 우리의 대 중국 교역의 비중은 크게 증가할 가능성이 높다는 것이다. 이 같은 흐름은 투자와 금융협력 등 거의 전 분야에서 유사한 추세를 보이고 있다.

    이처럼 빠르게 중국과의 경제협력이 진전되는 것은 한국경제가 중국경제에 대한 의존도를 높여 장기적으로는 흡수되어 가는 추세를 보이는 것으로 해석될 수도 있다. 이에 대응하여 한국의 역사적 우방인 미국은 IMF 관리체제 이후 미국식 신자유주의 구조조정을 계기로 한국에 대한 직접투자를 획기적으로 늘여 나가는 데 관심이 높다. 이는 한편에서 보면, 한반도경제가 중국시장과 미국자본의 각축장(角逐場)으로 변하는 경향을 보이는 것이며, 다른 한편에서는 우리 경제가 미국경제와 중국경제를 동시에 활용할 수 있는 좋은 기회를 맞이하고 있는 것으로 풀이된다. 기회와 위기의 공존이다.

    이런 상황에서 우리 사회는 중국의 변화에 대한 인식과 대응에 혼란상태(북한의 변화에 대해서도 유사)를 보이고 있는 것이 현실이다. 이는 중국경제가 많은 문제를 안고 발전하는 데 대

---

11) 지난해 대 중국 무역에 홍콩·마카오분 112.2억 달러를 포함하면 432.7억 달러에 달한다.

12) 중국을 홍콩·마카오·대만 등을 포함한 중화권으로 확대하게 되면, 미·일과 중화권이 우리나라 교역에서 차지하는 비율은 52.6%로 7.4% 포인트가 증가하게 되는데, 이 중에서 중화경제권의 비중은 16.8%가 되어 일본을 누르고 우리의 제2위 교역지역이 된다.

한 반영이기도 하다. 중국 위협론과 같은 적대적 과대평가에서부터 중국경제는 거품에 불과하다는 과소평가에 이르기까지 다양한 주장이 공존한다. 불안정한 격변기를 대변하는 것일까.

그러나 모두가 인정하는 것은 중국의 변화와 발전에 대한 대응이 잘못되면 우리는 역사적 기회를 상실하고 위기에 직면하게 된다는 것이다. 영국 전략문제연구소는 일찍이 중국의 경제발전으로 가장 큰 수혜를 얻게 될 나라로 한국을 꼽았다. 평화통일을 전제로 한 것이었다. 중국과의 경제협력을 단순한 경제적 이익의 관점에서만 본다면 지나치게 순진한 것이 될 것이다.

24. 중국의 최근 조세동향

한 상 국

(한국조세연구원: skhan@kipf.re.kr)

1. 서론

경제의 글로벌화, IT산업의 발전, 인구의 노령화에 따른 사회보장에 대한 요구 등 새로운 경제환경이 빠르게 대두되면서 최근 중국에서는 독자적인 금융정책의 효과가 약화되고 조세 및 재정정책의 중요성이 부각되고 있다. 조세경쟁으로 인한 법인세와 소득세의 인하 압력 등 조세환경의 변화 조짐도 있을 뿐 아니라 정보화의 진전, 전자상거래의 활성화 등 전혀 새로운 형태의 거래가 등장하게 되면서 조세제도 및 조세행정상의 변화가 요구되기도 한다. 또한 환경에 대한 관심이 제고되면서 에너지 등 환경관련 과세의 중요성도 점차 부각되고 있다. 이처럼 조세환경이 변화를 겪고 있는 가운데 중국의 조세정책 및 최근의 동향에 대해서 살펴보는 것은 중국에서의 기업경영 활동에 시사하는 바가 많을 것이다.

2. 중국의 현행 조세제도

중국은 1949년 중화인민공화국의 수립과 더불어 추진된 조세제도의 점진적인 사회주의화, 문화대혁명기의 조세제도의 무력화, 개혁·개방 정책을 추진하면서 경제발전을 뒷받침하기 위한 수 차례의 조세개혁을 거쳐서 1994년에 현행 세제의 모습을 갖추었다.

중국의 현행 세목은 2000년 1월부터 고정자산 투자방향 조절세(調節稅)의 부과가 중지되고 종전의 차량취득 부가비(附加費)가 차량구치세(車輛購置稅)로 조세화되어 2001년 1월 1일부터 부과됨에 따라 24개이며, 각 개인·단위 및 기업은 해당되는 각종 조세를 납부해야 한다. 일반적으로 공업 및 상업에 종사하는 경제주체는 증치세(增値稅)[13]를, 교통운수업·금융업 및 서비스업에 종사하는 경제주체는 영업세(營業稅)[14]를, 농업생산자는 농업세(農業稅)를, 이익을 획득한 기업은 기업소득세(企業所得稅)[15]를 납부해야 한다. 이외에도 소비세(消費稅)[16] 과세대상 물품을 생산하는 기업은 소비세를, 지하자원을 채광하는 기업은 자원세(資源稅)를, 부동산을 매각하는 경제주체는 토지증치세(土地增値稅)[17]를, 인화세(印花稅) 잠정 조례에 열거된 문서 및 증빙을 작성·수령하는 각종 단위 및 개인은 인화세를, 부동산과 차량을 소유하는 경제주체는 방산세(房産稅)[18]와 차선사

---

13) 우리나라의 부가가치세와 유사하며, 주로 재화를 과세대상으로 함.
14) 우리나라의 부가가치세와 유사하며, 주로 서비스를 과세대상으로 함.
15) 우리나라의 법인세와 유사함.
16) 우리나라의 특별소비세와 유사함.
17) 우리나라의 양도소득세와 유사함.

용세(車船使用稅)를 납부해야 한다. 면세점(免稅點)을 넘어서는 개인의 소득에 대해서는 개인소득세(個人所得稅)가 부과된다. 이와 더불어 세법의 규정에 의해서 경제주체는 각종 감·면세의 혜택을 받을 수 있다.

조세 이외에도 국가의 규정에 의해서 과세당국이 징수하는 비(非)조세항목의 재정수입이 3가지 종류가 있다. 즉, 교육부가비(教育費附加), 광구사용비(礦區使用費) 및 문화사업건설비(文化事業建設費)가 있다. 한편 성급(省級) 인민정부는 과세당국으로 하여금 사회보험비(社會保險費)를 징수하게 할 수 있다.

3. 최근의 조세 동향

중국정부는 관련 세제의 원활하고 합리적인 운영을 위해서 비록 그 정비 폭에는 차이가 있었지만 조세제도를 지속적으로 정비하고 있다. 경제의 글로벌화, IT산업의 발전, 인구의 노령화와 사회보장 등과 같은 새로운 조세환경의 변화를 적극적으로 반영해서 세제를 정비하고 있는데, 최근의 조세 및 관련 주요 정책의 변화를 살펴볼 필요가 있다.

1999년 1월 1일부터 임산품, 방직제품, 완구 등 1,000여 품목의 수입관세율을 지속적으로 인하·조정해서 2002년 1월 현재 평균관세율이 12%이며, 2005년까지 9.4%로 인하할 계획이다. 반도체, 컴퓨터 설비, 전자통신 설비 등 첨단분야는 2005년까지 관세를 철폐할 계획이다. 수출 촉진을 위하여 1999.1.1부터 증치세(增值稅) 수출환급률을 인상해 왔으며, 현

---

18) 우리나라의 재산세와 유사함.

재 전체적인 환급률은 15% 내외에 이르고 있다.

또한 중국은 IT산업의 발전을 위한 조세지원정책 추진을 추진하고 있다. 기술개발과 첨단기술산업의 발전을 장려하기 위한 세제상의 우대조치를 제정하여 1999년 1월부터 시행했으며, 그 후 여러 차례 미비점을 보완하였다. 2000년 9월에는 소프트웨어(軟件) 산업과 직접회로(執成電路) 산업발전을 장려하기 위한 조세지원책을 발표하였다. 즉, 소프트웨어 산업의 발전을 위하여 증치세 세율을 3%로 인하하였고(상업기업에 속하는 소규모 납세의무자는 4%로 인하), 2010년까지 IT산업에 대한 증치세 경감 및 경감부분에 대한 소득세를 징수하지 않으며, 새로 시작하는 소프트웨어 사업에 대한 기업소득세를 2년 동안 면세하고 그 후 3년간은 반감한다. 또한 소프트웨어 생산 기업의 임금 및 교육훈련비의 실제 발생비용을 납부세액 계산시에 공제할 수 있고, 소프트웨어 수출시에 증치세 전액을 환급하며, 기술개발비를 기업소득세 과세가액에서 50% 차감한다.

1999년 11월부터는 소비 진작 정책의 일환으로 은행저축에 따른 이자에 대해서 20% 세율로 개인소득세를 징수하기 시작하였다. 우리나라 사람에게는 한·중 이중과세방지협정에 의해서 10% 세율로 개인소득세를 징수하고 있다.

자동차공업의 발달을 위하여 2001년 1월1일부터 소비세 세율을 인하하였으며, 2001년 1월 1일부터 종전의 차량취득 부가비를 조세화 해서 차량구치세(車輛購置稅)를 부과하기 시작했으며, 세율은 10%이다.

지난 15년간의 노력으로 중국은 2001년 12월에 세계무역기구(WTO)에 가입했다. WTO 가입은 글로벌 경제라는 조류에 편입되는 것을 의미하며, 중국의 입장에서는 경제의 글로벌화에 대한 도전이라는 중대한 전략적 대응을 준비해야 한다는 것을 의미한다. 조세분야에서도 WTO협정의 조세에 관한 각종 기본원칙에 부합하도록 조세제도 및 조세정책을 조정해야 하며, 조정 후의 조세정책은 또한 중국경제 현실 및 거시조절정책에 부합되어야 한다는 과제를 안고 있다.

WTO가입에 따른 예상되는 조세제도 및 조세행정의 변화를 보면, 첫째, 자국민대우원칙, 최혜국대우원칙, 반덤핑·반보조금원칙 등 WTO 규정에 부합되지 않는 각종 규정을 개정할 것으로 보인다.

둘째, 법적 안정성에 약간의 문제가 있는 현행 조례형태의 조세규정을 전국인민대표대회의 의결을 거친 법률의 형식으로 격상시켜서 법적 안정성과 투명성을 제고할 것으로 보인다.

셋째, WTO 가입에 따른 내국민대우 원칙을 실현하고, 대외경제정책 및 경제구조의 선진화 전략에 부합되는 세제를 구축하기 위해서 내자기업소득세 및 외자기업소득세를 통합할 것으로 보인다. 통합하는 경우 지금까지 인정되던 외자기업에 대한 각종 조세우대조치를 축소하여 양 기업간의 공정한 경쟁여건을 마련할 것으로 보인다. 또한 현재의 지나치게 높은 명목세율을 낮추어 실질세율과의 격차를 축소할 것으로 예상된다.

넷째, 조세우대정책을 조정하여 기존의 외자유치, 동부지역 우선개발정책에서 국가 중점육성업종 및 국토균형발전을 위한 우대정책으로 전환하며, 우대방식도 차등세율에 의한 직접감면 외에 가속상각, 투자감면제도 등으로 다양화할 예정이다.

다섯째, 지방세의 유사세목을 통합·정비하는 등 지방세를 전반적으로 정비할 것으로 보인다.

여섯째, 투자 장려를 위해서 현행의 생산형(GNP型) 증치세를 소비형 증치세로 전환하고, 수출에 따른 환급률의 상향조정 등 국제관례에 맞는 세제로 정비할 것으로 보인다.

일곱째, 국제거래의 확대에 대응한 세원(稅源) 관리에 만전을 기하기 위하여 전자상거래에 대한 과세대책과 세무증거자료 확보 방안을 강구하며, 이전가격 과세 등 국제 조세징수관리를 강화할 것이다.

앞으로 정비 또는 도입될 것으로 예상되는 세목을 보면, 상속세, 사회보장세, 휘발유와 디젤을 과세대상으로 하는 연료세의 도입을 추진하고 있으며, 소비세 과세대상을 확대해서 서비스 분야에 대해서도 과세할 것으로 보인다.

최근의 조세행정의 중점사항을 보면, 증치세 전용영수증의 관리 강화, 증치세 부정환급에 대한 중형선고 등 증치세 행정 업무의 강화와 아울러 개인소득세의 징수관리, 영업세 영수증의 관리도 강화하고 있다.

북경시 지방세무국은 일반영수증의 위조 방지를 위한 관리 강화, 영수증의 세원관리기능 강화(탈세 방지), 납세자와 소비자의 법에 의한 영수증 사용을 장려하기 위하여 북경시 영업세 영수증제도 개선 및 복권식 영수증제도를 도입했다. 영수증 종류를 종전의 업종·경영범위별 분류로부터 영업세 징수 범위별 분류로 변경하였고, 기존의 9종류 22개 영수증을 5종류 14개 영수증으로 축소하였고, 즉석 복권식 장려금지급 영수증제도를 도입해서 시행하고 있다. 특히 세무통지장치 프린트 영수증, 세무통제장치 프린트 두루마리식 영수증을 신설하여, 영수증에 대한 세무통제를 강화하고 매출액을 손으로 기재하는 방식은 폐지하였으며, 영수증 진위 여부 조회 및 제보 시스템을 도입해서 운영하고 있다.

25. 부상(浮上)하는 중국과
상생하는 길

현 오 석
(한국무역협회 무역연구소 소장)

"천지개벽"(天地開闢). 리빈(李濱) 주한 중국대사가 지난해 한·중 수교 10주년 기념 기자회견 자리에서 수교 이후의 한·중 관계를 이 한 마디로 함축하여 표현하였다. 실제로 지난 10년 동안 한국과 중국이 경제교류를 통해 이룬 성과는 수 천년 동안 이어져온 한·중 관계의 복원을 뛰어넘어 새로운 협력의 장을 열었다는 평가를 받기에 조금도 손색이 없다. 우리의 오랜 우방이었던 대만과의 외교관계까지 단절하고 중국과 수교를 할 당시만 하더라도 경제적으로는 실익이 적거나, 오히려 손해만 볼 것이라는 부정적 의견도 상당했다. 하지만, 양국간 수교 후 10여 년이 지난 지금 한·중 관계는 경제교류를 떠나서는 상상하기 어려울 정도로 성장에 성장을 거듭하고 있다.

1. 대중(對中) 교역은 우리나라 무역신장의 견인차

중국의 리펑(李鵬) 전 총리는 수교 당시 앞으로의 한·중 관계에 대해 '수도거성'(水到渠成), 즉 물이 흐르면 곧 도랑이 되는 법이라고 했다. 한·중 수교로 교류의 물꼬가 트이면 자연스럽게 발전해갈 것이라는 은유였다. 하지만, 이제는 도랑이 아니라 거대한 물줄기가 되어 도도히 흐르고 있고, 앞으로 그 물줄기의 깊이와 너비가 얼마나 확대될지 예측하기조차 힘들 정도로 발전하고 있다.

그간의 한·중 교역을 보면 우선 양적인 면의 확대와 질적인 면의 심화가 동시에 나타났다. 1992년 수교 당시와 2002년을 비교해 보면 우리나라 전체 무역이 대략 2배 정도 성장했음에 비해 한·중간의 무역규모는 6.5배 증가해 전체 무역신장을 주도했다. 같은 기간 중 우리나라 전체의 무역규모는 1,562억 달러가 증가했는데, 대(對) 중국 교역은 348억 달러가 증가하여 중국의 무역증가 기여도는 22%에 달하고 있다. 한마디로 중국과의 교역이 지난 90년대 우리나라 무역을 주도해온 것이다. 구체적으로 대중(對中) 수출은 1992년 27억 달러로 우리나라 전체수출 중 3.5%에 불과했으나, 2002년에는 238억 달러로 총수출에서 차지하는 비중은 14.6%로 확대되었다. 수입 역시 2002년 174억 달러로 동 기간 중 4.7배 가량 증가했고, 그 비중은 4.6%에서 11.4%로 높아졌다. 이에 따라 1993년부터 연속 10년 동안 대중(對中) 무역수지 흑자행진이 이어지고 있으며, 지난 2002년의 대중(對中) 무역수지 흑자액은 64억 달러로 미국에 이어 2위를 차지했다.

　　양국의 급속한 경제발전과 교류확대에 따라 교역상품 구조에도 많은 변화가 나타나고 있다. 90년대 초반 우리의 대중(對中) 수출은 60% 정도가 합성수지, 철강, 가죽과 같은 원자재였다. 이는 당시의 중국경제가 해외에서 원자재 및 반제품을 들여와 완성품을 만들어 수출하는 가공무역 구조를 갖고 있었기 때문이다. 특히 당시 한국이 보유한 기술이나 장비를 중국에서 적용하기에 어려움이 없었고, 지리적 인접성 때문에 물류비 절감도 가능했다. 그러나 2002년부터는 무선통신기기와 컴퓨터의 수출이 급격히 증가해 대중(對中) 수출품목 1, 2위를 차지했다. 지난해 두 품목의 대중(對中) 수출은 41억 달러로 전체 대중(對中) 수출의 17.3%를 차지했다.

　　중국산에 의한 국내시장 잠식도 빠르게 확대되고 있다. 우리 주변에서 워낙 흔하게 마주치는 제품이 중국산이다 보니 언제부터인가 '메이드 인 차이나'(Made in China)는 더 이상 낯설지 않게 되었다. 가장 흔히 눈에 띄는 의류의 경우를 보면, 2002년도 우리나라 전체 수입액이 22억 달러였는데 이 중 77%인 17억 달러가 중국산이었다. 이 밖에 신발(63%), 가방(36%), 가구(24%), 악기(19%), 완구(63%), 공예품(30%) 등도 모두 중국산이 지난해 우리 수입시장에서 1위를 석권했다. 일반 전자부품과 소형 가전제품을 중심으로 중국산 전자제품의 한국 진출도 빨라지고 있다. 전자계산기(87%), VCR(41%), 음향기기(37%), 선풍기(78%), 진공청소기(55%), 난방 및 전열기기(33%) 등은 중국산이 우리나라 수입시장에서 1위를 차지하고 있는 품목들이다.

2. 부상하는 중국

　현재 미국 및 일본의 제조업 발전속도는 둔화세를 보이고 있으나, 중국은 눈부신 성장을 지속해 1978-2000년 동안 연평균 10% 이상 성장했다. 중국은 현재의 비약적인 발전에 만족하지 않고 2030년 세계 제1위의 생산대국으로 부상하는 것을 전략목표로 삼아 제조업 발전에 박차를 가하고 있다.

　2002년 중국은 1인당 국민소득이 1,000달러에 근접했으며, 경제규모는 이미 GDP 기준으로 세계 제6위 수준이다. 그러나 IMF의 통계에 따르면 중국의 구매력은 미국에 이어 세계 2위를 차지하고 있다. 중국 정부는 2010년까지 중국의 경제규모를 2000년 대비 2배로, 다시 2020년까지 2배로 증대시켜 13억 인구가 1인당 GDP 3,000달러에 달하는 소강(小康)사회를 건설한다는 계획을 세워두고 있다.

　이러한 성장저력을 바탕으로 세계의 자본과 기술을 흡수하여 중국은 세계의 공장, 나아가 다국적기업의 아시아 공급기지로 변모해 가고 있다. 무역협회가 조사한 바에 따르면, 2001년 현재 세계시장 점유율 1위 상품 수는 우리나라가 69개에 머물고 있음에 반해 중국은 753개에 달하는 것으로 나타났다. 여기에는 완구, 신발, 의류 등의 경공업제품은 물론 세탁기, 전화기, 모니터, 녹음기, 마이크로 특수형 모터, 디지털 프로그램형 교환기 등에 이르기까지 전방위에 걸쳐 있다. 세계 500대 다국적기업 중 80%가 이미 중국에 진출하였고, 지난해말 중국내 외국인 투자기업 수는 42만 개로 미국에 이어 세계 2위, 외국인직접투자 누적액은 4,480억 달러로 개도국 중

세계 1위이다. 외국자본의 중국 진출은 화학섬유의 장강(長江) 델타지역, 컬러 TV의 주강(珠江) 델타지역과 같은 산업클러스터를 형성하는 데 결정적인 역할을 했고, 이것이 시장경제원리의 학습장 역할을 함으로써 중국경제에 활력을 불어넣고 있다.

3. 중국의 부상을 기회로 삼아야

역사적으로 중국 대륙에서 격랑이 일면 예외 없이 한반도에도 엄청난 후폭풍이 몰아쳤다. 몽고제국(1206년)의 30여년에 걸친 고려 침공, 청(1616년)의 2차례에 걸친 조선침공이 대표적인 사례이다. 과거에는 중국이 정치·군사적인 측면에서 한반도에 커다란 영향을 미쳤다면, 지금 진행되고 있는 중국의 경제성장은 경우에 따라 우리의 생존기반을 뿌리째 뒤흔들어 버릴 수도 있다.

13억 명의 소비자와 고도성장을 지속하는 경제가 만들어내는 거대한 시장이 중국의 가장 큰 매력이다. 중국에는 매년 2,000만 명이 새로 태어나고, 7.7년마다 1억 명의 인구가 늘어난다고 한다. 엄청난 인구증가와 빠른 경제성장은 중국 발 소비붐으로 이어지고 있다. 반면에 중국위협론도 만만치 않다. 현재 한·중간에 존재하는 기술격차가 조만간 소멸되고 오히려 추월당할지도 모른다는 불안감이다. 최근의 전경련 조사에 따르면, 우리 기업들은 정보통신, 철강, 식음료, 섬유·의류 등에서는 3년 내에 중국에 대한 기술우위가 사라질 것으로 우려하고 있으며, 조선, 건설 등에서만 우리의 기술우위가 6년 이상 유지될 것으로 보고 있다. 중국에 대한 기술격차의 소멸은 중국의 저가(低價) 공세를 견디고 치열한 경쟁에서 살아남을 무기를 잃는다는 의미이다.

따라서 현재 진행되고 있는 중국대륙의 변화를 예의주시하고 대처해야 한다. 지난 반세기의 냉전기간에는 중국과 소원할 수 있었지만, 과거 역사를 보나 지리적 인접성을 보더라도 한·중 양국은 숙명적으로 밀접한 관계를 맺을 수밖에 없다. 우리 조상들이 했던 것처럼 명분론을 지나치게 고수하거나, 기존 질서에 안주하여 대륙의 변화를 무시하고 대비하지 않는다면 어떤 시련이 우리에게 닥칠지 알 수 없다. 지금 중국에서 불고 있는 변화의 바람은 바로 우리들의 준비와 대응 여부에 따라 커다란 위협이 될 수도, 아니면 다시 오기 힘든 호기가 될 수도 있음을 직시해야 한다.

우리가 올바르게 대응하기만 한다면 중국은 무한한 기회가 될 것이다. 경험으로 볼 때 개인이든 국가든 가난한 이웃을 두는 것보다는 부자이웃을 둘 때 하나라도 더 득이 돌아온다. 부자나라 미국을 이웃으로 둔 덕에 외자유치 활성화와 고용창출 등의 혜택을 보고 있는 멕시코나, 잘 사는 서유럽 국가들 덕분에 자국민이 진출하여 일자리도 얻고 관광객 유치에도 덕을 보고 있는 동유럽의 여러 나라들이 이러한 예이다.

머지않아 중국은 우리의 가장 큰 교역상대국으로 부상하게 될 것이다. 중국이 우리의 주요 교역국으로 부상하고 있는 오늘날 중국경제의 불안은 그대로 우리에게 파급될 수밖에 없다. 따라서 중국의 경제가 승승장구하는 것에 불안을 느낄 것이 아니라, 오히려 중국이 침체에 빠지면 어떻게 할 것인가를 걱정해야 옳다. 결국 중국을 견제하거나 두려워하는 소극적인 자세를 버리고 새로운 거대시장의 등장이라는 적극적인 측면을 바라보아야 중국의 부상에 대한 대응방안도 나올 수 있다.

우리의 주력산업인 반도체, 철강, IT, 조선, 자동차 등의 산업에서조차 5년 내에 추월당할지도 모른다. 우리는 여기에 초점을 맞춰 대응책을 준비할 필요가 있다. 유일한 해답은 더 많은 세계 일류기업과 세계 일류상품이 나올 수 있도록 기술개발에 심혈을 기울이는 것이다. 세계 일류기업으로 평가받고 있는 삼성전자의 성장은 1,000명이 넘는 박사급 고급인력과 과감한 기술개발투자가 있었기에 가능했다. 핀란드의 휴대폰, 스위스의 시계, 브라질의 항공산업 등과 같이 세계 일류상품을 만들어낼 수만 있다면 중국의 추격에 대해 두려움을 가질 필요는 없다.

4. 한·중 상생(Win-Win)의 길

궁극적인 우리의 과제는 한·중 관계를 상생(Win-Win)적인 것으로 만드는 것이다. 경쟁은 불가피하더라도, 정해진 파이를 놓고 싸우는 영합게임(Zero-Sum Game)이 전개된다면 우리가 승리할 가능성은 거의 없다. 이것은 중국보다 경제발전단계가 앞서 있는 우리가 해결해야 할 과제이기도 하다. 전통산업의 경우 중국이 생산설비 확충을 위한 시설투자에 나선다면 우리는 차별화전략으로 디자인, 설계 등에 투자함으로써 제품고급화와 중국과의 보완성 제고를 지향해 나가야 한다. 중국기업과의 제휴 확대를 통해 수평적·수직적 분업구조를 강화해 나가는 것도 하나의 방안이 될 수 있을 것이다. 궁극적으로는 범용기술을 기반으로 한 대량생산 방식은 중국에 넘겨주고 우리는 지식기반 산업을 중심으로 고부가가치화를 지향해야 한다. 중국과의 경쟁을 우리 산업구조의 고도화를 위한 계기로 삼아야 한다는 것이다.

선진국 진입은 주어진 호기를 어떻게 잘 활용하느냐에 좌우된다. 지중해를 무대로 동서양의 중개무역에서 호기를 맞은 15세기의 이태리, 지리상의 발견을 토대로 대서양시대를 연 16세기의 스페인, 유럽의 중개무역 중심지로 번영을 이룬 17세기의 네덜란드, 산업혁명으로 세계를 주름잡은 18세기의 영국, 개항과 적극적인 근대화로 세계열강으로 비상한 일본 등이 좋은 예이다. 오늘날 중국의 비상은 우리의 경제발전 여정에 있어서 다시 오기 힘든 호기이다. 십자군 원정의 보급과 배후 지원을 담당했던 중세의 이태리가 번영을 구가했듯이, 우리가 지정학적 이점을 살려 세계의 제조창 역할을 하는 중국을 배후 기지로 활용할 수만 있다면 중국의 발전은 우리에게도 엄청난 기회를 제공하게 될 것이다.

21세기 변화된 환경에 맞게 황해를 내해(內海)로 생각하는 열린 마음이 필요하다. 중국은 우리가 경계해야 할 대상이 아니라 역사·문화적 공통점이 많은 우리의 친근한 이웃으로 새롭게 인식되어야 할 것이다.

26. 중국가족기업의 제도 분석

후 수 광(胡曙光)

중국인민대학 교수

〈내용 개요〉

　　중국인 사회에서 세계적인 백만장자는 존재해도 세계적인 화교기업은 찾아볼 수 없다. 개혁·개방 이후로 발전되기 시작한 중국 가족기업은 현재 "2차 창업"이라는 전환기에 직면하고 있다. 본문은 제도경제학이라는 분석도구를 이용하여 이러한 재미있는 경제현상을 상세히 분석해 보고자 한다. 또한 "2차 창업"에 돌입한 기업들에 대해 미시적 기초를 재구성하는 방안을 제기함으로써 기존의 문화자원을 빌어 재산권을 명확히 하고 새로운 내일을 창출하고자 한다.

〈키워드: 가족, 가족기업, 재산권, 거래원가,
　　　강세문화〉

　　가족기업은 오늘날 가장 보편적인 의미의 기업 유형으로 인식되고 있다. 현대기업 제도가 상당히 성숙된 미국에서도

90%의 기업이 가족기업에 속한다. 미국의 「포춘」지에서 소개한 세계 500대 대형기업 가운데에서도 가족에 의해 통제되는 기업이 무려 175개에 이른다. 공개적으로 주식을 발행하는 상장기업 가운데 개인이나 가족에 의해 통제되는 기업도 무려 43%를 차지한다. 이러한 기업들은 미국의 GNP의 50% 이상을 창출한다. 이러한 기업 가운데에는 듀퐁, 암웨이, 모토롤라 등 세계적인 기업들이 적지 않다.

중국 대륙의 가족기업들은 개혁개방 이후로 우후죽순처럼 생겨났다. 20세기의 마지막 20년 동안 중국의 민영기업 가운데 90%를 가족기업이 차지했다. 중국의 가족기업은 무(無)에서 유(有)로, 소규모에서 대규모로, 약자에서 강자로, 무질서에서 규범을 갖추는 역사적인 발전과정을 겪었다. 그러면, 왜 화교사회에서 이가성(李嘉誠)과 같은 세계적인 백만장자는 쉽게 찾아 볼 수 있는 반면, 세계 500대 기업 가운데는 화교기업을 찾아보기 힘든 것일까?

본문은 주로 제도적 변화 과정에서 시작하여 제도경제학(거래원가)을 분석도구로 이러한 경제적 현상을 분석하는 한편, 세계경제의 변화를 결합하여 중국 가족기업의 2차 창업 진행에 대한 필요성과 가능성에 대해 분석해 보겠다.

1. 중국가족기업의 특징과 제도 분석

"가족(家族)" 또는 "가정(家庭)"은 중국인들의 생활에서 매우 중요한 비중을 차지하고 있다. 한편, "가족"의 개념은 자체적으로 매우 신축적이다. 페이샤오퉁(費孝通, 1948)은 "중국의 농촌사회에 있어 가족이라는 개념에는 엄격한 단체적 제한이 없다. 이러한 공동체 안의 구성원은 필요에 따라 친속서열(親屬序列)을 빌어 외부로 확장할 수 있다. "가정 안"에는 자신의 범위 안으로 끌어들여 절친한 사이임을 표현하고자 하는 모든 사람들이 포함된다. 따라서 식구의 범위는 시간과 장소에 따라 얼마든지 확장이 가능하며, 그 확장이 커질 경우 천하가 모두 한 가족이 될 가능성도 있다. 따라서, 일상생활 속에서 또는 엄격한 학술논문에서의 "가족"(또는 "가정")에 대한 이해는 오로지 당시의 상황과 앞뒤 문장 또는 말하는 사람과 청취자간의 관계에 따라 이해해야 한다. 그러나 무엇 때문에 전통적인 가정은 무한대로 확장되지 않는 것일까? 가족기업 역시 그러하다. 일반적으로 가족기업은 일종의 연속적인 상황으로, 소유권과 통제권으로부터 분리될 수 없는 긴밀한 형식에서부터, 상장(上場) 이후 가족 구성원이 기업자산과 경영관리에 대해 임계(臨界) 통제권을 유지하는 기업 등이 모두 포함된다. 이러한 규모는 가정식 수공업 작업장에서부터 "기업제국(企業帝國)"의 대규모 형태까지 단일 업주제(業主制), 가족 구성원 동업제(同業制), 가족 구성원이 범가족 구성원을 포용하는 공유제(共有制), 가족 구성원이 임계 통제권을 유지하는 그룹기업, 그 밖에 상장회사 등 다양한 형식으로 나타난다. 그러나 본문에서 사용하는 "가족기업"의 개념은 주로 자산이 일정 규모에 도달한 대형 기업을 가리킨다. 본문의 취지로 다시 돌아와 세계적인 화교기업이 존재하지 않는 이유에 대해 생각해보자.

이 문제를 보다 정확하게 설명하기 위해 우리는 먼저 가족기업의 특징에 관해 이해할 필요가 있다.

중국 가족기업의 특징 가운데 "가까운 사람을 임용하는(任人唯親)" 관리방식을 찾아볼 수 있다. 이러한 비(非)계약제도에 의한 인력배치는 가족기업의 의사결정에 심각한 영향을 미치게 되어, 적지 않은 학자들이 이러한 각도에 입각하여 가족기업에 대한 정의를 내리고 있다. 예를 들어 리신춘(李新春, 2001)은 기업의 가족화 관리구조는 기업 통제권이 가족 또는 준(準)가족 구성원(예를 들어 친척, 친구, 동창, 동향인 등)에 의해 조정된다고 지적했다. 그는 "친인척"과 "지인"의 개념을 베버(Weber, Max)가 주장하는 비인격화 관료계층의 통치와 다른, 가족화 기업경영의 전형적인 표준으로 보았다.

제도경제학의 각도에서 볼 때, 전형적인 자본주의 계약기업에 비해 화교기업들은 대부분 비계약적으로 개인의 신용, 인정, 관계, 체면 등을 구속하는 중요한 특징을 갖고 있다. 가족기업의 초창기에는 이러한 가까운 사람을 쓰는 비계약제도 관리방식이 기업의 거래원가를 효율적으로 감소시켜 원가절감 면에서 비교적 우세를 차지하게 된다. 여기서 말하는 거래원가는 주로 기업의 조율원가와 신뢰원가이다. 경제학자의 견지로 볼 때, 신임은 계산적 신뢰, 개인적 신뢰, 제도적 신뢰(Williamson, 1996) 등 3가지로 나눌 수 있다. 비록 윌리암슨은 계산적 신뢰를 비과학적인 개념으로 인식하고 이에 대한 비판을 제기한 바 있으나, 개인적 신뢰에 대해서는 가치 있는 비판을 제기한 바 없다. 실질적으로, 개인적 신임은 화교경제조직을 성공으로 이끌어간 관건적(關鍵的) 요인이라 할 수 있다. 이는 기업의 각 요소의 초기 연합체로 거래 원가를 절감하고 리스크를 피할 수 있는 중요한 메커니즘이다. 한편, 이러한 비계약제도의 실시는 시장조절 능력의 부족, 비전 있는 계약 조건 체결의 결여, 정보의 불완전 등 여러 가지 시장의 불완전 요소에 대한 일종의 이성적 반응이다. 란다(Landa:1981)는 "사람과 사람간의 신임은 서방사회에서 보편적으로 존재하는 법률계약체계를 구속하는 대체품"이라고 지적했다. 한편, 가족기업에는 보편적으로 비대칭적인 의무가 존재하며, 보다 높은 비공평적 의미의 균형을 실현하고자 한다. 이는 구성원 사이에 존재하는 일종의 혈연, 가족의 정, 우정 등의 관계 때문이며, 이러한 관계 가운데는 천연적인 불평등과 선천성, 비계약성 등의 특징(Seung Ho Park & Yadong Luo, 2001)이 존재한다. 이는 가족기업이 자본을 구성하고, 권위와 연합하며, 전통적 조직이론과는 상이한 차별화된 효율의 원천과 원동력을 조성함과 동시에 관리효율상의 장애를 초래하는 요소로 작용하므로, 실로 "성공과 실패가 모두 한 사람의 손에 달려 있다"고 할 수 있다.

　두 번째, 가족기업 재산권의 모호성을 들 수 있다. 비록 일부 가족기업에도 주주총회, 이사회, 감사회 등이 설치되어 있어 현대적 기업제도에 부합하는 듯하다. 그러나 "가족" 자체 개념의 모호성으로 인해 기업의 관리구조와 가족관계가 서로 얽히게 되고, 이로 인해 복잡한 가족기업 관리체제와 재산권의 모호성이 초래된다. 아이두어(愛多) 전기주식유한공사의 예가 바로 이러한 문제점을 설명하고 있다. 아이두어 유한공사는 후즈뱌오(胡志標), 천톈난(陳天南)과 중산시 동선이룽 관리단지(中山市東升益隆管理區)가 1995년도 연말에 설립한 기업이다. 관리단지의 주식은 무상주식으로 투자가 필요 없으며, 경영에 참여하거나 이윤을 나누지 않고, 비율에 따라 자산을 점유하지 않으며, 다만 매년 110만 위안을 기준으로 관리비를 수취한다.

후즈뱌오와 오랜 친구인 천롄난은 30만 위안을 출자하여 아이두어 유한공사 주식의 45%를 보유했으며, 법인 대표를 맡아 후즈뱌오와 함께 공동으로 경영에 참여했다. 후즈뱌오는 대외경영을 주관하였으며, 편의를 위해 천(陳)은 그에게 법인대표 자리를 내주었다. 그러나 문제는 이로부터 비롯되었다. 천(陳)은 "아이두어의 발전을 위해 나는 "가화만사성(家和萬事成)"의 이치에 따라 자리를 양보했으나, 이로 인해 경영에 있어 내가 모르고 있는 일이 점차 늘어나게 되었다. 예전에는 큰 결정을 내리기 전에 항상 나에게 전화로 상의했었는데, 그 후로는 사후에나 전화를 걸어 통보했으며, 나중에는 심지어 내게 통보하지도 않았다. …… 내가 45%의 주식을 보유하고 있음에도 불구하고 나를 투명인간 취급을 했다." 1999년도에 이르러 천(陳)은 주식을 팔겠다고 요구했다. 이에 후는 "회사설립으로부터 지금까지 천(陳)은 회사관리에 참여한 적도 없고 기여도 없었다. 당시의 30만 위안이 지금은 수억 위안 대의 재산으로 불었는데 절반을 가져가겠다니, 그럼 나에게도 관리에 대한 주식을 달라! 애초에 모두 그의 결정을 따랐다면 오늘의 아이두어는 없었을 것이다." 결국 아이두어는 위기를 모면하지 못하고 해산하는 것으로 막을 내렸다.

이와 밀접한 연관이 있는 것은 의사결정(決策) 메커니즘의 비제도화이다. 그러나 실질적으로 비가족 구성원 외에는 주식을 보유하지 않거나 보유주식이 적어 일반적으로는 가족경영의 의사결정(決策)에 대한 관여가 적거나 없는 것이 보편적이다. 가족 구성원 내부에서도 가족의 핵심 구성원이 대량의 주식을 장악하고 있어 비핵심 구성원은 핵심 구성원들의 의사결정에 관여하지 못한다. "자신과 관련이 없으면 관심을 두지 않는" 전통문화의 영향 하에 그들은 핵심 구성원들이 제기한 방안에 대항하여 자신들의 견해를 제기하지 못하며, 제기하더라도 자신의 견해를 견지하는 예가 매우 드물다.

제도경제학의 측면에서 볼 때, 거래원가를 이용해 제도를 분석하거나 조직을 통해 선택하는 방법은 다른 세 가지 방법보다 뛰어나다. 한 가지 방법은 중점을 동기(動機)에 두고 있으나 동기는 원칙적으로 관찰이 불가능하다. 만약 거래원가를 이용해 연구한다면 보다 나은 방법으로 검증 가능한 명제를 이끌어 낼 수 있을 것이다. 두 번째 방법은 리스크를 채택하는 것이다. 그러나 리스크가 각기 다른 상황에서 어떠한 변화를 일으킬지는 예측하기 힘든 일이다. 마지막으로는 역(逆) 방향으로 문제를 선택하는 것이다.

명확한 개인재산권에는 독보적인 장점이 있는데, 그것은 바로 개인 재산권의 소유자도 조직에 불참할 수 있는 선택권이 있다는 점이다. 이러한 선택권은 비교적 높은 거래원가를 채택하는 조직을 효과적으로 제약할 수 있게 한다. 일부 상황에서는 투표로 표결한 거래원가가 가격표결을 이용한 거래원가보다 낮을 수 있으며, 중요하지 않은 사안은 "대권(大權)을 독점하고 있는" 사장에게 위탁 처리함으로써 투표원가를 한층 더 낮출 수 있다. 이와 같이 개인재산권 하에서 다수표결의 결정 원칙은 거래원가를 절약할 수 있는 방법이다. 한 걸음 더 나아가, 경쟁적 조건 하에서 개인재산권은 거래원가를 인하할 수 있다. 경쟁적 조건 하에서 기업가 또는 대리인이 기타 자원 소유자들의 해당 조직(기업)에 참여하고자 하면 반드시 매력적인 조건을 제공해야 하는바, 이는 외부환경이 일정한 상황에서 그들 기업이 효과적으로 거래원가를 낮출 수 있어야만 가능할 것이다. 또한, 경쟁을 통해 조직에 참여하게 된 소유자도 일자리를 잃지 않으려고 보다 더 열심히 일하게 될 것이다.

이와 반대로 재산권이 모호한 가족기업에서는 이러한 거래원가절감의 장점을 얻기가 힘들다. 우리는 가족기업이 세계적인 대기업으로 성장하지 못하는 원인을 가족기업의 성장과 동시에 점차 많은 준(準)가족 구성원이 기업에 참여하게 됨에 따라 기존에 명확하고 관리가 쉬웠던 이들 기업들의 재산권이 점차 복잡, 모호해지고, 관리 면에서도 가족구성원 관계가 복잡해짐에 따라 혼란에 빠지게 되는 점에서 찾을 수 있었다. 왜냐하면, 가족개념의 수축에 따라 이타주의(利他主義)에 변화가 생기기 때문이다. 일반적으로 당사자가 기타 가족 구성원들에게 의무를 요구할 경우 가족 개념을 확대 해석하고 이타주의를 광범위화 하다가, 권리를 누릴 때에는 가족의 범위를 축소, 즉 이타주의를 축소화한다. 예를 들어 유산을 분할할 때, 양자(養子)는 가족구성원으로 인정 안 하다가도, 부양 의무를 부담해야 할 경우에는 가족구성원으로 취급한다. 이러한 예는 가끔 출가한 딸들에게도 발생하게 된다. 즉, 현행 법률에 따르면 딸도 유산상속권이 있으나, 아들들은 관습을 표방하며 출가한 딸에게는 유산상속권이 없음을 주장하곤 한다.

세 번째로, 가족기업의 인재 배척을 들 수 있다.

경영자들의 인재등용은 보통 가족 내부에 국한되어 선택의 범위가 매우 협소하다. 만약 이러한 기업의 이사장, 사장, 부사장 등의 직위가 모두 "가족" 구성원이라면 인재를 끌어들일 수도 없을 뿐더러 들어온 인재도 유치하지 못하게 된다. 이와 밀접한 관련이 있는 점은 가족기업에는 가족구성원 이외의 근로자에 대한 합리적인 격려체제가 부족하다는 것이다.

프란시스 후쿠야마(1995)는 문화를 저신뢰도(低信賴度) 문화와 고(高)신뢰도 문화로 구분한 바 있다. 저(低)신뢰도 문화는 신임이 혈연관계의 사회에서만 존재함을 의미하는 반면, 고(高)신뢰도는 혈연관계를 초월한 사회를 가리킨다. 한편 그는 중국, 이태리 남부지역, 프랑스 등을 저(低)신뢰도 문화로 지적했으며, 일본, 독일, 미국 등을 고(高)신뢰도 문화로 분류했다. 저(低)신뢰도 문화에서 사람들은 자신과 혈연관계가 있는 사람들을 비교적 쉽게 신임하며, 특히 "가족" 중의 사람들을 신임한다. 따라서 기업경영시 무의식중에 가족 내부 사람들과 공동행동을 취하게 되며, 고의 또는 무의식중에 비가족 구성원을 배척하게 된다.

제도경제학에서는 일종의 경제 현상의 존재, 특히 장기(20여 년은 보통 장기로 인식한다)적인 기간에는 반드시 합리성이 존재하며, 따라서 단순히 인위적인 제도의 안배로 해석할 수 없다고 인식한다. 중국 가족기업에 대한 제도적인 분석을 실시한 후 우리는 중국과 미국의 가족기업에서 특징적인 차이를 찾아볼 수 있었다. 먼저 표면적으로 미국 가족기업은 규모 면에서 중국 가족기업에 비해 큰 경향이 있다. 이는 미국 가족기업은 수 백년의 발전역사가 있는 데 반해, 중국 가족기업의 역사는 20여년에 불과하기 때문이다. 그러나 심층적인 원인은 위에서 말한 관리체제와 재산권의 구속조건의 차이에서 비롯된 것이며, 보다 심층적인 원인은 문화상의 차이일 것이다. 이러한 문화상의 차이는 관리에 있어 하나는 "친인척만을 신임"하고 혈연관계로 당사자의 행동을 제약하는 면에서 나타나며, 나머지 하나는 "뛰어난 사람을 신임"하고 계약으로 당사자의 행위를 제약하는 면에서 찾아 볼 수 있다.

또 한 가지 주목할 점은, 현대의 경제운영 이론은 서방문명을 기초로 한 것으로 구미국가(특히 미국)의 가족기업들이 본성에 따라 행하는 행동에는 일반적으로 서방의 이론에 부합하는 데 반해, 중국의 가족기업은 동양문명에는 부합하되 서방논리에는 어긋나며, 중대 결정을 내릴 때 고려하는 요소가 비교적 많아 거래원가가 무형적으로 증가하기 마련이다.(아래에서 보다 상세히 논의하겠다.)

2. 가족기업의 미시적 기초 재구축

매우 많은 문헌에서 중국 가족기업의 장단점에 대해 충분히 논의한 바 있으나, 본 문장에서는 재산권의 모호성과 관리상의 "친인척 신뢰"에 중점을 두겠다.

중국의 가족기업들이 "2차 창업"을 순조롭게 성공시키려는 과정에서 우리는 반드시 아래의 문제들이 우선적으로 해결되어야 할 것을 주장한다.

첫째, 모든 사람들이 주지하듯이 "가족"은 중국 사람들의 마음에서 지고지순한 자리를 차지하고 있다. 량쑤밍(梁漱溟) 선생은 아예 중국사회를 "윤리본위(倫理本位)의 사회"로 지칭한 바 있는데, 이는 매우 절절한 표현이다. 동일한 사물에 대한 처리 방식에 있어 중국인들은 혈연과 향친(鄕親) 관계의 차이에 따라 달라진다. 비록 기업에는 각종 규정과 제도가 있으나 서로간에 존재하는 각종 "관계(關係)"로 인해 제도는 형식에 그치기 마련이다. 이러한 점은 서양인들이 이해할 수 없는 부분이기도 하다.

제도경제학 면에서 "사람에 따라 차이를 두는" 방식은 거래원가를 크게 증가시키고 효율을 저하시키는 방법으로 평가된다. 거래원가를 인하시키기 위해서는 기업의 미시적 기초를 재구축할 필요가 있다. 이론적인 면에서 볼 때, 한 가지 제도의 진행에는 두 가지 방법이 있다. 하나는 강제적 제도개혁(强制性制度) 공급주도형 제도개혁(供主型制度), 즉 국가가 정책법령을 통해 실시하는 강제적 개혁이다. 공급주도형 제도 개혁 모델에 있어 권력중심(중앙정부)은 사회의 총생산과 독점 극대화라는 이중 목표로 새로운 제도방안을 제정한다(楊瑞龍, 1998). 20여년의 개혁·개방을 통해 중국이 이미 기초적인 사회주의 시장경제 체제를 구축함에 따라, 현 단계에서 정부주도의 제도변화가 발전할 공간은 이미 크지 않다. 가족기업 자체 역시 개혁·개방의 산물로 탄생과 동시에 시장의 세례를 받고 있다. 국가는 더 이상 가족기업의 개혁과 "2차 창업" 과정을 주도할 필요도, 가능성도 없다. 따라서 가족기업의 미시적 기초 재구축은 자연적으로 두 번째 제도변화 방식인 "수요 유치형 제도변화"를 따르게 된다.

노쓰(D.C.North:1971)는 제도변화를 제도에 불균형이 나타날 때 잠재적인 이익획득의 기회를 추구하는 자발적인 교체 과정으로 설명했다. 수요 유치형 제도변화에는 제도의 불균형으로 인한 잠재적 이익과 이러한 이익을 취하고자 노력하는 기초적 행동 단체라는 두 가지 필수조건이 있다.

현실적인 각도에서 볼 때, 현대경제 운영의 논리는 서양식 논리로 진행된다. 따라서 동양식의 "윤리본위"와 비공식적 제도의 안배를 강조하는 가족기업은 현대경제 운영 메커니즘에 적합하지 않다. 주식회사 제도는 서양문명의 산물이다. 따라서 중국이 국제사회와의 접목을 가속화하는 오늘날, 중국 가족기업이 국제 현대기업제도와의 연결을 원활히 진행하지 못한다면 이들은 세계경제로부터 버림받을 것이 분명하다. 이것이 바로 가족기업들이 직면한 "2차 창업"의 근본적인 원인이다. 만약 과거의 "가족문화"가 가족 소형기업에 조금이라도 도움이 된다면, 그것은 아마도 모두들 동일한 (문화와 경제적) 환경에 처해 있기 때문일 것이다. 지금 가족기업들은 커지고 있으며, 직면하게 되는 경쟁자들이 과거 향친이나 기타 가족 소형기업들이 아닌 세계적인 대기업들이 됨에 따라, 과거의 관리경험과 테크닉으로는 적응할 수 없게 되어 "2차 창업"의 진통을 겪게 된 것이다.

현재, 성장을 꿈꾸는 가족기업들에게 자금의 융자가 발전의 난관으로 부상했다. 우리는 자본력의 증대에는 자본의 축적과 집중 등 두 가지 방법이 있음을 알고 있다. 전자는 잉여가치에 의존하는 자본화로 개별자본의 증대를 실현하는 것이며, 후자는 사회자본의 재구성으로 개별자본의 증대를 실현하는 것이다. 후자가 전자에 비해 빨리 진행됨은 물론이다. 따라서 가족기업들은 합병, 통합, 상장 등 방식을 통해 사회자본을 흡수할 수 있으나, 외래자본의 증가는 가족기업의 주식권 구조가 가져오는 변화를 탈피할 수 없게 될 것이다. 따라서 우리의 결론은 가족기업이 성장하려면 일부 주식을 포기하는 대가를 치뤄야 한다는 것이다. 이로써 우리는 현대경제에는 수요 유치형 제도변화를 만족시켜야 하는 첫 번째 조건이 존재함을 알 수 있다.

중국 가족기업들은 계획경제 규칙이 효력을 잃었으나 건전한 시장경제 규칙은 세워지기 이전에 탄생, 발전한 것으로 이들 두 가지의 틈새에서 발전해온 가족기업들의 자연적인 선택이 되었다. 이로써 우리는 가족기업가들이 상당히 이성적임을 알 수 있다. 동시에 자본 인격화의 대표로서 이들 기업가들은 자연적으로 이러한 이익을 달성하는 기초적 행동단체가 되었다. 따라서 수요 유치형 제도변화를 만족시키는 두 번째 조건이 된다.

둘째, 앞에서는 미시적 기초 재구성의 필요성과 가능성에 대해 논했다. 그렇다면 중국 가족기업이라는 구체적 사안은 어떠한 방식으로 해결해야 할 것인가? 그 해답은 기업문화를 재구축해야 한다는 것인데, 말은 쉽지만 실행하기란 쉽지 않은 일이다. 앞 문장에서도 언급했듯이, 중국사회는 윤리본위의 사회로, 서방의 개인본위 사회와의 주요 차이점은 "가족"의 개념이 지금까지도 중국인들의 행위를 좌지우지하는 핵심으로 가장 깊은 문화적 단계에서 계승된 것이라는 점이다. 따라서 가족기업문화 재구축은 매우 어려운 일이나, 그렇다고 불가능한 것도 아니다. 우리는 소(牛)를 말(馬)로 변화시키는 일은 불가능하나, 일본이 전통적 동방국가에서 현대적 의미의 서방국가로 탈바꿈한 점에 주목할 필요가 있다.

그렇다면 새로운 기업 문화의 기초는 무엇인가?

먼저 재산권이 명확해야 한다. 부자, 부부, 형제간이라도 재산권을 명확히 구분해야만 범가족화(汎家族化) 이후에도 재산권이 불분명하게 되는 상황을 피할 수 있다. 그러지 못할 경우 "조직은 점차 커졌으나 구성원들의 책임은 점차 경미해짐을 느끼게 되고, 심지어 조직이 너무 비대해져 감각이 없어지는 경지"에 이르게 된다. 제도경제학의 "함께 하는 비극"이 실적적으로 여기에 있다. 다른 방법으로 같은 결론을 얻을 수 있듯이, 재산권은 근본적인 문제로서 절대 피할 수 없다.

그 다음은 관리의 제도화로써 제도의 "인위적" 탄력성을 피하자는 것이다. 량선생은 이를 중화민족의 "근성과 융통성"으로 귀결했다. 문제의 해결은 바로 고(高)신뢰도의 사회를 건설하고 합리적인 감독 메커니즘을 구축하는 데 있다. 이를 위해 기업가들은 반드시 일부 통제권을 양보하고 제약으로 인한 고통을 감수해야 한다는 것이다. 가족기업가들은 반드시 이러한 변화가 가져다 주는 고통과정을 거쳐야 할 것이다.

셋째, 기업에는 비전(또는 "理想")이 있어야 한다. 조금 돈을 벌었다고 안정만을 추구하고 미래에 대한 비전이 부족한 점이 적지 않은 화교기업들의 공통적인 문제점이다. 량선생은 민족성에 대한 비평에서 중국인들에게 "빈곤하면서 낙천적이고, 원망하지 않으며, 자신의 분수를 지키고, 운명은 하늘에 따르는" 등 쉽게 만족하는 악습이 있다고 지적한 바 있다. 더욱 노골적으로 말하자면, 꿈이 없고 진취성이 부족하다는 것이다.

넷째, 세 번째와 밀접한 관련이 있는 것으로, 가족기업도 독보적으로 우위를 점할 수 있는 기업문화의 이미지를 수립해야 한다. 세계적인 회사를 둘러보면 독보적인 기업문화가 없는 기업은 하나도 없다. 가장 표본으로 삼을 만한 예가 바로 코카콜라이다. 음료수를 파는 회사가 일년에 수천억 달러의 매출액을 기록할 수 있다는 것은 신화와 같은 이야기이다. 그러나 그 원인을 분석하면 그들이 활력 있는 문화를 팔고 있다는 점에서 그 근원을 찾을 수 있다. 이러한 문화의 유형적 제품인 콜라는 자연적으로 부가가치를 가지게 된다. 따라서 제품의 부가가치는 강력한 문화를 기초로 하는 것이다. 오늘날 서방국가들의 공업제품은 보편적으로 높은 부가가치를 가지고 있는데, 이는 현대사회가 서방공업문명(문화)를 기초로 하기 때문이다. 이처럼 우리는 왜 선진국가들이 전 세계에 자신들의 문화를 판촉하고자 하는지를 쉽게 이해할 수 있다.

중국에도 유사한 예가 있다. 베이징 라오서 차관(北京老舍茶館)의 전신인 베이징 다완차 공사(北京大碗茶公司)는 당시에 한 그릇에 2전하는 차로 시작한 가게이다. 오늘날 라오서 차관에서 차를 마시는 것은 차의 향기로움을 마시고 목을 축이는 것을 뛰어넘어 중국 전통문화의 정수를 느낄 수 있다는 데 그 의미가 있다. 물론 찻값은 다른 곳과 비교할 수도 없다.

강세(强勢) 문화를 어떻게 수립하느냐의 문제는 매우 복잡하다. 본문에서는 다만 관찰 가능한 사실을 제기하고자 한다. "가정"에 대한 중시에 반해 중국인들(중국 가족기업도 포함)은 자신들이 소재하고 있는 지역단체 건설에 대한 관심도는 크게 부족하다. 이러한 가족기업들은 지역단체 건설에 대해 응당 부담해야 할 책임을 다하지 않고 있다. 이리하여, 한편으로는 부를 축적한 중국 가족기업들에 대한 민중들의 불만이 쌓이게 되고 심지어는 배척하기까지 하게 된다. 또 다른 한편으로는 가족기업 역시 양호한 대중이미지와 강세문화를 확립하지 못하며, 민중들과의 양호한 사회적 관계도 맺지 못한다. 이와 대비해 (중국식) "가족" 개념이 없는 서방국가의 가족기업들은 비교적 지역단체 건설을 중시하는 편으로, 적극적으로 현지 지역단체 건설에 참여하는데, 이는 그들의 "그룹생활" 문화와 일맥상통한다.

3. 결론과 향후 연구 문제

영국의 저명한 역사학자인 토인비는 새로운 문명은 항상 기존 문명의 변두리에서 탄생한다고 말했다. 우리는 동서양 문명과 관리경험을 결합한 중국 가족기업은 반드시 역사적 기회를 포착하여 새로운 역사 단계에서 성공을 이룰 것이라고 믿고 있다. 중국의 민영기업 가운데 90% 이상을 차지하고 있는 가족기업은, 개혁·개방 이후에 탄생한 신생 사물로서, 학계는 이들에게 보다 많은 관심을 가져야 할 것이다. 화교 다국적 기업들이 이러한 조류에서 두각을 보이기 시작함에 따라 중국의 경제발전에 대한 가족기업들의 역할도 앞으로 막강해질 것이다. 그러나 본문의 목적은 세계적인 화교기업이 탄생하지 못한 이유와 중국 가족기업의 2차 창업 진행 필요성과 가능성에 대해 분석하는 데 있었다. 주요 관점은 다음과 같이 정리할 수 있다:

1. 중국가족기업은 "윤리본위"를 기초로 설립된다.
2. 현대 세계 경제운영 논리는 서방논리를 기초로 수립된

다.

상기 두 가지 관점 간의 차이는 중국 가족기업이 반드시, 또한 필연적으로 개혁해야 하는 상황을 초래하였다.

개혁의 중점은,

3.재산권을 명확히 함과 동시에 고도의 신뢰문화를 구축해야 한다.

4.자체적인 강세기업문화의 이미지를 확립해야 한다.

우리는 문화에 침전성(沈澱性)과 안정성(安全性)이 있으며, 이러한 변화는 경제관리제도의 변화처럼 그렇게 신속하지 못하다는 점에 주목할 수 있다. 그러나 이와 동시에 경제세계화의 파도가 몰아치는 지금, 외부의 맹렬한 경제환경 변화는 수많은 세계적인 기업들로 하여금 변화 모색에 나서게 했다. 중국 가족기업이 서방의 다국적 기업들(이 가운데는 가족기업도 적지 않다)과 세계 경제무대에서 함께 경쟁하려면, 반드시 "2차 창업"이라는 과정을 거쳐야 한다.

"변화하면 통한다"는 영원한 진리이다.

〈참고문헌〉

1. 리신춘(1998): '중국의 가족제도와 기업 조직', "중국사회과학계 간"(홍콩), 가을호.
2. 양궈수(1998); '가족화 과정, 범가족주의와 조직관리', "해협 양 안의 조직과 관리", 대만원류출판공사.
3. 청 링(1998), '정보 특징, 거래원가, 가족식 조직', "경제연구", 1998년 제6기.
4. 예인화(1999), '가족통제그룹, 핵심기업과 보수 상호간에 대한 연 구 — 타이완과 홍콩 증시시장의 비교', "관리평론"(타이완), 1998 년18권 제2기.
5. 황광궈,(1996), 쑨리의 '가족경영'에서 인용, 중국경제출판사, 1996년, 149~150페이지.
6. 추샤오핑(2000), '가족기업연구: 현대의미를 갖춘 화제', "중국사 회과학", 2000년 제5기.
7. 웨이 첸(2001); '올해의 가족기업과 가족식관리문제에 관한 연구 총술', "사회학 연구"(베이징), 109-123페이지.
8. 량쑤밍, '중국문화요의', 타이완, 이인서국, 1997년.
9. 뤄 쓰, '제도변천의 이론:개념과 원인', '재산권리와 제도 변천', 상해인민출판사, 1994년.
10. 장우창, "경제해석", 상무인서관, 2001년.
11. 양루이룽, '중국 제도변천방식전환의 3가지 단계', "경제연구", 1998년.
12. Francis Fukuyama(1995), '신임: 사회미덕과 경제번영창조', "해남출판사", 2001년.
13.[미국] James C.Colliins & Jerry Porras, "Built to Last: Seccessful Habits of Visionary Companies",중신출판사, 2002년.

中國家族企業的制度分析

胡 曙 光

（中國人民大學）

内容摘要：在華人社會中，有世界級的大富翁但没有世界級的華人企業．改革開放后發展起來的中國家族企業，現在面臨着"二次創業"的轉型．本文利用制度經濟學的分析工具，詳細分析了這种有趣的經濟現象，并對"二次創業"的企業提出了重构微觀基础的設計方案，依托既有文化資源，明确產權，再創明天．

關鍵詞：家，家族企業，產權，交易成本，强勢文化．

家族企業被認爲是目前最有普遍意義的企業類型．卽使在現代企業制度相当成熟和完善的美國，90％的企業也屬于家族企業．在美國《幸福》雜志提供的世界最大500家企業中，被家族控制的就達175家之多．在公開發行股票的上市企業中，被某个人或家族控制的就占43％，這些企業創造來美國GNP的50％以上．這些企業中不乏世界聞名的公司，如杜邦公司，安利公司，摩托羅拉公司等.

中國內地的家族企業自改革開放以來如雨后春笋般涌現. 20世紀的最后20年, 中國的民營企業中的90％都是家族企業. 中國家族企業經歷了從无到有, 從小到大, 由弱到强, 由无序到規范的歷史發展過程. 但在華人社會中, 世界級的大富翁比比皆是, 如李嘉誠等, 何以在世界500强企業中, 難覓華商企業踪影？

本文則主要從制度演變的過程, 利用制度經濟學(交易成本)作爲分析工具來解釋這种經濟現象, 并結合全球經濟的轉變來分析中國家族企業進行二次創業的必要性和可行性.

一, 中國家族企業的特点及制度分析

"家"或"家庭"在中國人生活里關系非常重要. 而"家"這個概念本身具有很大的伸縮性. 費孝通(1948)指出："在中國鄉土社會中, 家并沒有嚴格的團体界限, 這社群里的分子可以依需要, 沿親屬差序向外擴大". "家里的"可以包括任何要拉入自己的圈子, 表示親熱的人物. 自家人的范圍是因時因地可伸縮的, 大到數不清, 眞是天下可成一家. 因此, 无論是在日常生活中還是在嚴格的學術論文中對"家"(或"家庭")的理解, 只能凭当時的語境或上下文及說話者与听話者之間的關系來理解. 但爲什么傳統的家庭沒有无限的擴大？家族企業也是如此. 一般而言, 家族企業是一种連續的狀況, 包括從所有權与控制權不可分离的緊密持有形式到上市后, 家庭成員對企業資産和經營管理保持臨界控制權的企業. 其規模小至家庭作坊, 也可大到成爲一个"企業帝國", 其形態有單一的業主制, 家(庭)族成員合伙制, 家(庭)族成員吸納泛家族成員的共有制, 家(庭)族成員保持臨界控制權的企業集團, 乃至上市公司等多种形式. 但

在本文中使用"家族企業"這个概念主要是指資産達到一定規模后的大型企業. 回到本文宗旨，爲什么沒有出現過世界級的華人大企業?

爲了清楚地解釋這个問題，首先我們需要明白家族企業的特征是什么.

中國家族企業的一个明顯的特征就是管理方式的"任人唯親". 這种非契約制度安排如此嚴重地影響了家族企業的決策，以至于不少學者就從這个角度來定義家族企業. 如李新春(2001)指出，企業的家族化治理結构是指，企業的控制權被家族或准家族成員(如親戚，朋友，同學，鄉党等) 所把持. 在他看來，"自己人"或"熟人"的概念不同于韋伯意義上的非人格化官僚科層治理，是家族化治理企業的典型代表.

從制度經濟學角度來看，与典型的資本主義契約企業相比，華人企業中多以非契約性約束如个人信任，人情，關系，面子等爲重要特征. 在家族企業初創時期，這种任人唯親的非契約制度安排管理方式有效地降低了企業的交易成本，因此家族企業可以擁有較大的成本优勢. 這里的交易成本主要是指企業的協調成本和信任成本. 在經濟學家眼中，信任可分爲3种類型：算計信任，个人信任和制度信任(Williamson,1996). 雖然威廉姆森對算計信任提出了批評，認爲它只不過是有遠見合約中可信承諾的一种表現而已，是个不科學的概念，但他對个人信任却沒有提出有价值的批評. 實際上，个人信任是華人經濟組織創業成功的一个關鍵因素. 它是企業各要素的初始聯合体，是降低交易成本，規避風險的重要机制. 一方面，這种非契約制度安排是對市場調節能力不强，締結有遠見整体合約條件缺乏和信息不完備等多种市場不完備因素的一种理性反應. Landa(1981)指出："人与人之間的信任成爲約束西方社會普遍存在的法律契約体系的替代品." 另一方面，家族企業中普遍存在着非對称的義務，實現更高非公平意義上的均衡．這主要是因爲成員之間是一种血緣，親情，友情等關系，在這些關系中存在天然的不平等，先天性和非契約等特征(Seung Ho Park & Yadong Luo, 2001)．這卽使家族企業實現資本，權威聯合，導致与傳統組織理論相异的差异化效率的源泉和動力，也是産生治理效率瓶頸的因素，眞可謂"成也蕭何，敗也蕭何"．

第二，家族企業産權的模糊性

雖然有的家族大企業也設有股東大會，董事會，監事會等，從表面上看，是符合現代企業制度的．但由于"家"本身概念的模糊性，也導致了公司管理結構与家庭關系交織在一起，從而導致夏雜的家族企業管理机制和産權的模糊性．愛多電器股份公司的例子就很能說明問題．愛多公司是由胡志標，陳天南和中山市東升益隆管理區于1995年年底創辦的．管理區的股份是"干股"，不用投入，不參與經營和利潤分紅，也不按比例占有資産，只是以每年110万元爲基數收取管理費．与胡志標從小玩到大的朋友—陳天南出資30万元，占愛多45％股份，并担任法人代表，与胡志標共同管理愛多．胡志標則主要管理對外經營，爲了方便，陳讓出法人代表給胡．但問題隨之而來．陳說"爲了愛多的發展，我奉行'家和万事興'一再退讓，很多經營上的事我越來越不知道，從前是大的決策要做之前，他打个電話給我，后來是事情干完后才打給電話過來，再后來事情干完了根本不給我打電話，……這里有我45％的股份，他竟當我'透明'"．1999年陳提出退股要求，胡則說："從公司創業到今天，陳天南有沒有過管理公司？有沒有對公司的發展做過貢獻？從30万元到今天數亿家産說拿走一半就要拿走一半？我有沒有管理股？……如果當初公司重大決策都聽他的，就不可能有今天的愛多！"最終愛多沒有能够避免危機，進一步壯大，而是以散伙而告終．

　　与此密切相關的是決策機制的非制度化. 但實際上, 由于非家族成員外不持股或很少持股, 所以一般很少干豫或不干豫家族的經營決策. 卽使在家族成員內部, 由于家族的核心成員掌握大量股票, 因此非核心成員也無法敢于核心成員的決策. 在"事不關己, 高高挂起"的傳統文化的影響下, 所以他們很少對核心成員倡議的方案提出自己的看法, 卽使有的提出了, 但很少能够眞正堅持己見的.

　　從制度經濟學來看, 用交易成本分析制度或組織選擇, 優于另外三種方法. 一种方法把重点放在机上, 但動機從原則上說是無法觀察的. 如果用交易成本來研究, 則可更好地導出可檢驗的命題. 第二种方法是采用風險. 但是很難確定風險在不同的情況下怎樣變化. 最后, 逆向選擇問題.

　　明确的私人產權有一个獨到的好處, 卽使个人財産的所有者享有不參加某一个組織的選擇權. 這種選擇權對采用交易成本較高的組織是有效的制約. 在某些情況下, 投票表決的交易成本要低于利用價格表決的交易成本, 不重要的事情可以委托一个"大權獨攬的"經理處理, 從而進一步降低投票的成本. 可見, 在私人產權下, 多數票決定原則是力求節約交易成本. 進一步說, 在競爭條件下, 私人產權可降低交易成本. 在競爭條件下, 一个企業家或代理者若想爭取其它資源的所有者參加本組織 (企業), 就必須提供有吸引力的條件, 而在外部环境一定的情況下, 只有他的企業能够有效地降低交易成本時才能做到這一点. 另一方面, 通過競爭加入了某个組織的資源源所有者也會較賣力地干活, 否則有可能丟掉工作.

　　相反, 在產權模糊的家族企業中, 這些降低交易成本的好處可能就得不到. 我們得到家族企業成長不了世界性大企業的一个原因是, 隨着家族企業的壯大, 越來越多的 (準) 家族成員進入企業, 原本産權淸晰, 管理簡單的企業也就變得産權越來越複雜和模糊, 而管理也隨着家族成員關系的複雜化而變得紛亂不堪了. 因爲利他主義隨家庭概念的收縮而變化的. 一般而言在當事人要求其他家庭成員承担義務時, 他往往擴大家庭的槪念, 卽泛化利他主義, 而在分享權利時, 當事人往往要縮小家庭的範圍, 卽減縮利他主義. 例如, 在分割遺産時, 往往認爲養子不是家庭成員, 而在承担贍養義務, 當事人又認爲養子是家庭成員. 這類的例子, 有時還發生在嫁出去的女儿身上. 因爲根据現行法律, 女儿是有繼承權的, 但儿子却往往根据習俗對此作出解釋, 認爲嫁出去的女儿是沒有繼承權的.

第三. 家族企業排斥人才

經營者選擇一般限于家族內部, 選擇面狹窄, 如果這个企業的董事長, 總經理, 副總經理等都是"自家人", 那么人才引不進, 引進了也留不住. 与留不住密切相關的是, 家族企業缺乏對家族外員工的合理的激勵機制.

福山(1995) 曾將文化區分爲低信任度文化和高信任度文化. 低信任度文化指信任只存在于血緣關系的社會, 高信任度指信任超越血緣關系的社會. 他還指出, 中國, 意大利南部地區, 法國等屬于低信任度文化;日本, 德國, 美國等屬于高信任度文化. 只低信任度文化中, 人們更容易相信于自己有血緣關系的人, 相信"家族"內的人. 因此, 中創辦企業, 經營企業時就自覺不自覺地與家族內部人共同行動, 有意或无意地排斥非家族成員.

制度經濟學認爲, 一种經濟現象的存在, 尤其是長期 (20多年可以被看成是个長期) 存在必然有其合理性, 而不能僅僅解釋爲是一种人爲的制度安排. 在對中國家族企業進行制度分析之后, 我們由此可得到中美家族企業的一些特征差異:首先從表象上來看美國家族企業規模普遍比中國家族企業規模大，表明的原因是，美國家族企業有几百年的發展歷史，中國的家族企業只有短暫的20多年的時間，但深層的原因却是上述的管理体制和産權約束條件的差異引起的．更深層的原因却是文化上的差異．這種文化上的差異，表現在管理上一個是"任人唯親"，依靠血緣關系來約束當事人的行爲；一個是"任人唯賢"，依靠契約來約束當事人的行爲．

另外有一点值得注意的是，現代經濟運行邏輯是建立在西方文明基礎之上的，歐美國家(尤其是美國)的家族企業的率性而爲往往是符合西方邏輯的；而中國家族企業的率性而爲往往是符合東方文明的而不符合西方邏輯，因此中國家族企業在做重大決策時，考慮的因素就比較多，无形中增加了交易成本(下面還將詳細討論)．

二．重構家族企業的微觀基礎

很多文獻都較充分地探討了中國家族企業的优劣勢，但本文着重强調的是兩点，一是産權模糊，二是管理上的"任人唯親"．

中國的家族企業要想順利地完成"二次創業"的過程，我們認爲必須要解決下列問題．

第一，衆所周知，"家"在華人心中有着至高无上的地位．梁漱溟先生干脆把中國社會称之爲"倫理本位的社會"．這是入木三分的．對待同一事物的處理方式，華人往往視（血緣，鄉党等）關系的遠近而有所不同．對企業而言，雖然有各種各樣的規章制度，但由于彼此間的各種"關系"而是制度流于形式．這一点也眞是西方人所不能够理解的地方．

從制度經濟學來看，"因人而異"的做法无疑大大加大了交易成本，從而降低了效率．爲了降低交易成本就需要重構企業的微觀基礎. 從理論上來說, 一種制度的演進有2種方式：一是强制性制度變遷（供給主導型制度變遷）, 卽國家通過政策法令實施的强制性變遷. 在供給主導型制度變遷模型中, 權利中心（中央政府）依据社會總産出與壟斷租金最大化双重目標制定制度創新方案（楊瑞龍1998）. 經過20多年的改革開放, 我國已經基本建立了社會主義市場經濟, 所以在我國現階段, 政府主導的制度變遷已經沒有多大的發展空間了. 況且家族企業本身就是改革開放的産物, 一誕生就接受市場的洗禮. 國家沒有必要, 也不可能主導家族企業的改革和"二次創業"過程. 所以重構家族企業的微觀基礎自然就落在第二種制度演進方式上, 卽需求誘致性制度變遷.

諾思（D.C. North. 1971）認爲制度變遷是制度不均衡時追求潛在獲利機會的自發交替過程. 需求誘致性制度變遷中有兩个條件必不可少：1, 某些制度不均衡帶來的潛在利益, 2, 努力去實現這一利益的初級行動團体.

從現實的角度來看, 現代經濟運行的邏輯是按照西方式邏輯運行的. 因此東方式的以"倫理爲本位"的, 講究非正式制度安排的家族企業并不適合現代經濟運行機制. 股份公司制度是西方文明的一種体現. 因此, 在中國日益加速與國家社會接軌的今天, 如果我們的家族企業不能很好地與國際現代企業制度接軌, 那么家族企業將必然被世界經濟所抛棄. 這就是家族大企業面臨"二次創業"的根本原因. 如果說, 過去的"家文化"對家族小企業還有所帮助的話, 那是因爲大家都處在同一的（文化的, 經濟的）環境背景中. 現在當家族企業變大了, 面臨的競爭是世界其他國家大企業, 而不是過去的鄕里鄕親或其它家族小企業時, 我們過去的管理經驗和技巧就不法適應了, 所以才有"二次創業"的陳痛.

目前, 家族企業如果想進一步發展, 融資成本已經成爲其發展的瓶頸. 我們知道, 資本實力的增加有2種方式, 一是資本的積聚, 二是資本的集中. 前者是依靠剩余價值的資本化來實現單个資本的增大, 后者是通過社會資本的重新組合來實現單个資本的增大. 顯然后者的速度要遠遠大于前者. 因此對于家族企業來說, 可通過兼并, 合并, 上市等方式來吸收社會資本, 但外來資本的增加不可避免地改變家族企業的股權結構. 因此我們的一个結論是, 家族企業要進一步發展壯大, 就必須以放棄部分股權爲代價. 可見, 在現實經濟中存在滿足需求誘致性制度變遷的第一个條件.

中國家族企業本身是在計劃經濟規則失效而健全的市場經濟規則還未建立起來之際產生并發展的, 因此家庭或家族护则自然就成爲在夾縫中發展的家族企業的一種天然的選擇. 因此, 我們看到家族企業家是頗具理性的. 同時, 作爲資本人格化的代表 ── 這些企業家們自然就成爲實現這一利益的初級行動團体. 所以滿足需求誘致性制度變遷的第二个條件.

第二, 上面論述了重構微觀基礎的必要性和可行性, 那么針對中國家族企業這一具体事務該如何入手呢？答案其實很間單, 就是重構企業的文化. 這句話說起來很容易, 但眞正實施起來是頗爲不易的. 前文提到, 中國社會是經理本位社會, 她與西方个人本位社會的一个主要區別在于, "家"的概念至今仍是中國人行爲的核心, 她是從最深厚的文化層次中流傳下來的. 因此重構家族企業文化是非常困難的事情. 但這也不是不能辦到的事. 我們注意到詛樣的一个事實, 由牛變馬是斷不可能的, 何以日本却由傳統的東方國家變成了現代意義上的西方國家？

那么新的企業文化基礎是什么呢？

首先是要產權清晰. 卽使是父子, 夫妻, 兄弟姐妹之間也要分清产權, 這樣能有效避免在泛家族化之后的產權不清. 否則 "團体愈大，則團体中每一分子的責任感覺愈輕微；團体太大了，竟至于无感覺”．制度經濟學中的“共地的悲劇”實質也是在此 不同的方法，得出相同的結論，可見産權問題是个本源問題，是回避不了的.

其次管理制度化，避免制度的“人爲”彈性. 梁先生將此歸結爲中華民族的“靭性和彈性”. 問題的解決，就是要建立高信任度的文化，建立合理的監督檢查機制. 爲此企業家必須讓渡部分控制權，承受被約束的痛苦. 家族企業家必須要承受這種轉軌的痛苦.

第三，企業要有遠見（或者說是理想）．小富卽安，缺乏遠見是不少華人企業的通病. 梁先生在批評民族性時指出，國民具有“貧而樂，貧而无怨，安分守己，盡人事聽天命…”等知足自得的惡習. 說的坦率些就是缺乏高遠志向，沒有進取心.

第四，與第三点密切相關的是，家族企業要樹立自己的强勢文化形象. 縱觀世界級的公司，沒有一家沒有自己企業文化的. 其中最經典的是可口可樂公司，一个賣（飮料）水的公司，一年能賣出上千億美元的賣出額簡直就是神話. 爲什么？究其原因，是因爲她宣傳的是靑春活力的文化，作爲這種文化的物化産品—可樂自然也就有了高附加値. 所以說，産品的高附加値是依靠强勢文化的. 現在西方國家的工業産品普遍具有高附加値，就是因爲現代社會是以西方工業文明（文化）爲基礎的. 這樣，我們就十分容易理解爲什么發達國家要在全球推銷其文化了.

在中國也有類似的例子. 北京老舍茶館的前生是北京大碗茶公司，當時是以2分錢一碗茶水開始做起；現在在老舍茶館喝茶，享受到的不僅僅是茶的醇香和潤喉滋肺，而且還能享受到中國傳統文化的精髓. 當然，這茶資就不可同日而語了.

如何樹立强勢文化，這是一篇大文章. 本文只想提出一个可觀察的事實：相對于對“家”的重視而言，中國人（包括中國家族企業）對所在的社區建設的重視程度是遠遠不够的，這些家族企業沒有對社區的建設承担應有的責任．這樣，一方面導致民衆對富裕起來的中國家族企業的不滿，甚至是抵制；另一方面，家族企業也无法樹立起良好的公衆形象和强勢文化，也无法與民衆建立起良好的社會關系．相比較而言，沒有（中國式的）"家"概念的西方國家的家族企業是比較重視所在社區建設的，他們可以積極參與到當地社區的建設中去，這與他們的"集團生活"文化是一脉相承的．

三．結論與進一步要研究的問題

英國著名歷史學家湯因比曾說過，新的文明總是在原有文明的邊緣產生．我們相信結合了東西方文明和管理經驗的中國家族企業一定會抓住的歷史機遇，在新的歷史階段有所作爲的．中國的民營企業中90％以上是家族企業，對這个改革開放后產生的新生事物，學界應投入更多的關注的目光．華人的跨國公司在這大潮中也開始嶄露頭角，所以家族企業對中國經濟發展將有舉足輕重的地位．但本文的目的則是解釋，爲何沒有出現世界級的華人企業和分析中國家族企業進行二次創業的必要性和可行性．主要觀点歸納如下：

1. 中國家族企業是建立在"倫理本位"上的．

2. 現代世界經濟運行邏輯是建立在西方邏輯基礎上的．

3. 上述兩点之間的差異導致中國家族企業必須，也必然要改革改革的重点是

4. 要明确產權，建立高信任度文化．

5. 要樹立自己强勢企業文化的形象．

我們注意到，文化是具有沉淀性和穩定性，其變化不如經濟管理制度變化那樣迅捷．

　但我們同樣注意到，在經濟全球化浪潮席卷而至的今天，外部的經濟环境變化迅猛，迫使許多世界級公司都在謀求變革．中國家族企業要想與西方跨國公司（其中不少也是家族企業）同在世界經濟舞台進行競爭，就必須完成"二次創業"這个過程，固步自封是不行的．

　"變則通"是永恒的道理．

《參考文獻》

李新春（1998）："中國的家族制度与企業組織"，中國社會科學季刊，（香港），秋季卷．

楊國樞（1998）："家族化歷程，泛家族主義及組織管理"，《海堪兩岸之組織与管理》，台灣遠流出版公司．

陳凌（1998）："信息特征，交易成本和家族式組織"，《經濟研究》1998年第6期．

葉銀華（1999）："家族控制集團，核心企業与報酬互動之研究—台灣与香港證券市場之比較"，《管理評論》（台灣）1998年　18卷第2期．

黃光國（1996）：轉引自孫犁《家族經營》，中國經濟出版社，1996年，第149－150頁．

儲小平（2000）："家族企業研究：一个具有現代意義的話題"，《中國社會科學》2000年第5期．

韋前（2001）："我國今年有關家族企業与家族式管理問題的研究綜述"，《社會學研究》（北京），109－123頁．

梁漱溟：《中國文化要義》，（台灣）里仁書局，1997年.

諾思：《制度變遷的理論：概念与原因》，《財産權利与制度變遷》，
　　上海人民出版社，1994.

張五常：《經濟解釋》，商務印書館，2001年.

楊瑞龍：《我國制度變遷方式轉換的三个階段》，《經濟研究》，1998

弗蘭西斯·福山（1995）：《信任：社會美德与創造經濟繁榮》，
　　海南出版社，2001年.

[美]柯林斯和波拉斯：《基業常靑》，中信出版社，2002年.

□ 서 평 1 □

『중국과 WTO』

수파차이 파닛차팍·마크 L. 클리포드, 박정숙 역
(에코 리브르, 2002)

박 정 동(朴貞東)
(한국개발연구원(KDI) 연구위원)

1980년대 말에서 1990년대 초반 사이에 일어난 동구 사회주의권의 급격한 붕괴는 세계질서의 전면적인 재편을 가져왔다. 20세기의 거대한 실험이었던 사회주의 경제의 몰락은 자연스럽게 자유주의·자본주의 질서가 지배하는 새로운 질서의 수립을 의미하였다. 새롭게 수립되는 국제질서에 대한 논의는 자연스럽게 세계화·정보화에 대한 논의로 이어졌다.

다국적 기업과 같은 비국가적 경제주체들이 국제질서의 주요한 행위자로 등장한 것은 이미 오래 전의 사실이다. 여기에 더하여 정보와 자본시장에서 국경이 무의미해지는 현상은 수잔 스트레인지(Susan Strange)의 표현을 빌자면 '카지노 자본주의'라고 불러야 할 만큼 통제할 수 없는 세계시장의 도래를 의미하였다.

실제로 1997년 아시아 금융위기를 통해 값비싼 수업료를 지불하면서 우리가 목격한 바와 같이 하나의 시장으로 통합되어가는 자유주의·자본주의 질서는 그 변화의 맥락을 정확하게 쫓아가지 못하는 자에게 결코 자비롭지만은 않은 냉정한 질서이기도 하다. 사실 1990년대 말을 전후해서 세계화에 대한 책들이 많이 나왔고, 국내에도 번역되어 출판된 책들이 많다. 간단히 몇 권만 언급하자면, Hans-Peter Martin & Harald Schumann 이 저술한『세계화의 덫』, Oliver Dollfus의 『세계화』, Malcolm Waters의『세계화란 무엇인가』 등이 대표적인 저술일 것이다. 저술의 초점이 조금 다르지만 Werner Bonefeld와 John Holloway 등이 공동 저술한『신자유주의와 화폐의 정치』는 세계화와 자본의 논리에 대해 다루고 있는 주목할만한 저술이다. 국내에서도 세계화의 문제에 관심이 쏠리면서 다양한 시각의 저서들이 출판되었다. 비단 이러한 저술의 내용을 인용하지 않더라도, 세계화라는 세계사적 변화에 직면한 것은 비단 한국만의 문제가 아니다. 전 세계의 모든 국가가 이러한 변화에 적응하려는 노력을 시도하고 있는 것이다.

『중국과 WTO』라는 책은 이러한 변화에 적극적으로 적응하려는 중국의 노력과 그 영향, 그리고 그러기 위해 중국과 세계가 극복해 나아가야 할 바를 다루고 있는 책이다.

저자인 수파차이 파닛차팍(Supachai Panitchpakdi)은 태국의 부총리 및 WTO의 사무총장을 지낸 사람으로 태국의 주요 경제정책 수립에 중대한 역할을 수행했던 사람이다. 공동저자인 마크 L. 클리포드(Mark L. Clifford)는 Business Week 지의 홍콩주재 아시아지역 편집장으로『*Far Eastern Economic Review*』의 비스니스 편집장을 지내기도 한 사람이다.

이들의 간략한 배경을 보아서도 알 수 있는 것처럼, 이 책은 자유무역과 이의 추진 기구로서 WTO가 중국과 세계 전체에 많은 이득을 가져올 것이라고 주장한다. 물론 중국의 주변국들 및 자본주의 강대국들과 관계 진전 여부, 그리고 중국이 국내적으로 극복해야 할 산적한 많은 문제들이 있지만, 저자들은 조심스럽게 중국의 WTO 가입이 중국과 주변국 모두에게 이득이 될 것이라는 결론을 도출해내고 있다.

모든 사회적 현상이 다 그러하겠지만, 세계화는 양날의 칼이다. 특히 자유무역주의의 세계화는 자유주의 무역질서의 역사가 말해주는 것처럼 반드시 모두에게 이익이 되는 것만은 아니다. 동일한 조건에서 제한된 자원을 가지고 무한경쟁에 돌입한다면 상대적 약자는 자본주의적 분업의 하위구조에 편입될 가능성이 매우 높다. 19세기 팍스 브리타니카(Pax Britanica) 질서 하에서 뒤늦게 자본주의 발전을 시도한 독일과 일본 등이 강력한 보호무역주의를 기반으로 경제성장에 성공한 것은 이러한 사실을 역설적으로 증명해 준다. 더 나아가 극단적 자유방임주의의 반작용으로 등장했던 것이 사회주의였다는 역사적 사실은 역으로 사회주의가 붕괴한 현 시점에서 다시 한번 곱씹어 볼만한 역사의 교훈을 정해준다고 할 수도 있다.

반면에, 극단적인 보호무역주의가 초래한 1930년대의 대공황은 각 국가들의 이기적 정책이 총체적 파탄에 이르는 역사적 사례에 해당한다고 할 것이다.

어쨌든 이 책은 중국이라는 거대한 나라의 자본주의 실험이라는 주제를 다루고 있다. 사실 19세기까지의 동아시아의 역사는 중국의 역사라고 해도 과언이 아닐 만큼 중국은 오랜 기간 막대한 영향력을 행사해온 거대한 국가였다. 역사적으로 중국을 침략했던 많은 이민족들이 비록 군사적으로는 중국을 굴복시켰을지 모르지만 문화적으로는 중국에 동화될 수밖에 없었을 만큼 중국은 무궁무진한 흡인력과 잠재력을 보유한 나라이다. 20세기 중반의 사회주의적 경제발전 정책의 오류로 인해 그들 스스로 '잃어버린 수십년'이라는 표현을 사용해야 할 만큼 과거의 영향력을 유지하지 못한 측면이 있었지만, 중국은 여전히 강대국이며 사회주의권 붕괴의 해일 속에서도 그 거대한 경제를 성공적으로 발전시켜 오고 있다.

 이 책은 그 자체로 하나의 거대한 대륙인 중국의 WTO가입이 세계 자유무역 시장에 미칠 영향과 그 전망을 조망한다.
 우선 이 책에서 지적하고 있는 것처럼, 중국의 WTO가입은 동아시아 전체에 거대한 파문을 일으킬 것이다. 이는 최근 중국과 ASEAN국가들의 '자유무역협정' 체결로 더욱 가시화되고 있는 것처럼 중국의 자유무역체계 편입은 한국과 같은 과거 '아시아의 호랑이'들을 '종이호랑이'로 만들어버릴 수도 있다.
 그런 의미에서 1997년의 아시아 금융위기 상황에서 지역패권국가로서 중국이 보여준 행동은 의미심장한 바가 있다. 아시아의 최대 경제 대국인 일본이 신속하게 해외채권을 회수하는 등 발빠른 대응을 보일 때, 중국은 위엔(元)화의 평가절하를 시도하지 않음으로써 보호주의적 화폐 평가절하의 악순환의 고리를 끊은 것은 아시아 지역에서 중국의 영향력을 극명하게 보여준 사례라고 할 것이다. 이 책은 중국으로 집중되는 외국인 투자, 노동집약 산업에서 값싼 중국 제품의 경쟁력, 섬유 쿼터제 철폐, 중국이 추진하는 고부가가치 전자제품 등이 동남아시아 국가들에게 위협이 될 것이라는 지적을 하면서도 지역의 리더로서, 또 지역 성장의 엔진으로서 중국의 긍정적 역할에 더 많은 비중을 두고 있다. 대만과의 사이에서 빚어지는 소위 양안관계의 문제는 중국이 철저하게 경제와 정치를 분리하는 정책을 추진하는 이상 큰 걸림돌이 되지 않을 것이라고 판단하고 있다. 이 책은 중국의 부상이 아시아 지역구도에 큰 혼란과 위협요소인 것은 틀림없지만, 종국에는 막대한 이익을 가져올 것이라고 전망한다. 따라서 동남아시아 국가들은 말할 것도 없고, 인도차이나의 범메콩 경제권, 홍콩과 한국 등 신흥경제국들 역시 중국 중심으로 돌아가는 신질서 안에서 그들의 번영 여부를 결정해야 할 것이라고 경고한다.

이 책의 다음 주제는 중국 내 국내적 개혁 필요성이다. 비록 중국이 지금까지는 고속성장을 이루어왔지만, 이제 경제를 변화시키는 가장 어려운 단계에 진입하고 있음을 강조한다. 부실채권에 시달리는 은행, 4억이 넘는 농민들의 영향력, 본격적 시장경제의 기준에 비해 아직도 미비한 법률·행정시스템 등등의 난제가 산적해 있다는 것이다. 특히 공산당 일당 독재의 사회주의 경제발전이 어디까지 가능할 것인가에 대해서는 회의적인 질문을 던지고 있다. 이 외에도 무역의 확산이 인권의 개선을 가져올 것인가, 민간부문(사부문)의 성장이 여하히 이루어질 것인가, 지방의 보호주의는 어떻게 극복할 것인가 등등의 문제를 같이 제기한다.

저자들은 이러한 문제들이 아주 힘든 변천의 과정을 초래할 것이라고 예상하고 있다. 그러나 WTO 가입이라는 외부적 강제가 이러한 내부적 문제 해결에 압력으로 작용하여 성공적으로 이 고비를 넘긴다면, 중국 국민과 중국 경제가 궁극적인 승리자가 될 것이라고 예상하고 있다.

　　이 책의 마지막 부분은 '세계화와 인류를 위한 WTO의 임무'를 다루고 있다. 이 책이 제시하는 방안은 일관성 있는 국제정책, 관세 삭감과 수출절차의 간소화, 특별하고 다른 대우, 효율적 정책을 향한 의지 등이다. 또한 개도국을 돕는 방향으로 WTO를 개선하기 위해서는 저개발국들(less-developed countries)에게 구체적 이익을 보장해줄 것, WTO의 기준, 지적재산권 협정의 융통성, 특별하고 다른 대우 원칙의 확대, 반덤핑 절차의 개정, 무역과 사회문제의 분리, 섬유 및 의류에 관한 협정(Agreement on Clothing and Textiles)의 자유화 등을 제안하고 있다.

　　이 책은 기본적으로 자유무역이 세계 전체의 부를 증진시키는 데 도움이 된다는 시각을 가지고 있다. 따라서 이러한 무역구조에 중국이라는 거대한 시장이 편입되는 것은 그 과정에서 발생하는 몇 가지 문제를 적절히 극복한다면 매우 긍정적인 결과가 나올 것이라고 예상하고 있다. 또한 세계화와 자유무역에 대한 반대자들을 포용하기 위해서는 그들의 입장을 고려한 보다 융통성 있는 정책 마련을 제안하고 있다.

　　지나친 단순화의 위험이 있지만, 이 책은 첫째, 세계화와 자유무역주의의 긍정적 효과에 대해 지나치게 낙관하고 있다. 저자들은 노동과 환경문제를 거론하면서도 자유무역이 결과적으로는 이러한 문제들의 해결에도 긍정적으로 작용할 것이라고 생각한다. 예컨대 이 책은 "핵심 노동기준을 완전하게 채택하지 않은 나라들은 새로운 투자를 끌어들일 수 없고, 생산량을 증가시킬 수 없으며, 무역을 향상시킬 수 없다는 사실이 발견되었다"고 주장한다. 그러나 자유무역을 상징하는 세계화 현상이 자본과 노동, 상품에 모두 균등하게 이루어지지 않고 있다는 것 역시 사실이다. 존 홀러웨이(John Holloway)의 표현을 빌자면, "꿀벌 통의 벌들이 꿀을 찾아 이동하듯 자본이 이윤을 찾아 전 세계로 자유롭게 이동"하는 것이 세계화이다. 그러나 다른 주요 생산요소인 노동의 경우 지난 시기에 비해 자유로워지기는 하였지만 아직도 국경의 통제를 받고 있는 것이 현실이다. 설사 노동의 이동이 완전히 자유로워진다고 하더라도 사회적·문화적·인종적 차이에 의해 노동은 결코 자본만큼 자유롭게 이동할 수 없다. 그렇다면 자본에 적대적인 노동계급을 만나면 자본은 언제라도 국경을 넘어 호의적이고 화합적인 노동여건이 구비된 지역으로 이동할 수 있다. 그렇다면 국가는 자본을 자국의 영역 안에 묶어놓기 위해 자본이 안정적으로 재생산할 수 있는 기반을 보장해 주어야만 한다. 즉, 국가는 자본의 논리에 맞게 자국의 노동을 재편성해야만 하는 것이다. 이러한 상황에서 자유무역이 노동권의 확립을 가져올 것이라는 결론은 지나치게 성급한 것이 아닌가 하는 의문을 가지게 만든다.

둘째, 이 책이 제시하는 몇 가지 방안들은 지나치게 이상적이다. 이 책이 제안하는 중국 및 WTO의 개혁/개선 방안들은 당위론적이고 일부는 상호 모순적인 내용을 담고 있다. 예컨대, 지적재산권 협정의 융통성과 반덤핑 절차의 개정을 언급하고 있지만, 이는 단순한 경제적 문제가 아니라 선진국 특히 미국의 정책 결정자들이 개입된 지극히 정치적인 이슈이기도 하다. 이것은 지적재산권 협정이나 반덤핑 절차의 개정 등의 결정이 경제적 합리성이 아니라 정치적 고려를 통해 이루어질 개연성이 높다는 것을 의미한다. 저자들은 무역과 사회문제를 결부시켜서는 안 된다고 주장하지만, 미국과 중국의 관계에서 미국이 사용하는 주요 카드의 하나가 중국의 인권인 것은 주지의 사실이다. 즉, 폭넓은 정치경제적 시각으로 문제에 접근하기보다는 경제적 합리성에 의거해서 당위론적 처방을 내려놓고 있다는 인상을 지울 수 없는 것이 또 하나의 문제점으로 지적될 수 있다.

그럼에도 불구하고 이 책은 중국 역사 전반에 대한 검토에서 시작해서 복잡한 문제를 일목요연하게 보여주고 있는 수작(秀作)이라고 평가할 수 있을 것이다. 특히 중국의 개혁·개방과 WTO 가입과 관련된 여러 문제를 깊은 통찰력으로 알기 쉽게 설명하고 있다는 점에서, 중국문제에 관심을 가지기 시작하는 대학생들과 일반인들에게 좋은 참고가 될 수 있을 것이다.

중국이 어떻게 변화해 왔는지, 무엇을 준비하고 있고, 중국의 변화가 미칠 영향이 무엇인지에 대한 판단은 단지 국가 정책결정자들만의 문제는 아니다. 특히 세계가 점차 좁아지고 자유주의 무역질서가 점차 활성화되는 시점이라는 점을 고려할 때 변화하는 중국과 변화하는 세계무역에 대한 시각은 이 시대를 살아가는 모두에게 필요할 것이다. 더 나아가 중국과 인접해 있는 우리나라의 현실을 생각할 때, 중국의 부상과 WTO 가입이 미칠 광범위한 영향에 대한 조망은 필수적이라고 할 것이다.

바로 이 점이 이 책이 가지는 가장 큰 장점일 것이다.

이 책은 중국의 역사에 대한 개관에서 시작하여 WTO의 요구사항이 중국 내에 미치는 영향, 미국·유럽·아시아에서 중국의 WTO 가입이 가지는 의미, 앞으로 WTO의 역할, 중국이 미국과 힘을 겨룸에 따라 변화할 세계의 경제 판도 등에 대해 통찰력 있는 시각의 하나를 보여준다.

세계화가 거부할 수 없는 추세라면, 그리고 중국의 부상이 우리로서는 받아들일 수밖에 없는 변수라면, 이에 대한 이해와 대비가 우리가 해야 할 일일 것이다. 세계화가 무엇인지, 그것의 함의가 무엇인지에 대한 논의는 이 책의 범위를 넘어서는 질문일 것이다. 그러나 이 책의 논지를 관통하는 것은 사회주의가 붕괴된 시점에서 유일한 대안으로 떠오른 자본주의·자유무역질서가 궁극적으로 인류의 부(富)를 증대시킬 것이라는 관점이다.

어쩌면 이러한 관점에 대한 평가는 가치판단의 영역에 속할지도 모른다. 하지만, 보다 주의 깊은 관찰자라면 보다 심도 있는 논의를 위해 세계화라는 세계사적 전환기가 의미하는 것이 무엇인지, 그것이 우리에게 미치는 영향은 구체적으로 무엇이며, 이 시대를 살아가야 하는 사람으로서 우리는 무엇을 해야 하는지에 대한 고민을 부차적으로 던지고 있는 것이 또한 이 책이라는 점을 지적하고 싶다.

□ 서 평 2 □

『중국정보 핸드북: 2002～2003』

미쯔비시종합연구소 편, 전경련 동북아경제센터 역
(FKI미디어, 2002년)

오 용 석(吳勇錫)
(慶星大 商經大學 敎授)

중국의 변화는 날이 갈수록 전 세계적 이목을 끌고 있다. 특히 2002년은 더욱 그러하다. 2002년 11월 중국공산당 제16기 전국대표대회는 2001년 중국의 WTO 가입에 이은 또 하나의 변화를 위한 큰 발걸음을 내디딘 것이다. 정치적으로 마오쩌뚱, 덩샤오핑, 후야오빵-자오쯔양, 쟝쩌민에 이어 후진타오(胡錦濤)의 제5세대 통치체제로 권력이동이 이루어졌다. 중국공산당 헌장에 '3개 대표론'이 채택되어 자본주의적 중산층을 경제사회 발전의 한 축으로 받아들이는 획기적 체제변화의 실험도 시작되었다. 21세기에 들어선 이후에 전개되고 있는 중국의 이러한 변화는 "제3의 개국이라고 할 만한 거대한 전환"이라거나 "제3의 물결의 전환"으로 불리고 있다.

최근 중국의 변화를 좀더 다각적으로 이해할 수 있게 해주는 책이 일본 미쯔비시 종합연구소가 올해로 15년째 출판한 『중국정보 핸드북』 2002년 판이다. 미쯔비시 종합연구소의 『중국정보 핸드북』은 중국을 연구하는 사람들에게는 이미 친숙해진 책 중의 하나이다. 그러나 일본어에 친숙하지 않은 한국의 독자들은 이 책을 충분히 활용하기에 불편이 적지 않았다. 그런데 다행히 2002년 판이 전경련 동북아센터에 의해 번역되어 출판됨으로써 일반 독자들도 쉽게 접근할 수 있게 되었다.

금년 판에서 특히 눈에 띄는 부분은 당연히 최근 중국의 변화에 초점을 맞춘 책머리 특집이다. 첫 번째 특집으로서 다룬 '대 사회 변동기의 중국'에서는 중국의 새 지도자가 된 후진타오 인물연구와 '3개 대표론'으로 중국사회에서 새롭게 인정받게 된 중간계층 연구는 흥미를 끄는 내용이다. 일본의 중국 인사문제 연구가인 高橋 博이 쓴 공산당의 "프린스에서 킹으로 등극"한 후진타오의 출세 배경에는 역시 '관계(關係)'라는 인맥이 크게 자리하고 있음을 볼 수 있다. 1977년부터 1979년 사이에 간쑤성에서 쑹핑(宋平)과의 "운명적 만남"은 후진타오가 중앙정치 무대로 발돋움하는 데 결정적 '관계'로 작용하였음을 이 책에서 읽게 된다.

중국의 중간계층 연구는 중국의 사회구조 변화가 어디까지와 있는지를 읽을 수 있는 내용이다. 2001년 12월에 중국사회과학원이 중심이 되어 3년간에 걸쳐 개혁·개방 이후의 중국 사회구조 변화를 연구한 '당대 중국 사회계층 연구보고서'(陸學藝 主編)가 발표된 바 있다. 이 연구보고서는 중국에 농업노동자와 산업노동자 외에 상업서비스 종사자, 전문기술자, 행정사무직, 개인경영자, 국가사회관리자, 대·중 기업경영자, 사유기업주, 실업자 등 10개의 계층이 존재한다는 것이다. 공산당 체제인 중국에 자본주의적인 다양한 사회계층이 존재한다는 사실이 공식적으로 밝혀진 셈이다.

高井潔司 교수는 북경에서 판매되고 있는 '발매 금지된 책'으로 이 보고서를 핸드북에 소개하고 있다. 그가 지적한 대로 이 보고서는 노동자와 농민이 주인공인 사회주의 정통 이데올로기에 대항할 목적이 아니라 사실 분석을 통해 중국 사회의 미래상과 과제를 제시했음에도 중국사회에 적지 않은 반향을 일으켰다.

'당대 중국 사회계층 연구보고서'에 나타난 10개 계층 가운데서 자본주의적 색채가 강한 사유기업주는 0.6%에 불과하다. 그렇지만 이들은 '3개 대표론'의 광대한 인민의 이익을 대표하는 계층으로서 당당히 중국공산당에 입당이 가능하게 된 것이다. 이러한 결과를 놓고 보면, 계층보고서는 중국의 이러한 사회계층을 공식적으로 인정하게 한 논거를 제시하였다고 할 수 있다.

특집에서 다루어진 또 다른 주제는 탈북자와 관련된 일본과 중국간 외교마찰이다. 금년 봄에 긴박하게 전개되었던 일·중 외교마찰은 2002년 5월 8일 중국 선양(瀋陽) 주재 일본 총영사관에 진입하는 장길수(18? 가명) 군의 친척 김광철씨 일가족 5명을 중국 공안들이 제지한 사건이 발단이었다. 이 책은 일·중 수교 30주년이 되는 해에 발생한 이 사건에 대해 언론 보도 내용을 곁들여 일·중 관계를 재조명할 필요성을 강조하고 있다. 즉, 일본과 중국의 관계가 양국만의 관계가 아닌 북한 요소가 가미된 아시아 속의 시야에서 보아야 한다고 강조한 점이 특히 눈에 띤다.

필자는 『중국정보 핸드북』이 손에 들어올 때마다 고마움을 느낀다. 그것은 그때그때 챙기지 못하고 지나쳤다가 나중에야 필요하게 되어 자료를 뒤져야 하는 번거로움을 이 책이 줄여주는 경우가 적지 않기 때문이다. 이번 판에서도 우리가 큰 관심을 보이지 않은 내용이 특집으로 다루어지고 있다. 바로 달 표면 탐사를 목적으로 한 유인(有人)우주선 신주(神舟) 프로젝트의 성공적 진전과 핵·미사일 전력이다.

주지하는 바와 같이, 중국은 개도국이면서도 우주항공 분야에서는 선진국이다. 2000년 11월 20일에 지우취옌(酒泉) 위성 발사센터에서 신주 1호가 발사됨으로써 시작된 신주 프로젝트는 2002년에도 소기의 목적을 달성하였다. 유인우주선의 실물 모델로 2002년 3월 25일에 발사된 신주 3호는 지구궤도를 108회 운행한 후 2002년 4월 1일 내몽고에 성공리에 귀환하였다. 신주 4호나 5호는 실제 유인우주선이 될 것으로 예상된다(책에 우주비행사가 훈련 중인 사진이 실려 있다).

이러한 우주개발과 함께 중국은 핵·미사일 전력(戰力)도 강화하고 있다. 이 책은 중국이 핵·미사일·우주 전력 강화를 재촉하는 요인으로 대외적 영향을 들고 있다. 2002년 6월 13일 미국과 옛 소련의 ABM이 효력 상실로 미국의 MD체제에 장애요소가 없어짐으로써 중국의 우려가 증폭된 것이다. 그리고 2002년 5월에 다시 긴장이 고조된 인도와 파키스탄의 카슈미르 사태도 중국으로 하여금 핵·미사일을 강화할 필요성을 높였다. 중국의 핵·미사일·우주 전력 강화에 대한 일본의 우려가 이 책에서 충분히 감지된다.

　　본 서평의 글 순서는 필자의 관심도에 따라 쓰여졌기 때문에 이 책의 특집 배열과는 다르다. 특집의 첫 번째 주제는 동아시아의 우호관계와 평화구상공동체 구상이다. 동아시아 공동체 문제는 필자에게도 매우 중요하고 관심이 많은 주제이다. 그럼에도 불구하고 이에 관한 언급을 뒤로 미룬 것은 책에서 소개되는 내용이 과거 문헌과 최근 아시아의 자유무역협정(FTA)에 집중된 때문이다.

　　동아시아 공동체 구상에 관해서 이 책에 실려 있는 내용은 그다지 새롭지 않다. 런던대학 교수인 모리시마 미치오(森嶋通夫)가 1997년 중국 난카이(南開)대학 강의에서 제안한 내용을 19세기 말과 2차대전 직후의 일본 학자, 작가 등의 문헌과 연관시켜 소개하고 있다. 그러나 이 책에 쓰인 내용 가운데서 중국문제와 깊은 관련성은 없지만 우리의 입장에서 눈여겨볼 부분이 발견된다. 그것은 일본의 역사적 과오에 초점을 맞춘 문헌의 내용이 일부 소개된 가운데 일본의 국익을 위해서 한국의 독립이 필요하다는 주장이다. 비교법학자 朝河貫一(1873~1948)은 일·러 전쟁을 "일본의 재앙"으로 보고 전쟁 발발 전야에 한국을 독립시켜야 한다는 주장을 폈다는 것이다(矢吹晉 編譯, 「보츠마스에서 사라진 남자」 2002).

　　이 책에서 최근 중국이 관련된 FTA에 관한 내용은 상세히 다루어지지 않고 있다. 중국은 홍콩·마카오를 중국과 단일 자유무역지대로 하는 방안을 고려하는 한편 ASEAN과의 FTA를 추진하고 있다. 중국은 동북아에 대한 관심과 달리 동남아 경제와의 연계를 강화하는 데는 매우 적극적이다. 중국의 동남아 경제와의 연계 의도는 중국-ASEAN간 FTA 협상에서 잘 나타나고 있다. 중국은 동아시아 FTA에서의 주도권 문제를 중시하면서도 ASEAN과의 FTA 협상에서는 주도권을 ASEAN에 대폭 양보하는 유연성을 보이고 있는 것이다. 중국의 이러한 태도는 동남아 화교의 존재 때문으로 풀이된다.

2002년에 중국과 ASEAN간의 FTA 협상에는 많은 진전이 있었다. 2002년 5월 14일 북경에서 열린 고위관료회담에서는 농업, 정보통신, 인력자원 개발, 투자, 메콩강 개발 등 5개 중점분야에 대한 공동협력에 합의가 이루어졌다. 그 후에도 무역협상위원회(TNC)와 무역, 투자 및 발전협력에 관한 토론회 등을 거쳐 중국+ASEAN 자유무역지대 설립에 대한 기본 구조가 마련되기도 하였다.

이러한 중국과 ASEAN간의 FTA 협상의 진전에도 불구하고 이 책에 소개된 내용은 지극히 간단하다. 겨우 2001년 11월 6일에 주룽지 중국 총리와 ASEAN 정상회의가 브루나이에서 열려 10년 내에 FTA 체결과 사무총장급의 교섭에 합의했다는 것을 쓰고 있을 뿐이다.

책머리 특집 2는 중국 WTO 가입 후의 비즈니스 기회이다. 중국을 세계시장으로 보는 마쓰시다 그룹을 비롯한 일본의 주요 기업의 비즈니스 모델은 관심 있게 볼 필요가 있는 부분이다. 중국의 소비자를 목표로 한 시장과 외자계 메이커를 목표로 한 시장, 그리고 두 시장의 상호보완 관계에 따른 전략적 접근이 새로운 대(對) 중국 비즈니스 모델로 제시되고 있다.

이미 고도대중소비 시대에 들어선 연해지역을 선두로 하여 서부 대개발로 중국의 거대한 소비시장은 안행(雁行) 형태로 발전하고 있다는 분석도 흥미롭다. 그 가운데서 일본과 중국의 1

인당 GDP를 구매력평가에 의해 달러로 환산하여 중국 각 지역의 생활단계와 일본의 소비 추이를 비교한 내용은 중국의 소비수준을 가늠하는 데 도움이 될 것으로 보인다.

이 분석에 따르면, 1인당 GDP 5천 달러를 넘어선 상해는 일본의 1979년과 같다는 것이다. 일본의 경우 1976년부터 1989년까지 양에서 질로, 개성화, 다양화, 소비의 서비스화가 이루어지는 가운데 진품 브랜드 지향성이 나타났는바, 특히 1979년에는 건강 붐과 가라오케 붐이 일어났다고 한다. 일본의 1960-1975년과 같은 소비혁명과 중류의식, 소비자주권의식 등이 고조되는 대중소비사회 실현 단계에 들어선 지역은 북경(1975년), 광동(1969년), 흑룡강(1965년) 및 중경(1960년)이다(괄호 안에 표시된 연도는 일본의 해당 연도임). 중국에서 1인당 소득수준이 가장 낮은 귀주성(貴州省)은 일본에서 가전(家電)시대가 시작된 1956년 수준과 같다고 평가되고 있다.

중국의 WTO 가입으로 경제운용의 투명성이 커졌다고는 하나 외국인 기업의 입장에서 위험성이 여전히 상존하고 있는 것은 사실이다. 이 책은 "중국적 특색 있는 사회주의"에 빗대어 "중국적 특색이 있는 위험" 인식을 강조하고 있다. 중국의 쇼윈도우인 상해 포동과 WTO 가입 의정서, 매일 보도되는 신문·잡지의 지면만 보고 중국에 대한 환상을 품는 것은 위험하다는 경고의 메시지이다. 이 책은 "야유적"이라는 표현과 함께 중국사회의 실태를 "슬로건은 공산주의, 정책·방침은 사회주의, 하고 있는 것은 자본주의, 밑바닥에는 봉건주의"라고 지적하고 있다. 그러나 이 지적은 단순한 말의 유희가 아니라 "중국적 특색이 있는 위험"의 구성요소라고 이 책은 강조한다.

일본인들은 중국에서의 일상업무 속에서 "중화(中華) 수프"

를 먹는다고 한다. 여기서 "수프"는 "四不"로서, "四不"이 중국어로 "쓰뿌"로 발음되는 데서 연유한다. "四不"은 "불합리, 불공평, 불성실, 불유쾌"를 가리킨다. 여기에는 납득이 가지 않는 세금과 경비, 지역·사람에 따라서 다르게 취급받기, 성의 없는 말단 공무원의 대응, 논리성이 결여된 소질이 적은 중국 파트너 등이 포함된다. 이러한 "四不"에도 불구하고 일본 기업인들은 영업제일의 현실적 인식에서 공생의 사상을 가지고 중국 비즈니스를 진행한다는 점에서 우리에게 시사하는 바가 크다고 하겠다.

이 책에는 대전환기의 중국 전기산업이라는 제목 하에 중국의 대표적 IT산업이 비교적 상세히 소개되고 있다. 중국에 투자된 외자기업의 매출액 기준 상위 50개사 중 전기·통신 기업과 영업이익을 기준으로 한 중국 전자정보기업 상위 30개가 표로 정리되어 있어 기업의 순위를 일목요연하게 볼 수 있다.

그러나 이 표들은 기준 연도가 명확하지 않은 치명적 흠을 가지고 있다. 외자기업 상위 50개 사는 기준 연도가 전혀 표기되어 있지 않고, 전자정보기업 상위 30개는 2002년이라고 하지만 자료의 출처는 『중국경제(中國經濟)』(2002. 5)로 되어 있어 명확한 기준 시점을 알 수 없다. 개별 기업으로 소개된 커룽(科龍電器), TCL, 창홍(四川長虹), 하이얼(海爾)의 매출액 기준 연도가 커룽의 경우는 1997년으로 너무 낡은 감이 있고 창홍은 연도 표시가 되어 있지 않다.

글을 읽는 데 이러한 자료상의 흠결은 있지만 하이얼의 해외전략과 홍보는 우리 기업들이 음미해야 할 부분이다. 하이얼

CEO 장루이민(張瑞敏)은 프랑스 르노의 카르 로스곤과 함께 현재 일본에서 가장 화제가 되는 저명한 기업가로 알려져 있다. 그것은 그의 해외전략과 홍보의 덕분이다. 하이얼이 일본의 대표적 가전업체인 산요(三洋)전기와 대등한 포괄적 계약을 체결했다는 사실은 2002년 1월 9일자 아사이신문 1면 기사로 실릴 만큼 일본에서 제2의 구로부네(黑船) 쇼크로 받아들여졌다는 것이다. 하이얼은 이탈리아인을 사장으로 한 유럽본부를 파리에 두고 있다. 핸드북은 2002년 3월에 하이얼이 3주간에 걸쳐 프랑스 전국에 전시용 전용열차를 운행하여 화제를 뿌린 사실을 상세히 쓰고 있다.

이 밖에도 자동차산업과 소프트웨어산업에 관한 내용들이 실려 있다. 중국의 WTO 가입으로 비즈니스 기회가 열리고 있는 자동차산업의 실상이 시장규모, 기술수준, 생산, 소비, 판매 등의 추세 및 주요 메이커를 중심으로 분석되고 있다. 소프트웨어산업에 관해서는 9·5계획기간의 시장동향과 개발능력 분석과 함께 10·5계획 기간의 전망이 간략하게 소개된 다음 69개의 주요 소프트웨어 기업의 2000년 매출액, 업종 분석이 비교적 잘 정리되어 있다. 중국 IT산업의 동향을 파악하는 데 유용한 자료들이다.

특집을 제외한 나머지 부분은 편람식 내용으로서 표와 그림으로 정리되어 있다. 경제부분에서 인용된 자료는 주로 「중국통계연감」과 「중국통계적요(中國統計摘要)」(2002년판)이다. 물론 중국의 통계자료에서 볼 수 없는 내용도 적지 않다. 1급 행정단위의 도메인 명칭이나 2000년 인구조사 결과 분석, 세계은행과 각국의 자료를 통한 동아시아에서의 중국의 위상을 도표로 정리한 것들이 그에 해당한다. 지방의 주요 경제지표들을 동부, 중부 및 서부로 나누어 도시가정과 농촌가정의 차이 변화추이를 비교한 지도와 그림들은 중국의 지방경제를 이해하는 데 매우 유용하다.

이 책에서 특집은 아니지만 서부 대개발에 관한 내용은 어느 자료보다 소상히 정리가 잘 되어 있다. 원전 자료와 함께 지도를 곁들여 중국 「경제일보」에 실렸던 서부 대개발의 3대 프로젝트 기사를 번역한 내용 또한 유용하다. 서부 대개발은 중국이 반세기 내지 한 세기에 걸쳐 추진될 장기 프로젝트로서 중국의 국가적 발전에 매우 중요한 의미를 갖는다. 그 내용을 독자들에게 전달하는 데 있어서 일본의 관점에서보다 중국의 관점에서 자료를 제공하고 있는 점이 돋보이는 대목이다.

이 책의 원전 마지막 부분에는 일본과 중국의 경제관계가 실려 있다. 이 부분은 일·중 경제관계를 소상히 알고 싶어하는 독자들의 기대에는 크게 못 미친다. 이런 부분은 다른 관련 자료를 통해 보충할 수밖에 없다. 전체적으로 이 책은 중국에 관한 중요한 내용들이 다각적으로 잘 정리되어 있어 이 분야의 지식을 필요로 하는 독자들에게 매우 유용하리라고 생각된다.

□ 서 평 3 □

『중국의 사회주의 시장경제 : 중국증권시장론』

홍인기 (박영사, 2003년)

이 근(李根)
(서울대학교 경제학부 교수)

이 책은 620쪽에 달하는 거대한 책이다. 그 양적 규모에서 짐작하듯이 중국경제의 여러 측면들을 자세히 다루고 있다. 물론 초점은 이 책의 부제인 중국증권시장론이 말해 주듯이 거시경제, 금융시장, 기업지배구조와 향후 전망 등이다. 이 책의 또 하나의 주요한 특징은 30쪽에 달하는 아주 자세한 목차를 만들어 놓았다는 것이다. 목차가 거의 요약 수준이어서, 이 30쪽만 쭉 따라 읽어도 책의 주요 내용이 다 들어온다. 아마 저자의 나름대로의 독자에 대한 세심한 배려에서 이런 특별한 형식의 목차를 만든 것 같고 좋은 시도라고 보인다.

내용 면에서 전반적으로 드는 느낌은 위에 언급한 주제들에 대해 많은 자료들을 모은 후 최단시간 내에 소화하여 정리해 놓은 책이구나 하는 것이고, 그런 집중적인 노력을 한 저자에게 찬사를 보낸다. 이 책의 이런 성격은 이 책은 처음부터 쭉 읽어나가야 할 책이라기보다는 독자마다 필요한 부분, 알고 싶은 주제에 대해 찾아보는 참고도서로서 유용하다는 생각을 들게 한다.

필자의 경우는 중국 주식시장의 아주 자세한 제도적 특징, 상장기업의 지배구조의 특성들 부분이 특히 도움이 되었다. 가령, 중국 기업의 주식 중 H주와 red chips의 차이, 상장기업 주식의 반 이상이 비(非)유통주라는 점이 가지는 여러 문제, 상장기업의 이사회의 구성과 그 운영실태 등의 정보는 그것이 최신 것이라는 점에서도 매우 유용한 정보들이었다. 이런 점에서 이 책은 중국 주식시장과 상장기업에 관심을 가진 한국 독자라면 국내의 다른 책에서 찾아보기 힘든 정보를 제공하여 주는 희소성을 가지고 있다고 할 수 있다. 이 책이 여의도 증권가에서 많이 찾는 서적 중의 하나라는 점이 이해가 간다.

중국 경제에 대한 우리사회의 관심이 급증하였고, 특히 주된 관심이 금융부실 문제, 중국 주식투자 문제, 지역간 불균형 문제와 관련한 향후 전망 등이라고 할 때, 이 책은 이런 주제들에 대해 여러 최근자료를 통합 정리해서 제시해주고 있다는 점에서 아주 유용하다.

그러나, 이런 중국의 거시 금융, 기업에 관한 백과사전식 책이다 보니, 막상 저자 자신의 견해나 주장이 별로 없고 정보의 제시가 중복적이고 산만한 부분도 많은 느낌이다. 또 군데군데 오자(誤字)가 많이 눈에 띄었다. 이를 의식하고 친절하게 정오표를 제시하고 있지만, 참고한 문헌의 저자 이름도 고쳐지지 않는 등 아직도 오자가 남아 있다.

□서 평 4□

『The Globalization of the Chinese Economy』

edited by Wei, Shangjin, Guanzhong James Wen, and Huizhong Zhou.
(Edward Elgar Publishing Limited, 2002)

이 두 원
(연세대학교, 경제학과 교수)

이 책은 2000년 상해에서 "Developing through Globalization: China's Opportunities and Challenges in the New Century"라는 주제로 CES (Chinese Economists Society)의 주관으로 열렸던 국제학술대회에서 발표되었던 논문들을 편집하여 발간한 책이다. 2001년으로 예정되었던 중국과 대만의 WTO 가입에 따른 각종 경제적 함의를 전문가들의 균형잡힌 시각으로 분석한 책으로서 모두 3 편으로 나뉘어져 있다. 첫 편(제2장부터 제6장까지)은 각 산업에 대한 분석이며, 두 번째 편(제7장부터 제9장까지)은 노동시장 및 지역불균형과 같은 사회적인 우려에 대한 분석이며, 마지막 세 번째 편(제10장부터 제14장까지)은 무역과 투자 등에 미치는 영향을 분석하고 있다. 다음은 각 장의 보다 구체적인 내용을 요약한 것이다.

　제1편: 제2장은 1989년 이후 중국의 산업정책에 대한 시대별 정리와 현황을 설명하고 있다. 현재 중국의 산업정책에 따르면 크게 세 가지로 산업군을 분류하고 있는데, 첫째는 전략적인 육성산업, 둘째는 앞으로 포기하거나 제약을 가해야 할 산업, 그리고 세 번째는 자생적으로 성장하도록 놓아둘 산업이 그것이다. 저자는 각 산업별로 향후 WTO 가입 이후 어떤 변화를 겪을 것인가를 예측하고 있다.

　제3장은 농업과 농촌의 변화에 대한 분석을 하고 있다. 저자는 WTO 가입으로 인하여 보다 경쟁적인 시장환경이 조성될 경우, 농업 역시 비료와 농기계의 공급, 농업자금대출 등에 있어서 그 혜택을 보게 될 것이라고 전망하고 있다. 또한 현재 중국 농업의 낮은 노동생산성 문제를 지적하고 있다. 저자는 이를 해결하기 위해서는 도시로의 농업인구 이동보다는 농촌 내에 각종 향촌기업 등을 통하여 비농(非農) 직업을 보다 많이 창출하여야 한다고 주장하고 있다.

　제4장과 5장은 중국의 통신산업에 대한 분석을 하고 있다. 제4장에서 그 동안의 통신산업 경쟁환경 조성과 개방에 대한 설명을 하고 있으며, 제5장에서는 이와 같은 노력에도 불구하고 중국의 통신시장은 여전히 규제와 시장 선두주자의 독과점적 횡포로 인하여 경쟁제한적인 부분이 많음을 지적하고 있다.

　제1편의 마지막인 제6장에서는 중국의 자동차산업에 대한 연구를 하고 있다. 향후 중국의 소득수준이 증가함에 따라 늘어날 자동차에 대한 수요를 추정하고 있으며, 이러한 수요증가

가 가지고 올 여러 가지 효과에 대한 설명을 하고 있다. 또한 현재 중국 자동차 산업이 가지는 문제점인 작은 생산규모와 시장의 세분화를 지적하고, 향후 WTO 가입으로 인한 FDI 증가가 이러한 문제점들을 개선할 것으로 예측하고 있다.

제2편: 제7장은 WTO 가입 이후 예상되는 중국 노동시장의 변화에 대한 분석을 일반균형모형을 통하여 시도하고 있다. 세간에서는 WTO 가입 시 수입 급증으로 인해 중국 내에 많은 실업자가 양산될 것으로 우려하고 있으나, 이 분석에 의하면 수출산업의 고용증가가 수입경쟁산업의 실업증가를 상쇄하고도 남을 것으로 예측되고 있다.

제8장은 지역간의 불균형 문제를 실증분석을 통하여 분석하고 있다. 이에 의하면 국제무역이 활발한 지역일수록 그리고 FDI를 보다 많이 유치한 지역일수록 소득증가율이 높았음을 알 수 있다. 그러므로 WTO 가입 이후 상대적으로 국제무역과 FDI에 유리한 해안지역이 내륙지역보다 고성장을 할 가능성이 크며, 이는 지역간 불균형을 더욱 심화시킬 수 있다고 예상하고 있다. 이를 완화하기 위해서는 중국정부가 노동과 자본 등 생산요소들의 지역간 자유로운 이동을 촉진해야 한다고 주장하고 있다.

제9장은 WTO 가입이 도시화를 가속화시킬 것이라는 예측을 하고 있다. 이에 의하면, 2050년까지는 전체 인구의 80%인 16억의 인구가 도시로 이주할 것으로 추정하고 있다.

제3편: 제10장에서는 중국과 대만의 WTO 가입이 미국과 기타 지역의 성장 등에 어떤 영향을 미칠 것인가를 일반균형모

형분석을 통해 연구하고 있다. 이에 의하면, 전 세계의 소비는 연간 0.02% 증가할 것으로 예측하고 있으며, 특히 중국상품의 미국시장 점유율이 급격히 증가할 것으로 추정하고 있다.

제11장은 중국과 대만의 양안(兩岸) 관계가 중국의 WTO가입 이후 어떻게 변화할 것인가를 연구하고 있다. 이 연구에서는 대만기업의 중국 진출로 인해서 대만의 산업이 공동화되었다는 기존의 주장을 반박하고 있으며, 이러한 추세는 앞으로도 계속될 것으로 예상하고 있다.

제12장은 중국의 FDI 유치 현황 및 그간의 전개과정에 대해 설명하고 있다. 이 연구에서는 현재까지 중국이 외국인 투자를 성공적으로 유치할 수 있었던 요인들로서, 중국시장의 규모, 화교 및 홍콩의 역할, 정부의 각종 유인정책 그리고 잠재적인 성장가능성 등을 들고 있다.

제13장은 FDI를 행하는 외국기업의 입장에서 연구를 하고 있다. 이 연구에서는 외국기업들을 크게 화교기업, 일본계 기업, 유럽기업 그리고 미국기업 등으로 나누고, 각각의 특징과 투자전략을 비교하고 있다.

마지막 제14장은 중국이 WTO 가입 이후 겪게 될 무역분쟁에 대한 분석을 하고 있다. 우선 WTO의 자료를 기초로 무역분쟁의 결정요인들을 분석하고 있으며, 이러한 분석결과를 중국에 적용시키고 있다. 이 연구에 의하면, 중국은 WTO 가입 이후 세계에서 5번째로 많은 무역분쟁을 겪는 국가가 될 것이라는 예측을 하고 있다.

□ 서 평 5□

『 불멸의 지도자 등소평』
(등용 지음, 임계순 옮김, 김영사, 2001)

등소평과 차이나 쇼크

지 만 수
(대외경제정책연구원 부연구위원)

중국의 WTO 가입과 2008년 베이징 올림픽 개최 결정을 계기로 2001년 말 한국 각 언론은 앞다투어 이른바 '차이나 쇼크'를 보도하였다. 그동안 중국이 보여준 빠른 변화와 그것이 한국에 미칠 영향을 생각하면, 비록 그러한 '쇼크' 보도가 약간 호들갑스럽기는 했지만 꼭 필요한 과정이었다고 생각된다.

그렇지만 해도 바뀌었으니 올해는 쇼크를 넘어 뭔가 중국에 대한 깊이 있는 이해를 키워나가야 할 것이다. 마침 월드컵을 계기로 한·중간의 교류 수준도 대규모 상호 왕래를 포함하는 대중적(大衆的) 교류 시대로 한 단계 비약할 전망이다.

등소평, 차이나 쇼크의 출발점

2002년 시점에서 우리가 중국을 다시 보지 않을 수 없게

끔 중국을 변모시킨 공은 등소평에게 있다. 1978년 이래 등소평이 주창한 개혁개방 정책이 오늘 상해의 '천지개벽'을 낳았고, 중관춘(中關村)의 벤처기업들을 낳았던 것이다. 그런 의미에서 등소평은 중국의 오늘을 이해하는 출발점이라 할 수 있다.

『불멸의 지도자 등소평』은 등소평의 딸 등용이 문화혁명(1966~1976)이라는 중국 현대사의 격변기에 자기 아버지를 바로 곁에서 지켜보고 이를 써내려간 기록이다. 이 책은 2000년 중국에서 『나의 아버지, 등소평』(我的父親 鄧小平)이라는 제목으로 출판되어 베스트셀러가 된 바 있다.

이 책은 딸이 아버지의 인생에 대해서 쓴, 너무도 사적(私的)인 형태를 취하고 있다. 따라서 얼마든지 문화혁명 시기 등소평 일가의 애타는 수난사로만 읽을 수도 있다. 그러나 등소평이 바로 그 문화혁명을 끝장내고 중국을 개혁개방으로 이끈 당사자라는 점에서 그의 개인사는 결코 개인사가 아니다. 그 시기 그가 경험한 것, 느낀 것, 말한 것이 모두 오늘의 중국을 만들어낸 시발점이 되었기 때문이다. 오히려 딸의 눈으로 아버지에 대해 썼다는 그 사적인 형식 때문에 정사(正史)에 버금가는 의미심장하고 묵직한 내용들을 생생하고 재미있게 읽을 수 있게 해준다.

반(反)영웅, 등소평

중국에서는 그를 공식적으로 '개혁개방의 총설계사'라고 칭한다. 그러나 1984년 건국 35주년을 맞아 천안문에 운집한 군중들 속에서 나부꼈던 '소평, 안녕!'이라는 인상적인 플래카드에서 볼 수 있는 것처럼, 그는 전통적인 중국 지도자들과는 사뭇 다른 이미지를 가진 인물이었다. 그는 군중 앞에서 앞장 서고 호령하는 스타일이라기보다는 조용히 사색하고 꾸준히 실천하는 스타일이다. 이른바 실무가형(實務家型)인 것이다. 그래서인지 아직도 중국인들 사이에서는 삼국지, 수호전 이래의 영웅호걸형인 모택동이 등소평보다 더 인기가 있다.

그런데 등소평은 그 자신이 철저한 실무가였던 데서 그친 것이 아니라, 문화혁명의 경험을 통해 중국 사회가 더 이상 영웅호걸의 — 즉, 전쟁과 혼란의 — 시대여서는 안 된다는 것을 적극적으로 의식한 사람이었다.

우선 그 스스로가 모택동이라는 호걸의 대표적인 희생자였다. 문화혁명 직전 등소평은 이미 공산당 총서기이자 부총리였다. 그러나 문화혁명의 와중에 그 모든 지위를 잃고 강서성의 한촌(閑村)에서 트랙터 공장 노동자 일을 해야 했다.

1978년 권력에 복귀한 그는 중국 정치에서 영웅호걸의 분위기를 철저하게 제거해 나갔다. 혁명 영웅들로 구성된 고위 원로들을 복권시키기는 했으나, 세대교체라는 명목으로 일선에서 모두 퇴진시켰으며, 그 스스로도 모든 공직에서 물러나 이른바 '노(老) 공산당원'의 이름으로만 대외적으로 발언했다. 또한 모든 개인숭배적인 요소들도 제거하였다. 천안문 광장에는 아직도 모택동의 커다란 사진이 걸려 있지만 등소평의 동상은 어디에서도 찾아 볼 수 없다.

대중과 지도자

문화혁명을 통해 등소평은 대중과 지도자의 직접 결합이 얼마나 위험할 수 있는가를 깨달았다. 영웅이란 대중에게 열광적인 지지와 사랑을 받는 지도자의 다른 이름이다. 바로 모택동의 모습이다. 이미 혁명을 끝낸 중국에서 그러한 결합이 어떤 결과를 만들어내는지를 등소평은 모택동과 홍위병의 결합에서 충분히 공부한 것이다.

이는 이후 등소평의 후계자 선택 과정을 잘 설명해 준다. 그는 호요방(胡耀邦)이나 조자양(趙紫陽) 같이 스스로 선택했던 지도자들을 모두 중도에 퇴진시켰다. 이들의 공통점은 이들이 모두 기존 시스템을 충실히 관리하는 역할을 벗어나 지도자로서의 대중적 이미지를 부각시키려고 시도했다는 점에 있다. 개혁에 대한 의욕이 앞선 나머지 어느 순간 대중에게 직접 호소하려는 조급증을 드러냈던 것이다. 결국 그들은 모두 등소평의 눈 밖에 났다.

두 번의 시행착오 끝에 등소평이 선택한 후계자가 바로 지금의 강택민(江澤民)이다. 사실 강택민에게서 대중적 인기를 끌 만한 어떤 매력을 발견하기란 참 어렵다. 그렇지만 등소평이 보기에 강택민의 비 대중적 이미지는 오히려 장점이었다. 등소평은 중국을 격변시킬 후계자를 원한 것이 아니라, 기존 시스템을 충실히 관리할 후계자를 원했다. 결과적으로 강택민의 관리 아래서 중국은 순조롭게 '격변'했다.

중국의 권력투쟁?

이러한 인식을 통해 우리는 작금의 중국 체제를 이해하는 데서 드러나는 몇 가지 오류도 바로잡을 수 있다. 가령 호요방과 조자양의 실각을 개혁파와 보수파의 갈등의 결과로 이해하는 사람들은 아직도 중국 정치를 잠재적인 영웅호걸들의 암투와 음모의 장으로 본다. 그 연장선에서 90년대에는 끊임없이 강택민, 이붕(李鵬), 교석(喬石), 주용기(朱鎔基) 사이의 권력투쟁설들이 창작되었다. 또 2002년에 새로 구성된 호금도(胡錦濤) 등 차세대 중국 지도부에 대해서도 온갖 역학관계와 음모에 관한 얘기들이 난무하고 있다.

그러나 등소평 이후 중국 지도부는 견고한 집단지도체제와 공식적인 시스템에 의해 움직이고 있다. 그 시스템을 유지하는 가장 중요한 공통분모는 중국에는 더 이상 개인의 '대중적' 카리스마가 필요하지 않다는 합의이다. 비교적 대중적 인기를 누리는 주용기의 역할이 경제 영역으로만 한정되는 것 역시 그러한 맥락에서 이해할 수 있다.

China shock? China context!

중국의 변화를 전하는 그 숱한 뉴스들, 그 수많은 텍스트(text)들에 빠져 들어가다 보면 어느새 우리는 차이나 쇼크를 넘어 차이나 패닉에 빠져 있는 스스로를 발견하게 된다.

이럴 때 한 걸음 물러나서, 영웅호걸이 용호상박(龍虎相搏)하는 흥미진진한 시대를 미련 없이 정리하고 겉보기에는 재미없지만 속으로는 많은 백성들의 등과 배가 날로 따스해지는 시대를 만들어낸 등소평의 한 세월을 따라가 보는 것은 참으로 유용할 것이다.

그 속에 숨겨진 컨텍스트 하나를 건져내는 것이야말로 엄청난 텍스트의 바다를 항해할 수 있게 하는 나침반이기 때문이다.(dot21. 2002.1)

□서 평 6□

중국의 글로벌화를 바라보는 세 가지 시각

지 만 수
(대외경제정책연구원 부연구위원)

『13억의 충돌』
(한더치앙, 이후 2001)

『차이나 쇼크』
(매일경제국제부 저, 매일경제신문사 2001)

『중국은 가짜다』
(제스퍼 베커 저, 홍익출판사 2001)

뉴욕의 테러 소식을 숨가쁘게 전하는 신문 한 귀퉁이에 작은 뉴스가 실렸다. 중국이 장장 15년을 끌어온 WTO 가입이 그 마지막 관문을 통과했다는 소식이다.

요즘 전 세계는 중국의 놀라운 경제성장을 주목하고 있다. 굳이 WTO 가입을 들먹이지 않더라도, 21세기 들어 두드러지는 중국의 변화는 글로벌 경제체제로의 기꺼운 편입 또는 글로벌 경제 무대로의 화려한 등장이라고 요약될 수 있다. 21세기의 중국은 80년대와 90년대를 아우르는 이른바 '개혁·개방'의 시대를 마무리하고 '세계화, 글로벌화'의 시대로 숨돌릴 틈 없이 나아가고 있다.

중국의 글로벌화: 세 가지 시각

올해 들어 앞서거니 뒷서거니 하면서 주요 서점의 '중국' 코너를 장식한 세 권의 책은 크게 보면 모두 중국경제의 글로벌화를 대상으로 하고 있다. 그렇지만 서술의 관점이나 내용면에서는 거의 공통점을 찾을 수 없다. 같은 시기에 같은 중국경제를 놓고 쓴 책이라고 생각하기 힘들 정도이다.

그 이유는 세 권의 책이 취하고 있는 입장과 시각이 판이하기 때문이다. 하나는 한국의 중국경제 전문가들이 한국경제의 위기와 도전이라는 입장에서 중국경제의 글로벌화를 조망한 것이고, 다른 하나는 중국의 비판적 지식인이 자기 사회의 미래에 대한 염려와 불안을 가지고 바라본 중국의 글로벌화이며, 마지막 책은 15년간 중국에서 특파원 생활을 했던 서구인의 시각에서 바라본 중국경제 성장의 뒤안 혹은 진실이다.

이처럼 시각을 달리하는 세 권의 책이 마침 비슷한 시기에 나와준 덕에, 이제 우리도 중국경제에 대한 지루한 소개나 기문괴담(奇聞怪談)류의 호들갑을 넘어서, 다양한 시각을 비교해가며 차분하게 사색해 볼 기회를 얻었다. 물론 그 사색의 화두는 '중국의 글로벌화'이다.

강 건너 불이 아닌 발등의 불

첫 번째 책, 『차이나 쇼크』는 중국의 글로벌화가 강 건너

남의 일이 아니라 바로 우리 경제의 발등에 떨어진 불이라는 사실을 제목 그대로 쇼킹하게 보여준다. 이 책은 연초부터 신문 연재를 통해 중국경제 성장에 대한 최근의 대중적 관심을 이끌어낸 장본인이기도 하다. 아마도 특정 분야의 전문가들이 이처럼 대중들의 관심을 이끌어 내고, 또 자신들의 메시지를 실감나게 전달하는 데 성공한 예를 찾기는 앞으로도 쉽지 않을 것이다.

　이 책은 중국경제의 놀라운 변모를 체제변화, 산업 고도화, 소비자 분화, 기업의 성장 등 여러 측면으로 나누어 생생하게 보여주고 있다. 특히 2001년 7, 8월의 따끈따끈한 뉴스까지 담고 있어서 그간의 중국경제 연구서들이 채 따라잡지 못했던 중국경제의 현재진행형 변화를 시차 없이 전해준다.

　하지만 이 책이 주는 가장 큰 효과는 그 생생함이 수반하는 일종의 긴장감이다. 즉, 이 책은 중국경제의 빠른 변모가 산업, 시장 등 모든 면에서 우리 경제의 존립 환경을 근본적으로 바꾸어 놓고 있으며, 우리 경제의 미래는 더 이상 중국의 글로벌화와 따로 떼어서 생각할 수 없음을 경고해 준다. 세계에서 가장 잠재력 있는 시장이자 동시에 가장 경쟁력 있는 공장이 바로 우리 코앞에 자리잡고 있다. 그것을 천재일우의 기회라고 부르든 절대절명의 위협이라고 부르든 이제 우리의 현실인 것이다. 이 책은 그 코앞의 현실을 아예 우리 눈 바로 앞에까지 간절하게, 친절하게 들이대 준다.

결코 낯설지 않은 우려

　두 번째 책, 『13억의 충돌』은 이른바 중국의 '신좌파' 지식인이 토로하는 중국의 글로벌화에 대한 불안과 반발이다. 연전에 우리나라에도 소개되어 적지 않은 '반(反)세계화' 청년들을 양산한 바 있는『세계화의 덫』이라는 책의 차이나 버전이라고도 볼 수 있다.

이 책은 최근 중국에는 시장을 맹목적으로 신뢰하는 이른바 시장낭만주의, 혹은 시장낙관주의가 횡행하고 있다고 주장한다. 중국의 WTO 가입이야말로 그러한 낙관주의의 결정판인데, WTO 가입은 결국 중국 국내 산업의 싹을 잘라버리고, 중국을 미국 중심 세계체제의 주변국으로 전락시키고 말 것이라고 우려한다.

그리고 그 대안으로 시장에 대한 맹신을 버리고 승자독식(勝者獨食) 사회의 도래를 경계할 것, 비교우위론(比較優位論)의 환상을 버리고 주요 산업과 전략산업을 보호할 것, 과학기술 육성을 통해 궁극적으로 미국과 대결할 수 있는 역량을 육성할 것 등을 주장한다. 저자는 이러한 주장을 뒷받침하기 위해 우리에게도 결코 낯설지 않은 70년대 남미의 종속이론(從屬理論)이나 90년대 유행했던 전략적 무역정책 이론을 동원한다.

이 책의 주장은 그동안 중국에서 이루어진 이데올로기 지형의 변화를 잘 보여준다는 점에서 흥미롭다. 한때 기세 등등하던 제국주의론이나 사회주의 경제이론은 이제 아무런 이론적 권위도 갖지 못한다. 중국의 좌파들은 글로벌화라는 대세에 저항하기 위해 오히려 자본주의 경제의 비주류 이론들을 동원해야 하는 처지가 된 것이다. 저자의 현실 인식 중에는 중미(中美) 관계에 대한 전망 등 수긍할 수 있는 부분도 많다. 또 저자가 제시하는 대안들도 지속가능한 발전, 환경보호 같은 21세기적인 외피를 쓰고 있기는 하다. 그렇지만 아무래도 그 대안들

은 국내 산업의 보호라는 19세기나 20세기적 관심에 머물러
있다. 심지어 수구적이고 위험스럽다는 느낌마저 준다. 유신시
대 한국에서 유행했던 총화 단결론과 비교해 보아도 특별히 더
나아간 것이 없다. 결국 저자의 대안 부재에서 독자는 거꾸로
중국이 글로벌화 되어 가는 세계경제에 확실히 편입되어 가고
있음을 읽어낼 수 있을 뿐이다.

서구의 시각, 그러나 애정이 담긴

세 번째 책, 『중국은 가짜다』라는 책은 서구인의 시각에서
본 중국경제 성장의 이면(裏面) 혹은 진상이다. 대개 중국에 대
한 서구인의 시각은 몰이해에 기인한 피상성(皮相性)이나 편협
한 우월감의 노출 때문에 읽기 거북한 경우가 많다. 이 프로
저널리스트 역시 때로 그런 한계를 노출한다. 그렇지만, 아마
도 오랜 중국 체류를 통해 형성되었을 중국인에 대한 애정을
통해 이 책은 그 한계를 훌륭히 극복하고 있다.

저자는 고위관료로부터 범죄자까지 각계 각층의 사람들을
인터뷰하고 파산한 국유기업이나 궁벽한 농촌을 샅샅이 방문하
면서, 놀라운 경제성장 뒤에 숨겨진 글로벌화 중국의 그림자와
숨겨진 진실과 치부(恥部)까지를 가차(加差)없이 드러내 보인다.
글로벌화 중국의 이면에는 방치된 국유기업들, 대책 없이 내몰
리는 실업자들, 교육에서 의료까지 철저히 소외된 9억 농민들,
고위층 자제들의 냄새나는 치부(致富), 관료제의 부패, 믿을 수
없는 통계 등이 자리하고 있음을 무섭도록 세밀하고 깊이 있게
보여준다.

따라서 이 책은 위에 소개한 다른 두 권의 책이 가진 한계

를 드러내고 극복하는 데에도 도움이 된다. 즉 『차이나 쇼크』
에서 화려하게 소개하는 중국 경제 성장의 이면과 약점을 드러
내 줄 뿐만 아니라, 『13억의 충돌』의 저자가 결국은 기득권을
놓기 싫어하는 공산당 관료들과 도시 국유기업 노동자들의 입
장을 옹호할 뿐이며, 정부의 보호 속에 기생하고 있는 도시 기
득권층의 부도덕함이나 9억 농민들의 참담한 생활상에 대해서
는 애써 외면하고 있음을 폭로하고 있다.

그렇지만 경제성장의 이면에 대한 저자의 기록에는 중국
사람들에 대한 진한 애정이 배어 있다. 따라서 이 책은 중국이
그동안 보여준 성취를 부정하는 것이라기보다는 세상 어디에나
존재하는 밝음과 어두움을 냉정하게 그려내고 있을 뿐이다. 그
리고 바로 그 점에서 이 책의 원제가 사뭇 자극적인 "중국은
가짜다"가 아니라 그냥 『중국 사람들』(*The Chinese*)이라는 점
도 한 번 되새겨볼 만하다.

이웃에 대한 이해는 우리 글로벌화의 출발

위에서 소개한 세 권의 책은 모두 중국의 글로벌화가 우리
의 문제와 무관치 않음을 보여주고 있다. 우선 『차이나 쇼크』
는 한국과 중국이 다 같이 글로벌화라는 큰 조류를 타고 있으
며, 앞으로 한국인의 미래는 중국인의 그것과 불가분으로 얽힐
수밖에 없는 새로운 시대가 열리고 있음을 약간은 호들갑스럽
게 보여주었다. 『13억의 충돌』은 산업화, 세계화 과정에서 한
국의 지식인이나 '열혈' 젊은이들이 고민하고 있는 문제가 중국
인들의 그것과 동일한 것임을 보여준다. 21세기를 사는 사람들
은 한국인이든 중국인이든 누구나 '시장'이라는 같은 숙제를 풀

어나가야 하는 동급생들인 셈이다. 한편 『중국은 가짜다』는 우리가 한국경제의 놀라운 성장을 칭송하는 서구인들의 피상적인 찬사를 들으며 때로 전태일이나 광주의 기억을 곱씹듯이, 중국의 화려한 용트림의 이면에도 그만큼의 숨겨진 피와 땀과 갈등과 시궁창이 자리잡고 있음을 확인시켜 준다.

글로벌화라는 피할 수 없는 대세 앞에서 한국인과 중국인은 같은 배를 타고, 같은 고민을 하고, 같은 치부를 나누고 있다. 가장 가까운 이웃인 중국과 그러한 공감대를 형성하는 것이야말로 진정한 글로벌화의 출발점이다. 고구려 시절을 들먹이며 만주 땅을 되찾자는 유(類)의 호기, 오랜 소국(小國) 노릇 속에 형성된 막연한 피해의식, 냉전이 초래한 교류와 이해의 단절, 일시적인 경제적 성과에 우쭐하는 우월감, 초조하고 조급한 경쟁의식 같은 갖가지 비틀린 정서들을 갖고는 글로벌 시대를 행복하게 살 수 없다. 험한 세상을 함께 살아가는 이웃으로서의 동질감과 연민이 그 자리를 대신해야 한다.

(dot21. 2001.9)

□ 서 평 7 □

『차이나 임팩트』
(청림출판, 2002)

대가(大家)의 눈으로 본 중국의 변화

지 만 수
(대외경제정책연구원 부연구위원)

　　중국에 대한 관심이 높아지는 가운데, 중국의 변화와 발전을 소개하는 많은 책들이 쏟아지고 있다. 이런 책들의 대부분은 중국에서 사업을 하거나 중국 연구를 업으로 삼는 "중국 전문가"들에 의해 쓰여진다.

　　오마에 겐이치가 쓴 『차이나 임팩트』(청림출판, 2002)는 지금까지의 책들과는 약간 종류가 다르다. 오마에 겐이치는 이미 여러 권의 저서와 기고 등을 통해 우리에게도 이름이 널리 알려진 세계적 경제평론가이다. 그렇지만 그를 중국 전문가라고 생각하는 사람은 거의 없다. 바로 이 점이 이 책을 다른 많은 책들과 구별되게 한다. 이 책에서 우리는 중국 전문가가 소개하는 중국이 아니라 세계적인 경제평론가의 한 사람이 펼쳐 보이는 중국과 동아시아를 보게 된다.

이제 중국은 전 지구적인 메가트렌드를 가늠하며 사는 이른바 "대가(大家)"들의 세계에서도, 그저 잠시 짚고 넘어가는 주제들 중의 하나(sub topic)가 아니라 별도의 책이 필요할 만큼 중요한 주제(main topic)로 취급되기 시작했다.

이 책에서 저자는 중국의 경제발전에 두 가지 분석 틀을 결합한다. 하나는 최근 수년간 중국의 경제 발전이 자본(capital), 기업(corporation), 소비(consumption), 커뮤니케이션(communication) 등 이른바 4C의 전 세계적인 자유로운 이동을 잘 활용하는 방향으로 나아가고 있다는 사실이고, 다른 하나는 현재 중국에는 각각 한두 개 국가 이상의 경제적 규모를 갖고 있으면서 독특한 산업 특성과 경쟁력을 갖춘 다수의 메가 리전(mega region)이 성장하고 있다는 것이다.

저자가 보기에 중국은 4C로 대변되는 세계적인 변화의 조류를 빠르게 흡수하고 있기 때문에 당분간 중국의 발전 전망은 매우 밝다. 그리고 이러한 중국의 발전은 동아시아의 질서를 송두리째 바꾸어 놓고 있다. 특히 중국을 하나의 국가 단위로 인식하는 것이 아니라 다수의 메가 리전들의 연합으로 인식할 때, 그 영향력은 더욱 분명하게 드러난다.

이 책에서 시도하고 있는 4C나 메가 리전과 같은 새로운 개념의 중국 적용은 중국의 경제발전의 성격과 귀결을 적절하게 간취(看取)하고 있다는 점에서 성공적이다.

먼저 4C 개념의 도입이 갖는 의의를 보면, 동아시아 신흥공업국 등 선발 발전도상국의 경제발전과 비교할 때 중국이 보여주는 가장 큰 특징은 "개방형 경제성장"이다. 중국의 경제성장은 자본과 기술의 자유로운 이동을 특징으로 하는 글로벌화 시대를 조건으로 하고 있다. 1970년대와 80년대 한국에서 이

루어졌던 것과 같은 정부의 집중적인 산업 지원이나 시장보호
는 이제 불가능한 상황이다. 따라서 중국은 독자적인 민족산업
의 육성에 얽매이기보다는 외국자본의 적극적 유치를 통한 성
장을 도모하고 있다. 오마에 겐이치가 강조하는 4C의 원활한
유입은 중국 경제의 이러한 특징을 잘 설명하고 있다.

또한 메가 리전 개념 역시 개방적이고 경쟁적인 정책기조
하에서 중국의 각 지역이 각자 자신의 비교우위를 최대한 활용
하는 독자적인 경제 성장의 길을 모색하고 있는 현실을 잘 설
명한다. 특히 외국자본의 입지선택 과정은 각 지역의 비교우
위를 더욱 분명하게 드러나게 해줌으로써 지역별 특화를 가속
화하였다. 저자의 메가 리전 개념은 중국의 이러한 지역별 분
화의 양상을 매우 잘 담아내고 있다.

한편 이 책이 우리에게 특히 유용한 또 하나의 이유는 저
자가 일본사람이라는 데 있다. 저자는 이웃한 중국의 성장이
일본의 장래에 미치는 영향을 민감하게 인식하고 있다. 덕분에
일본과 비슷한 입장에 서 있는 우리에게도 피부에 와 닿는 얘
기를 해준다. 가령 일본 제조업의 중국 이전으로 인한 산업공
동화 우려에 대해 "산업공동화 현상으로 쇠퇴한 국가의 예는
지금까지 없었다"고 단언하면서, 오히려 기업의 적극적인 해외
진출을 장려해야 한다고 주장한다. 이는 공동화 우려와 중국
진출의 불가피성 사이에서 고민하는 한국의 문제에도 좋은 시
사를 준다.

또 심지어 저자는 중국의 메가 리전들의 각개 약진에 대응
하기 위해서 일본은 아예 행정단위 자체를 개혁해서 지금부터
라도 메가 리전 단위의 경제발전을 시작해야 한다고 주장한다.
이는 저자가 중국의 영향력 확대를 얼마나 절박하게 체감하고

있는가를 보여주는 대목이다.

특히 중국의 성장에 따라 한국이야말로 "풍전등화(風前燈火)"의 상황에 처해 있다고 말하고 있다. 사실 지금까지 한국은 중국에 대해 막대한 무역수지 흑자를 누리는 등 중국의 성장에 비교적 잘 편승하고 있었다. 때문에 중국의 성장이 우리 경제에 미치는 영향에 대해서 낙관적인 견해가 광범하다. 그러나 이 책에서 저자가 묘사하고 있는 것처럼, 중국의 성장이 한국을 중국의 주변국으로 전락시킬 만큼 심각한 변화를 초래할 수 있는 것이라고 한다면, 지금 우리의 대중(對中) 인식은 너무 안이한 것인지도 모른다.

우리의 안이함은 다만 심각성에 대한 인식의 부족에 있는 것이 아니라 오히려 오마에 겐이치가 보여주는 것과 같은 스케일과 상상력을 갖춘 미래의 동아시아 상(象)이 우리에겐 아예 존재하지 않는다는 데 있다.

(Economy21. 2003. 3)

ㅁ서 평 8ㅁ

『誰說大象不能跳舞—IBM 董事長 郭士納自轉』

(中信出版社, CITIC PUBLISHING HOUSE, 2003年1月版)

(『Who Says Elephants Can't Dance?: Inside IBM's Historic Turnaround』), by Louis V. Gerstner Jr. Harper Collins Publishers Inc.

(『누가 코끼리는 춤을 출 수 없다 했는가 — IBM사장 거스너 자서전』)

跳舞的大象 : 思惟的跨越

호 서 광(胡曙光)
(駐韓中國大使館)

춤추는 코끼리— 사고(思考)의 극복

관리학을 수년간 연구한 결과, 한 가지 중요한 것을 깨닫게 되었다. 곤경에 빠지게 되면 수많은 사람들은 "음, 난 극복할 수 없을 거야"라고 말한다. 그러나 나는 "불가능할 것이 뭐가 있는가?"라고 되묻게 되었다.

그렇다고 해서 내가 지혜로운 사람이라는 말은 아니다. 이러한 이치는 현실이 내게 알려준 것이다. IBM의 전임 CEO이었으며, 현임 사장인 거스너(郭士納) 선생은 본인의 자서전인 『누가 코끼리는 춤을 출 수 없다고 했는가?』(中信出版社, 2003년 1월 출판)에서 코끼리로 하여금 춤추게 하는 방법을 서술하고 있다. 그는 이를 몸소 행동으로 옮겼고, IBM이라는 세계적인 기업을 성공으로 이끌어 간 진정한 지혜로운 사람이었다.

엄격히 말해, 그의 저서는 자서전이 아니다. 곽사납 선생은 단지 본 저서를 통해 사람들에게 불가능한 일을 가능토록 하는 방법을 가르치고 있을 뿐이다. 한 예로, 사고의 함정에서 뛰어나와 육중한 코끼리로 하여금 춤추게 하는 것처럼 말이다.

곤경이 닥쳐 관성적 사고(慣性的思考)라는 함정에 빠지게 되면, 사람들은 이성적인 판단력을 상실하게 된다. 이러한 이성의 상실은 전진하려는 걸음을 가로막음으로써 사람들로 하여금 기사회생(起死回生)의 기회마저 잃게 만든다.

그렇다면 사고의 함정이란 무엇인가?

사고의 함정 1 : 방대함은 육중함과 민활하지 못함을 의미한다. 상업계에서도 "작은 것은 좋고 큰 것은 나쁘다"라는 공공연한 인식이 자리잡고 있다. 이러한 논리에서도 알 수 있듯이, 작은 회사는 민첩하고 창업정신이 있으며 신속하게 반응하여 효율적인 반면, 큰 회사는 동작이 느리고 관료주의적인 색채가 농후하며, 둔하고 효율성이 부족하다.(P.257)

사실, 여기에는 크고 작은 것 중 어느 것이 더 뛰어난가의 문제는 존재하지 않는다. 왜냐하면, 작은 기업과 큰 기업은 근본적으로 비교가 불가능하기 때문이다. 더군다나 현실에서 어느 작은 회사가 큰 기업으로 성장하기를 거부하겠는가? 따라서 큰 것은 당연히 중요한 것이다. "왜냐하면, 규모가 바로 본보기이기 때문이다. 심도와 광범위함은 더욱 큰 투자와 리스크, 그리고 장기간 미래에 대한 투자를 수용할 수 있다."(P.257) 속어(俗語)에도 "말라죽은 낙타가 말보다는 크다"라는 말이 있다. 아무리 허약한 코끼리라도 그 역량은 개미보다 훨씬 앞서기 나름이다. 따라서 곽사납 선생은 우리에게 이러한 메시지를 던진다. "이것은 코끼리가 개미를 이길 수 있느냐의 문제가 아닌, 코끼리가 춤을 출 수 있느냐의 문제이다. 만약 코끼리가 춤을 출 수 있다면 개미는 반드시 무대를 떠나야 한다."(P.257)

사고의 함정 2:   "작은 것은 좋고, 큰 것은 나쁘다"라는 개념과 대응하는 것은 "회사가 분리되면 좋고, 통합하면 나쁘다"라는 개념이다. (P.258)

사실, 코끼리에게 대적할 만한 상대가 없는 이유는 파괴할 수 없는 거대한 힘을 갖고 있기 때문이다. 기업이라는 거대한 코끼리에게 이러한 역량은 막강한 경쟁력으로 나타나기 마련이다. 물론, 코끼리가 사라지면 이러한 역량도 존재하지 않는다. 따라서 저자는 "IBM의 규모와 전 세계적으로 광범위하게 분포되어 있는 특유의 경쟁력 우위를 분쇄하고 IBM을 하나 하나의 독립된 컴퓨터 부품 공급업체로, 마치 망망대해(茫茫大海)에 사는 작은 물고기처럼 미약한 존재로 분산시킨다면, 이는 죄악이나 다름없다."라고 지적했다. 따라서 거대한 기업의 완전성을 유지한다는 것은 강력한 경쟁력을 갖춘 기업을 전제로 하며, 코끼리에게 춤을 추게 하기 위한 모든 작업 역시 이러한 전제를 기초로 한다.

물론, 다른 생물체와 마찬가지로 코끼리 역시 병들기 나름이다. 혹은 병에 걸리지 않았더라도 심하게 비만하여 미래에 많은 질병을 초래하게 될 가능성이 있다. 따라서 코끼리가 병에 들면 치료 과정에서 증상에 따라 적절한 처방을 내려야 할 것이다. 코끼리가 과도하게 비만하면 지방이 과도한 부위를 찾아내어 다이어트를 실시해야 한다. 1993년 저자가 IBM의 CEO를 맡았을 당시, 거대한 코끼리 IBM은 비만증세가 심각했을 뿐만 아니라 질병으로 온 몸이 망가져 마비상태에 처해 있었다. 이에 저자는 10여년의 세월에 걸쳐 IBM에 대한 치료와 다이어트를 실시했다.

저자가 가장 주목한 IBM의 증상은 총체적인 면에서 볼 때 IBM이 고객의 수요에 무관심하고 오로지 회사 내부의 권력다툼에 치중하고 있다는 점이었다. 회사 내부의 각 부서는 제각기 운영되고 있어 상호 협력하는 모습은 찾아볼 수 없었다. 관리자들은 주로 업무를 주관할 뿐, 실질적인 행동으로 옮기지는 않았다. 그밖에도 회사의 지출이 과다하고 방대하여 부서의 효율성이 결여되어 있었다. 이에 저자가 제시한 처방은 "세계를 하나로 묶는 해결 방안"을 원칙으로 "고객 지향적인 세계적 기구를 설립하는 것"이었다. 또한 "IBM을 내부 중심, 과정을 구동력으로 하는 기업이 아닌 시장을 구동력으로 하는 회사로 변화"시켰다.(P.71) 동시에 조직간의 협력을 원활하게 하여 기존의 지역분할과 각자 고군분투하는 상황을 타파했다. IBM의 비만증을 위해 저자는 과잉인력을 감원하고, 효율성이 떨어지고 이익을 창출할 수 없는 부서를 과감히 철수시켰다.

치료와 다이어트의 직접적인 결과로 IBM이라는 거대한 코끼리는 생기를 되찾았을 뿐만 아니라, 민첩함까지 얻게 되었다. 전설 속의 거인인 안태(安泰)가 몸이 땅에 닿기만 하면 힘이 10배나 커졌듯이, 코끼리처럼 거대한 기업도 춤을 출 수만 있으면 걷잡을 수 없을 정도로 강력한 힘을 얻게 되는 것이다.

사고의 함정 3: 기업경영은 단지 기업 내부의 일이다.

실사구시(實事求是)의 의미에서 볼 때, 코끼리가 부담해야 할 짐은 가장 유능한 개미를 훨씬 초과한다. 따라서 기업경쟁력과 산업경쟁력, 그리고 국가경쟁력 간의 관계처럼, 기업이라는 거대한 코끼리가 부담해야 할 사회적인 책임은 국가운명을 좌지우지한다. 저자가 IBM에 입사한 이유 역시 "국가경쟁력과 경제발전 모두에 중대한 연관이 있는 책임을 짊어지기 위해서"였다. 따라서 "만약 IBM이 실패하면 이는 절대로 한 기업의 실패로 끝나지 않는다."(P.17)

이윤은 모든 회사의 생존과 발전의 전제조건이기는 하나, 거대한 기업만이 이윤을 초월하는 역사적 사명을 짊어질 수 있으며, 이는 동시에 비범한 역량을 갖춘 기업만이 갖출 수 있는 특징이기도 하다.

본 저서에서 언급하는 사고의 함정은 이보다도 많다. 예를 들어 문외한이 기업을 리더할 수 있는가? 라는 문제이다. 저자는 기술적인 면에서 문외한이며, 미국의 AOL의 전임 CEO인 스티브 케이스 역시 기술전문가가 아니다. 그러나 이 모든 것은 그들이 기업을 성공적으로 이끄는 데 영향을 주지 않았다. 실제로 거대한 기업에는 다방면의 지식을 가지고 변화를 이끌어 갈 수 있는 지도자가 필요하다. 또 다른 예를 들면, 기술이 복잡할수록 경쟁력을 가질 수 있는가? 하는 문제이다. 10여년 전, IBM 회사와 마이크로소프트사는 각자 OS/2시스템과 WINDOWS시스템을 개발했다. 전자는 더욱 뛰어난 기술력을 갖추고 있었으나 시장은 후자를 택했다. 이와 마찬가지로, 모토롤라사가 소속한 이리디움(Iridium)이 거액을 투자해 개발에 성공한 선진적 기술인 세계 위성 위치시스템도 실패로 막을 내렸다. 이처럼, 진정한 답은 "고객이 필요한 기술만이 가장 가치 있는 것"이다.

관성을 뛰어 넘는 사고로 코끼리와 같이 거대한 기업을 춤추게 하는 일이 어찌 간단한 작업이겠는가. 저서에서도 저자는 우리들에게 이러한 작업을 진행할 수 있는 방법에 대해 설명하고 있다.

물론, 우리는 이 한 권의 저서에서 모든 문제의 해답을 얻을 것을 기대할 수는 없다. 예를 들어, 저자의 이야기에는 거대한 코끼리가 존재한다는 것을 전제로 하고 있지만, 개미가 코끼리로 성장할 수 있는 가능성에 대해서는 언급하지 않고 있다. 이유인 즉, 거대한 기업으로의 성장은 모든 소규모 기업들이 꿈꾸는 것이기 때문이다. 또한 저자는 작은 코끼리가 비만을 겪지 않고 어떻게 순조롭게 성장할 것인가에 대해서도 알려주지 않았다. 왜냐하면, 많은 경우 다이어트는 체중조절보다 더 쉬울 수 있기 때문이다. 따라서 비만을 사전에 피하고 기업의 민첩함을 유지하는 것이야말로 근본적인 문제일 것이다. 이러한 문제는 현재의 모든 중국기업이 해결해야 할 과제이다.

우리는 수많은 코끼리들이 함께 춤추는 미래의 중국을 기대한다. 그때 우리는 밝은 빛을 접하게 될 것이다.